教育科学新探索书系（10 卷）

- 教育美学新论
  何齐宗/著
- 教育哲学论纲
  王坤庆　岳伟/主编
- 学习哲学论
  曾文婕/著
- 青少年社会教育学
  张良驯/著
- 民办教育治理论
  吴开华/著
- 课程学
  廖哲勋/主编
- 微课程论
  余宏亮/著
- 教材论
  曾天山/著
- 现代教学论纲要
  李森/著
- 教学活动论
  王天平/著

教育科学新探索书系

教　材　论

曾天山　著

人民教育出版社
·北京·

图书在版编目（CIP）数据

教材论 / 曾天山著. — 北京：人民教育出版社，2019.11
（教育科学新探索书系）
ISBN 978-7-107-32376-8

Ⅰ. ①教…　Ⅱ. ①曾…　Ⅲ. ①教材—研究　Ⅳ. ①G423.3

中国版本图书馆 CIP 数据核字（2019）第 246243 号

教育科学新探索书系　教材论
责任编辑　杨　燕　冯卫斌
装帧设计　张傲冰

出版发行　人民教育出版社
（北京市海淀区中关村南大街 17 号院 1 号楼　邮编：100081）
网　　址　http://www.pep.com.cn
经　　销　全国新华书店
印　　刷　保定市中画美凯印刷有限公司
版　　次　2019 年 11 月第 1 版
印　　次　2019 年 12 月第 1 次印刷
开　　本　787 毫米×1 092 毫米　1/16
印　　张　24.5
字　　数　270 千字
印　　数　0 001～1 500 册
定　　价　68.00 元

前 言

教材集中体现国家意志，承载着价值传递、知识传授、文化传承的重任，是一个民族永续发展的精神食粮，与人类的生存和发展息息相关。人类种族经验精华凝聚在教材中，知识经验的传递又必须借助教材的教学，从而加速完成个体社会化的历程。因此，教材是教师教学的基本依据，是学生获取知识的主要来源。作为集中体现国家意志的教材，其质量直接影响人才培养质量，关系国家和民族的根本利益和长远发展。教材建设是事关人类自身发展的基础工程，它与师资、教学设施共同构成兴教办学的必要条件。唯其如此，教材建设才始终得到人类的充分注意和重视。

教材的发展经历了一个从无到有、从少到多、从劣到优的漫长过程，经历教学满足、体系完备、质量提高的发展轨迹，其功能是多方面的，主要体现在教育内外部两个方面。教材建设是一项非常复杂的系统工程，涉及面广泛，是科学知识、生产技术和艺术设计的深度融合，教材研究因此而具有特别重要的意义。

教材硬件建设与教材研究同为教材建设的重要组成部分，二者应当相互作用、相得益彰。但在教材发展史上经常表现出不平衡现象，教材研究落后于教材实践的发展，长期停留在经验和直觉水平上，教材编写过多考虑知识逻辑而忽视教学逻辑。直到夸美纽斯出现，才开始具有革命意义的教材设计，此后的教育家继往开来，极大地丰富了教材理论的研究成果。

二战后，风起云涌的教育改革推动教材改革，十年左右一轮，带动教材理论研究成为热潮，强调认知逻辑的重要性，开始发挥指导教材建设实践的作用。进入21世纪以来，随着教材多样化、数字化、个性化的发展，教材改革频率加快，教材研究更加重要，超前研究更为迫切，从而极大地加速了各国的教材改革运动，推进了教材现代化。

我国素有“书比天大”的传统，极为重视教材建设，但教材理论研究较为薄弱，真正的教材研究尚处于初级阶段。20世纪80年代中期的教材建设体制改革为教材研究提供了良机，教材研究逐步由“潜在”到“显在”，从“混杂”到“独立”，但其研究成果与我国教材建设的实际需要相比，与国外先进水平相比，其广度和深度均有明显不足，难以指导复杂多样的教材改革实践，因而影响教材的质量和效益。教材作为一项民族文化建设的基础工程，其理论研究长期为人所忽视，本身就是一种极不正常也不合理的现象，长此以往，势必制约教育教学改革的深化，影响人才培养质量。

为此，需要加强教材理论研究，明确研究方向，采用多种研究方法，运用多学科知识和现代化技术手段，强化教材建设的科学基础、教学基础和技术基础，全面提高教材建设水平。聚焦教材建设的几个基本问题，如中国特色和借鉴外国先进经验的关系，处理内容科学化和学生负担的矛盾，对待学科体系和社会实践的关系；加强“课程、教材、教法”的结合水平；增强教材建设的“设计—实践—评价”过程的科学水平和操作水平；加深教材本体“目标、内容、方法”的有机统一；增进教材研制者—教授者—学习者的相互理解与合作，促进师生主动参与教材研制，更新观念，借以递增教材释放的能量并提高其效益。

本书于1997年由江西教育出版社初版。由于主客观条件所限，本书初版时是在笔者博士学位论文的基础上加以扩展和深化研究的，虽然研究范围只涉及中华人民共和国成立后的中小学教材，研究成果也是初步的，但得到了同行专家的鼓励与支持。在此还应当再次感谢当时中国教育学会教育学分会教学论专业委员会及江西教育出版社和西北师范大学教育系的领导，尤其要感谢时任广西师范大学副校长郭道明教授的扶助，感谢导师西北师范大学李秉德教授、李定仁教授、黄学溥教授的指导，感谢时任人民教育出版社副总编辑、教育部课程教材研究所常务副所长吕达编审的支持，还要感谢同门师兄田慧生研究员、刘要悟教授的帮助。该书出版后，恰逢新课程改革风起云涌，得到业界的好评，有不少人求购不得，也让笔者感到一些欣慰。2016 年 10 月 21 日，中共中央办公厅、国务院办公厅发布了《关于加强和改进新形势下大中小学教材建设的意见》，明确教材管理是国家事权，要加强统筹管理。2017 年上半年，国家教材委员会和教育部教材局分别成立。2018 年第一个国家级课程教材研究所成立，“全国大中小学教材建设五年规划”（2018—2022）及教材管理办法研制工作启动，标志着教材建设进入规范发展阶段。为适应当前教材建设者的急需，现将本书修订再版，以助力中国特色、国际一流的现代教材体系建设。在人民教育出版社总编辑郭戈研究员和文化教育编辑室主任刘立德编审的多次催促下，经过长时间的工作，我对原书稿进行了一些修订。一是对原有材料进行了修正补充和完善；二是扩展了研究时限，从 1994 年延伸到 2018 年（在正文论述教材历史、教材改革部分，原则上不作大的变动；书后附录的大事记下限定在 2019 年，可弥补正文论述的不足）；三是研究范围适当从中小学教材扩展为大中小学教材；四是研究内容适当从文字教材扩展到数字教材。现在修订版即将面世，冀望大家继续批评指正。

曾天山

2019 年 6 月

目 录

绪　论

教材在学校教育中具有重要地位和多方面作用，长期被奉为教学的“圣经”，或被称为替代教师作用的“沉默教师”，是师生教学活动的基本依据。教材的产生与发展，几乎是与教育活动同时发生并同步发展起来的，人类的生存发展无不涉及教材，需要不断从中汲取教益，完成种族延续与发展的过程，加速个体社会化。显然，教材建设于国于民至关重要。

教材建设是一项宏大复杂的系统过程，既涉及教育外部，又涉及教育内部；既涉及各个学科问题，又涉及教学心理领域；既有科学求真问题，又有技术革新与美学意义；既有理论探索问题，又有实践问题；既有教与学的问题，又有管理的问题；既包括教材的自身建设问题，又包括教材的教学工作；既有教材的编写研制问题，又有教材的编辑出版发行问题。因此，教材建设必须进行专门的研究，它是教学理论与实践的结合点。教材在教学中的地位如同经济生活中的商品一样，可以从中以小见大，见微知著。因为教材是体现一定教学论思想的载体，一定的教材就是一定教学论思想的具体反映，而教材又是师生教学活动的主要工具和基本依据。因此，教材是教学理论发挥功效于实践的中介，是理论与实践相结合、全面提高教学效率与质量的关键因素，教材研究因此而具有较强的理论价值和实践意义。①

教材的历史虽然源远流长，并在人类的发展进程中作用明显，但教

① 宗秋荣：《教学理论与教学实践的结合探微》，《教育研究》1994 年第 9 期。

材理论与实践并非同步发展，教材研究较为薄弱，教材编制多从成人经验和知识逻辑体系角度出发，与教学实际有一些脱离。这种状况持续到夸美纽斯出现后才有所改观，因为他发动了具有革命意义的教材设计，并将其运用于教学过程中，因此建立了有关教材的教学理论。但他也没有妥善解决教材与教师和学生之间的脱节问题。究其原因，一是当时的教材建设较为贫乏；二是当时教学教材的方法尚不明确有效；三是当时的教材偏重于“脚本”模式，还不具备作为实施教学过程的独立方式而发挥作用。

其实，夸美纽斯也并非教材研究的开创者，在他之前，教材研究已有一些成果。如中国古代在教材建设的硬件与软件方面有许多贡献，较早创制了象形文字，并会用甲骨、陶器、钟鼎、竹简、帛绸、草纸等材料传载知识信息；最先发明印刷术，因此而极大地推进了世界教材制作技术的进步。另外，研制了世界最为系统和成熟的识字教材，最先设计出图文相配的教材，并在教材的科学化、教学化、心理化方向上有所探索，对世界教材发展贡献极大。这种进步因封建社会的发展缓慢而受影响，而西方国家在资产阶级革命和工业革命的双重作用下，在教材制作工艺上推陈出新，创制了教科书，并与班级教学制相配套。在教材研究上，裴斯泰洛齐、赫尔巴特、乌申斯基、杜威等人继往开来，贡献突出。

教材建设在现代有着长足的进步，社会的发展、科技的进步、信息的激增、国际竞争的加剧，增强了教材改革的迫切性，由美国率先发动的教材改革波及世界各国，提高了教材建设的水平，形成了现代多媒体多功能教材体系。与此同时，各国亦加强了对教材的理论研究，并在此方面取得明显的进步。

但教材研究在我国却较为薄弱，并不为人所重视，人们习惯于按传统经验的方法去设计教材，只重视知识体系和教学法的研究，因而妨碍了教材研究的进步。这种状况既落伍于国外的教材研究，又不能满足我国教材建设的现实需要，并将影响教育的现代化发展。

为此，必须加强教材的基础理论研究，探讨教材的概念、本质与属性及功能、教材的结构与分类、教材的编制原理与策略、教材教学、教材管理和教材实践分析等基本问题，并结合教材发展的历史与现状进行深入研究。在研究方法上，应使用历史法、比较法、文献分析法、调查研究法及大数据方法，力图使定性研究与定量研究相结合、理论与实践相结合。在研究方向上，力图有所突破，有所创新，改革原有教材建设的弊端，按科学方法和技术方法研制教材，使其具有可操作性，并推动教材的基础研究、应用研究和发展研究，有效解决教材建设的难题。

由于教材建设是一项复杂长期的基础工程、战略工程，因此需要加强教材的科学研究，更需要社会各方面和有关人士积极投身教材建设，关心和支持教材研究，从而达到扩增教材能量、提高教材效益的目的，发挥立德树人之功效。

第一章　教材本体论

探讨教材的基本理论问题，从其多义的概念中明确教材的属性和本质，并通过分析教材的基本构成和一般分类，凸显教材在教育中的地位和功能，从而在理论和实践上澄清教材与非教材的本质差别，提高对教材的认识水平和建设水平。

第一节　教材的概念、属性和本质

一、教材的概念界定

一提到教材，人们总是约定俗成地将它与学校教育联系在一起，认为教材就是教科书，教科书即是教材的全部，并常与学科、课程、教具、教学内容等概念相混淆。这些模糊的认识妨碍了师生对教材的正确理解和使用。

（一）教材的概念解释

在教育界，学者们由于立场观点的不同，对教材形成了不同认识，择其主要分列如下。

1. 教材有两种释义：（1）根据教学大纲及社会实践需要为师生教学编的材料；（2）根据一定学科的任务，编选和组织具有一定深度和范围的知识技能的体系。①

---

① 张念宏主编：《教育学辞典》，西南师范大学出版社 1988 年版，第 299 页。

2. 教材有两种解释：（1）根据一定学科任务，编选和组织具有一定范围和深度的知识技能体系，一般以教科书的形式来具体反映；（2）教师指导学生学习的一切教学材料。①

3. 教材是由一定育人目标、学习内容和学习活动方式分门别类组成的可供学生阅读、视听和借以操作的材料，既是教师进行教学的基本材料，又是学生认识世界的媒体。②

4. 教材即传授知识技能的事实，它是位于教育者与被教育者之间的媒介。③

5. 教材即狭义的课程。④

6. 传统教育派认为，教材是历史积累的人类经验，教材即学校各种学科科目的内容或材料。

7. 进步教育派认为，教材是人类行为经验的方法，它是关于一切自然和社会现象的解释，或者说是对于宇宙和人生的各种实体的说明。这种广义的教材，既包括师生所从事的活动，也包括完成此类活动中所应用的一切材料或工具。换言之，教材是教师为实现教学目标所应负责指导的一切活动及完成此类活动所应用的各种材料或工具。教材可分为有形的（物质的）和无形的（精神的）。⑤杜威认为，教材首先由供给现在社会生活内容的种种意义所构成，所谓教材，就是在一个有目的的情境的发展过程中所观察的、回忆的、阅读的和讨论的种种事实，以及所提出的种种观念。教材直接包含在社会交往的情境之中。⑥

---

①《中国大百科全书·教育》，中国大百科全书出版社 1985 年版，第 144 页。
② 廖哲勋著：《课程学》，华中师范大学出版社 1992 年版，第 197 页。
③ 范锜著：《教育哲学》，世界书局 1973 年版，第 184 页。
④ 欧阳钟仁著：《现代启发式科学教学研究》，幼狮文化事业公司 1979 年版，第 112 页。
⑤ 余书麟著：《教学原理》，文景出版社 1972 年版，第 109 页。
⑥［美］杜威著，王承绪译：《民主主义与教育》，人民教育出版社 2001 年版，第 197 页。

8. 布鲁纳认为，教材是传递教学内容的手段。

9. 教材就是培养人才、传授知识的工具。

10. 教材是解决教与学矛盾的产物及联系中介。

11. 教材就是作为形成学生深刻认识的手段，在教学过程中起重要作用的材料。①

12. 教材是教学过程的一个要素，最普遍的广义说法是，教材包括教师的教授行为中所利用的一切素材和手段。在此意义上，教材是“教授及学习的材料”，是师生之间的媒介。②

13. 教材是学校所特有的知识载体，是一种传递教育信息的工具和手段，教材也就是处于存储状态的教育信息。

14. 戴尔（Edger Dale）认为，教材是概念教学的手段，教材所显示的“经验圆锥图”极好地说明了教材排列，这些以语言符号为核心的视听经验系列使学生形成概念，借助思想将符号所直接象征指示的对象表达出来。③

15. 达尼洛夫认为，教材并非学科内容本身，它是在理解了学科内容的前提下向学生传递的手段，担负着调动学生的能动的学习活动的任务，教材对于学生而言是教学中交际的对象。因此，教材是以教授活动与学习活动为媒介的方法上、技术上的手段，教材即是以学习者的认识进步为媒介的要素，即以潜在思维、概念及关系清晰化的手段。如有人认为，教材是掌握基础科学的工具；还有人则指出，教材不仅确立了学生活动的程序，而且规定了教师活动的设计；又有人更认为教材是在

---

① ［日］柴田义松编著：《教育课程编成の创意て工夫》，学习研究株式会社 1980 年版，第 101 页。

② 钟启泉编著：《现代课程论》，上海教育出版社 1989 年版，第 329 页。

③ ［日］中野和光著，钟启泉译：《教材编制与教学过程》，《外国教育资料》1991 年第 1 期。

教学过程中的实现方式。

16. 教材的编订是课程编制的第三个层次，是根据学校课程方案和学科课程标准的要求，选择和组织课程的内容。①

以上种种概念解释从不同侧面揭示了教材的概念特性，表明教材概念的多义性、不确定性。它们或是从学校教育或社会教育的角度定义教材，或是从文字性或非文字性角度来界定教材本义，或是从教授或学习角度来下定义，或是从教学论、课程论、信息论角度界定教材定义。但有的甚至混淆了教材与学科或者课程、教学内容及教具的界限，因此澄清是非，弄清教材的准确定义，是教材建设科学化的必要前提。

构成教材必须包括其基本要素和必要条件，其一是信息（人类社会传播的一切内容），其二是信息赖以存在和显现的物质载体（如语言、甲骨、陶器、钟鼎、简竹、石、皮、帛、纸、胶片、磁带、磁盘、光盘、录像带、软盘、网络软件、平台数据库等）。必要条件是教材得以实现其社会价值、发挥功能的活动——教育教学活动，又分为正规教育与非正规教育机构的教育教学活动，随着终身教育时代的来临，两者界限趋于模糊，因此教材定义必须突破正规教育的限制，这一点符合教材产生和发展的历史。因此教材应当包括教学的内容（subject matters or contents）和教学的教材（teaching and learning materials）两大部分，同时要凸显教学双方的相互作用，由此可以从教材的功能属性来定义教材的概念：教材是教学过程中教师用来帮助学生学习达到教学目标的各种知识经验信息材料。在这里，教材的准确名称应当是教学材料而非教授材料，也非单纯的学习材料，设计教学材料的目的是为促进学

---

① 李秉德主编：《教学论》，人民教育出版社2001年版，第170页。

生身心健康发展的教学服务的。

（二）教材与教学内容、学科、课程、教科书以及教具的关系

1. 教学内容是教师使学生掌握具有某种文化价值的知识技能体系，当以一定的教学内容为前提，具体地载负着某种价值载体的时候，才具有作为教材的意义。因此两者的关系可以归纳为，教学内容是教材承载的母体，教材是教学内容选择的反映形式和集中表现。

2. 课程、教材与教科书既有区别又有联系，还有重叠交错的关系（如图 1-1）。首先，教材与课程的概念与意义有所重叠，教材是课程的重要成分，反映和表现课程的具体内容，教材是课程家族中的基本单位，教材的构成受到课程表层结构和课程模式的影响，因此对教材的研究也是课程论研究的重要内容。但二者不可等同，课程理论研究侧重于课程系统的结构、功能、评价、计划安排和时间分配。其次，就理论层次来说，教材理论受课程理论的指导，后者是相对更为宏观的理论，接近于“软件”建设，教材则属“硬件”理论，教材即课程的物化形态。最后，教材也不等于教科书，教科书只是一项重要的教材，在教材家族中比重最大、作用最大、使用面最为广泛，内容最基本也最为成熟。《美国大百科全书》给教科书下的定义为：从严格的意义上讲，教科书是为了学习的目的通过编制加工并通常用简化方法介绍主要知识的书。由该定义可知，教科书是一种具有特定意义的图书，在内容和形式等方面要适应教学的特点和需要。德国学者施穆克（E. Schmucher）则认为，“教科书是学校的教育工作中根据各州教育部的教学大纲，从一定的教育观点出发向学

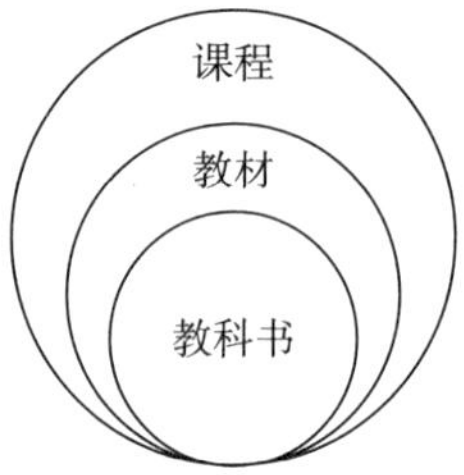

图 1-1　课程、教材与教科书的关系

生提供各别学科的活动素材的辅助手段”①。日本则认为，教科书是“根据学科课程组织排列的，作为学校的主要教材供教学之用的学生用书”②。戈温（Gowin，1981）认为，教科书是作为教育工具的“书”，教科书的特性是：（1）作为好的思维或情感的媒介；（2）作为具有潜能可促使新事件发生的过去事件的记录；（3）作为思想或过程的权威记录；（4）作为概念或知识（信息）实体的编制者；（5）作为增加意义和丰富经验的刺激物③。我国一般认为，教科书是根据教学大纲（课程标准）编写的系统反映学科内容的教学用书。这个定义比较精当，概括了教科书的本义。因此，教材概念的外延比教科书宽，除教科书之外，还包括各种教学辅导书及视听教材。中小学一般用教科书概念，强调基础和经典，职业学校和高校常用教材概念，没有占主导地位的教科书。

3. 学科、课程与教材的关系（如图 1-2）。学科反映公认的科学概念、基本原理、规律和基本事实，并力图反映科学最新成果，定义为：（1）指某一特定科学研究领域；（2）把各科学分支领域的研究成果按逻辑顺序和心理顺序结构编成相对独立的知识体系或学习单位，学科体系主要反映科学体系，又要合乎教学要求。学科、课程和教材均与教学内容有关，学科直接体现教学内容，而教材则更具体些，课程更为综合

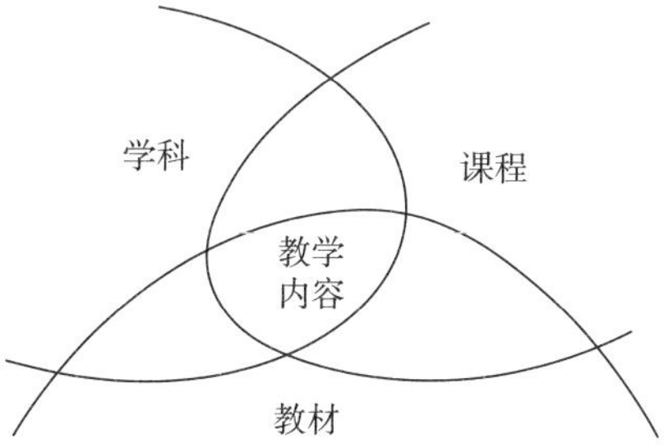

图 1-2　学科、教材与课程的关系

①② 钟启泉编著：《现代课程论》，上海教育出版社 1989 年版，第 691、736 页。
③ 江山野主编：《简明国际教育百科全书·课程》，教育科学出版社 1991 年版，第 129 页。

与概括，三者在反映教学内容上有相同之处，它们是从不同角度体现教学内容，各有其特殊内涵。

4. 出版物、书、教材与教科书的关系（如图 1-3）。出版物是指以传播为目的贮存知识信息并具有一定物质形态的出版产品。而书依《辞海》解释为，书是装订成册的著作。联合国教科文组织则规定，书是一种不少于 49 页的非定期出版物；《大英百科全书》定义为，书是手写或印刷而成的具有一定长度的信息、准备广泛发行并记载在便于携带的轻型和耐久的材料上。总之，书的本质特征是它把人类的知识信息记载在轻便耐久的纸质材料上，对人类及时发表、广泛传播和永久保存知识信息具有决定性的意义。教材只有一部分属于纸质材料，教科书则是完全建立在纸质材料上，但只有特定出版物才能成为教材。

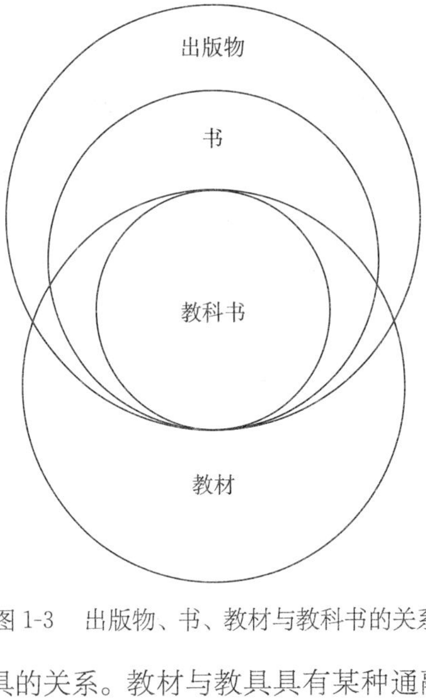

图 1-3　出版物、书、教材与教科书的关系

5. 教材与教具的关系。教材与教具具有某种通融功能性概念。日本学者柴田义松在《现代教学论》中指出："使学生掌握各别的科学概念和法则时所必需的材料（事实、文献资料、直观教材、教具等），谓

之教材。”显然，他把教具纳入教材之中。城户幡太郎认为，“根据教育目的所必须学习的教育内容，谓之教材。而作为教学方法或手段而使用的工具，谓之教具”。或者说，“教具是作为教育的劳动而使用的工具，教材是借助教具使学生学习的资料”。换言之，“教材是构成教育活动的直接媒介物，教具是间接媒介物。因此，教材有以教具为媒介使学生学习的，也有不以教具为媒介使学生学习的”。①中内敏夫在《教材与教具的理论》(1978年)中批评了把教材视为内在的、把教具视为外在的观点，或者把教材教具同软件、硬件相对应的观点。他认为，“教具就是指直观化的教材，是教材物化的部分”，“教材是儿童认识世界的媒介物”。所以，教材即作为教学内容的概念和法则，以一定的形式表现出来，被引进教学过程中的“事实、现象、素材”；教具则意味着向儿童提示这些事实和现象的一切物质手段。教材中除教师用语言表达的部分外，借助某种物质手段提示的那部分教材所具有的物质侧面叫作教具。中内敏夫的观点几近解决了教材与教具的关系问题。

事实上，教材与教具的关系（如图1-4），绝不能认为教具可游离于教材体系之外。

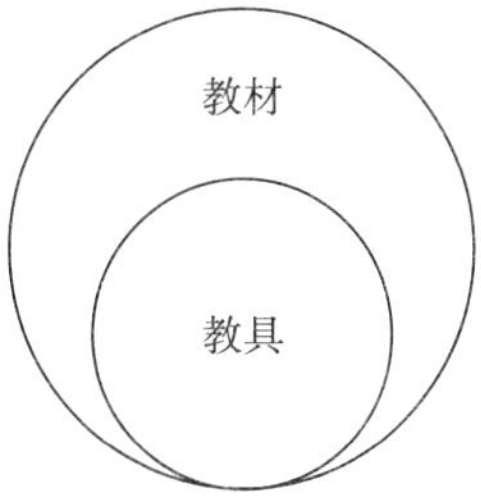

图1-4　教材与教具的关系

通过对教材多义概念的比较及与其他相关事物的比较，可以明确以下认识：(1)教材概念的外延是广阔的，包括学校教育教材和社会教育教材。(2)教材既包括教授材料，也包括学习材料，教材是教授材料和学习材料的统一体。(3)教材既包括学科教材，也包括活动教材。学科教材以知识逻辑和认知逻辑为中心组织而成，活动教材以活动主题为中心展开。(4)教材不

---

①《教育学事典》“教材”、“教具”条，平凡社，1955年。

仅包括图书、音像、资料等有形物，还包括师生的经验。

二、教材的属性与本质

根据哲学观点，某一事物的本质与属性要在与其他相关事物的关系中得到体现，从不同角度研究观察该事物可以看到事物的不同属性，并从中抽象出事物的本质特征。因此，可通过分析教材属性，从中探求教材的本质。

（一）教材的属性

1. 教材的工具性。教材史表明，教材是在教学矛盾相互作用中产生并发展起来的一种产物或为特殊的知识载体，它是帮助教师施教、学生学习，并最终促进学生发展的有效工具。

2. 教材的系统性。教材与其他知识载体相比较，区别在于教材是为教学服务的。因此，教材设计要适合教学要求，同时在整体上形成知识网络或知识链，一方面要保持自身的系统性，另一方面要与直接关联的教材在内容上相衔接，形成有机联系。

3. 教材的科学性。教材的首要功能是传递人类文化知识经验的精华，反映现代科技发展水平，因此教材所选择的内容，首先要保证其科学性和逻辑性，大、中、小学教材都是如此。

4. 教材的教育性。教材作为立德树人的重要途径，具有重大的教育价值。

5. 教材的教学性。编制教材的目的是为教学，因此教材不同于一般科学著作，而要符合学生的认知特性，能够深入浅出、循序渐进，具有可读性和自学性，学习的最大兴趣出自对学习材料的兴趣，明确反映在教材内容结构和方法上。

6. 教材的规范性。教材尽管随社会的进步而变化，但教材史表明，教材的基本结构业已形成，尤其是中小学教材，强调知识的基础性、基本性，因此教材内容显得相对稳定，在教材的编写体例、印刷规格、符号表示、质量要求等方面标准相对统一。

7. 教材的艺术性。教材作为师生教学的支持工具，应当利于学生认知、理解、吸收、消化、应用，为此教材在表达上要求符合审美特性，形式上时尚大方。

8. 教材的实践性。教材与其他知识载体相比较，不仅以一般的实践为基础，而且是科学实践、生产实践、生活实践、教学实践综合作用的产物，是各种社会实践宏观规律的综合反映，仅靠理论思辨或某单一社会实践难以建设优质教材。

9. 教材的发展性。教材本身的成长是一个反复使用、实验、修改和不断完善的过程，同时，随着知识信息的激增，社会的进化，教育的发展，教材需要不断更新换代，才能适应社会的需要，适合学习方式的转变。

10. 教材的民族性与国际性。教材深刻反映民族文化和心理意识，这一点在人文社会科学教材上反映最为明显，民族教材、乡土教材的兴起反映了教材本土化的趋势；另一方面，伴随世界政治、经济、文化教育交流与合作的广泛与加深，教材在国际范围内的交流与合作得到加强，主要表现在外语教材及自然科学教材等方面的合作交流。

（二）教材的本质

通过对教材概念的分析，可以明确以下几点认识：（1）教材是一种综合社会实践的产物，它是为一定的教学目标服务的，是一定教学目标下知识结构的具体化。换言之，教材是连接学科内容和学生教学认识活动形式的联合体。（2）教材是以整体的科学知识系统的形式而存在的。（3）教材体系终究是人工设计创作的系统，而不是人类经验本身。（4）教材系统是一个发展着的相对稳定的系统。

综上所述，从中推断教材的本质特性，即与其他知识载体的根本区别在于，教材就是人们按照一定教学目标，遵循相应的教学规律组织起来并发展着的科学理论和技术的知识系统。

教材的本质特性是其作为教学资源尤其是学习资源而存在，其基本功能是教学功能，这个基本特性和基本功能在教材发展史上始终存在，所变化的只是教材的非本质属性和附带功能。对此问题的明确认识，有助于改变人们的教材观，有助于提高教材的建设水平，有助于提高教材教学的质量与效率。

为此，需要正确处理教材的本质属性及非本质属性的关系，即教学性是教材的本质特性，它应成为教材建设的核心，并规范和制约教材的思想性、知识性、实用性、地方性和艺术性等特性的表达。相反，教材的教学性亦要借助这些非本质属性才能发挥教材的教学功能。因此，教材的教学功能应当被置于首要地位，其作用发挥亦依赖于教材其他功能的配合与辅助。

（三）教材属性在教材建设中的反映

通过对教材属性的分析，可以认识教材属性对教材建设具有重要意义。

1. 教材的工具性，要求教材建设改变传统的教授编制模式，转为满足学生的学习编制模式。

2. 教材的系统性，要求进行教材的顶层设计，从而为最优化的教学提供保证。

3. 教材的科学性，要求教材研制人员具备深厚宽广的专业知识，构建严密的知识逻辑体系，并及时反映现代科学理论和先进技术。

4. 教材的教育性，要求在教材研制中，强化学习者思想政治与道德品质的养成问题。

5. 教材的教学性，要求在教材设计和使用中要突出体现师生教学互动的要求，具有教学指导和学习兴趣。

6. 教材的规范性，要求教材建设者及时总结教材编制设计经验，并上升到理论高度，提高教材设计的标准。

7. 教材的艺术性，要求教材建设者从美学的角度设计教材，以提高学生的学习兴趣。

8. 教材的实践性，要求教材形成“实验→修正→使用”这一完整的实践历程。

9. 教材的发展性，要求教材建设在相对稳定中求发展，在发展中保持教材的相对稳定。

10. 教材的民族性和国际性，要求教材建设要注重乡土教材和民族教材，注重爱国主义教育；同时，教材建设的编制设计、内容选择组织、印刷装订、符号、术语要尽量采用国际标准。

11. 教材的共性与个性，教材的共性是对社会规律、自然规律和教学规律综合而系统的反映，因此而形成比较稳定的、共同的基本理论、基本方法。但因教育类型、层次、专业、课程、师生个体的差异，在反映规律的方式、方法上和教材层次的组织、结构的安排上会产生某些差别，于是形成教材的个性。教材的共性与个性的矛盾统一，无论在某教材体系中，或在某一具体教材中均有所表现。就教材体系而言，中小学教材比职业学校和高等学校教材有更多共性，基础课教材比选修课教材有更多共性；就某种教材而言，由于使用范围、对象不同，同一种教材往往又在取材范围大小、内容详简、表述方式、结构安排等方面，表现出明显的个性。共性和个性共存于教材统一体中，教材共性要求有统一的设计指导思想，从而确立基本规范和框架；同时，教材建设要有统一规划和分层分类计划，实现共同要求和个性特点的有机结合。

第二节　教材的结构与分类

从教材的不同个性中归纳总结教材的共性，分析其基本构成，对于教材研制设计具有重要意义，明确教材的分类既有利于进一步明确教材的本质与属性，亦有利于实际操作和评价。

一、教材的总体结构与基本构成

（一）教材的总体结构

根据教材的属性与本质，从总体上看教材结构呈现树状，可称为“教材树谱系”（如图 1-5），它主要由四个部分构成。

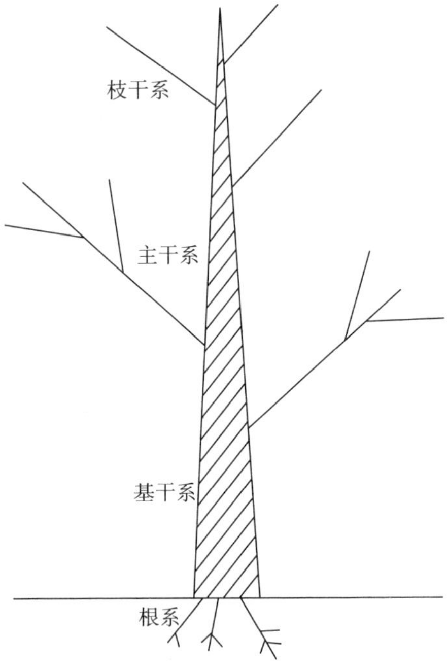

图 1-5　教材树谱系

1. 根系。这是教材赖以生存、发育和成长的基础。这种生长基础即是人类千百年来的实践活动，内容包括社会实践、科学生产实践和教学实践等方面。显然，离开人们的各种实践活动，教材就成为无源之水、无本之木，根本不可能生存和发展。

2. 基干系。它表示在教材总体结构中最基础和最基本的知识。对于中小学教材而言，基干教材即指语文和数学教材；对于高等学校和职业学校来说，基干教材即指公共基础课教材，它是学习一切专业知识的基础。

3. 主干系。它是仅次于基干系的教材。在中小学特指外语、物理、化学、生物、历史、地理等学科教材；在高等学校和职业学校指专业基础课教材，其地位介于专业课教材与公共基础课教材之间。

4. 枝干系。是从教材树的基干系和主干系生长出来的分枝。在中小学指若干选修课教材，如环境教材和计算机课教材等；在高等学校和职业学校指专业课教材，包括选修课教材。

教材树谱系表明了以下几种意义：（1）它深刻反映人类社会实践活动与教材结构及其建设的关系。教材树的生命力在于其“根系”不断从实践活动中汲取营养，而其枝系绝不是根系的自然发育和简单反映，它需要根据社会需求、教学目标和教学规律而及时“整形”和“修剪”。（2）它反映了教材的整体性和系统性。教材的结构设计，必须从整体的角度去设计和规划，才能达到优化的教学效果。（3）它反映了基础课教材和主干课教材在教材总体结构中的地位和重要性，以及它们在教材结构中的相对稳定性。（4）对社会需求的适应性和反映性，主要表现在教材树谱系中的枝干部分。（5）它启示教材研制者和使用者，要以系统的观点，处理好教材树谱系中各部分之间的关系，在各部分中要处理好各个教材之间的关系，以及各个教材在总体结构中的地位和作用。

（二）教材的基本构成

在廓清了教材的总体框架以及教材个体之间的关系问题之后，便可以对各科教材的基本构成部分进行分析。尽管各级各类教材的表现形式不一，但其中总要显现出某些共性，这就是研究教材和开发教材的基础。

1. 教材的组织单位

传统教育派认为，教材的基本单位是“课”（Lesson），它由一个相对独立完整的主题所构成，各科教材均要划分成若干课。

现代教育派则认为，教材的基本单位是“单元”（Unit），它按儿童思维活动的各个阶段配置以相应的教材。

实际上，教材单元作为知识技能掌握的重点，与形成思维过程的经验单元联系密切，在教学实践中，既没有无教材的经验学习，也不存在不伴随经验的教材单元的学习。学习应从生活经验为基础，上升到发现原理的学习，再返回经验单元。这两者并不矛盾，存在相互有机结合的可能。

2. 教材的基本构成成分

教材作为构成单元学习的“内容要素”，应包含下列几个成分。

（1）术语——被引进教材的新的或是专门的专业语汇。

（2）事实——在教材中被称为重要的一组信息。

（3）概念——在教材中旨在组织某一点上具有类似性的用语与事实而使用的“上位”名词，可分为具体概念和抽象概念。

（4）原理——在教材中表述若干概念间存在关系的重要系统的概念形式和图示。

（5）步骤——学生必须实现的具有系统性和操作性的分阶段序列。

教学就是通过掌握教材（内容要素）实现智力操作达到教学目标的

过程。显然，只教学生记忆“概念”或“原理”是远远不够的，还必须使学生掌握学习方法和具备活动能力。这个过程如图 1-6 所示。

1. 事实——已知是事实的，或曾发现过的事物。
↓
教学
↓
2. 概念——一种概括的意见、思想或观念。
↓
教学
↓
3. 原理——由概念综合而获得较高级的概念。
↓
活动
↓
4. 内在联系——事实、概念、原理之间的内部结构。
↓
5. 认知操作——对原理的巩固与运用。

图 1-6　教材内容的基本构成

3. 教材的表现系统

教材需按照学科及课程的标准、范围，经过多方面处理研制而成，它既包含该学科的基本知识及严谨的逻辑结构，也包括指导学习的方略，教材不仅是教授材料，也是自学材料；教材既要反映历史，不忘本来，也要引导学生面向未来，不仅继承国粹，也要吸收外来文化。

一般教材包括三大系统（按信息传递分类）。

（1）课题系统：主要以文字系统（包括数字）的形式存储和传递教学信息，它以文字的讲解描述和说明为主，本身蕴含着丰富的智力因素。

（2）图像系统：图像系统是以具有直观形象特点的图示、照片、绘画等形式存储和传递信息。

（3）作业系统：以指导学生进行独立思考和实践性活动的方式来传递教学信息，亦称技能与实践系统。

以上从不同侧面显示教材的基本构成和内容要素。教材既提供了学习内容（知识体系、背景材料、练习材料），还规定了教学过程与教学方法，具有一定结构和使用要求，具有教材自身的逻辑性。

二、教材的分类

从教材概念及属性的分析可见，教材是一个比日常所理解的要复杂和广泛得多的概念，从不同的角度或层次可以得到不同的分类。

1. 从教材的计划与制作过程进行分类，分为自编教材与国定统一教材。

2. 根据教材使用的物质材料（或载体性质）进行分类，可分为纸质教材、胶片质教材、磁带质教材、磁盘质教材和多媒体教材等。

3. 根据学习者的感知进行分类，可分为视觉教材、听觉教材、触觉教材和视听教材。

4. 从教材的使用范围和层次可分为扫盲教材、幼儿教材、中小学教材、职业学校教材、高等学校教材和继续教育教材等，或直接分为学校教育教材和社会教育教材。

5. 从不同的办学形式可分为全日制学校教材、电视教材、自学教材和函授教材等。

6. 按课程类型可分为学科教材、专题教材和活动教材等。

7. 按使用特性可分为实践教材、悟道教材、释疑教材和激情教材。

8. 按学科性质可分为德育教材、智育教材、体育教材、美育教材和劳动教育教材。并可进一步按具体科目划分为某一学科教材，如语文教材、数学教材等。

9. 以教材在教学过程中的作用可分为基本教材（教科书）——教学的主要依据和课程计划的基本部分、辅助教材（教学参考书、自学指导书、补充讲义、图册、视听材料）——对基本教材的必要补充和扩展。

10. 按采用教材时的学习种类可划分为练习教材、应用发展教材、发现学习教材等。一种具体教材均以组合类型出现。

11. 日本学者西之园晴夫把教材划分为 3 类：(1) 重视学习体验的教材；(2) 重视学习内容的教材；(3) 发挥信息媒体特性的教材。划分依据是布卢姆和加涅的教学目标分类理论。

12. 日本学者井上弘按不同领域将教材划分为言语、数量、社会、自然、艺术、体育运动等各种教材，再按层级将教材划分为要素性教材、概括性教材、实践性教材。将这两种分类作为纵横轴交错可分出 18 种教材类型（如图 1-7）。

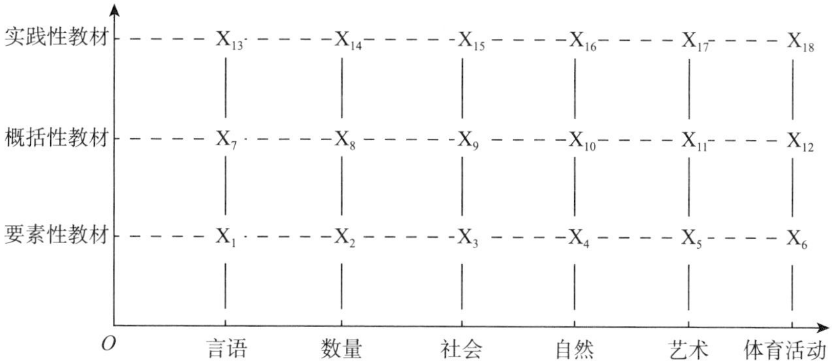

图 1-7　井上弘在《教材与教学过程》中提出的教材分类

资料来源：

［日］井上弘著，钟言译：《教材结构化的逻辑策略》，《外国教育资料》1991 年第 2 期。

13. 根据教学组织方式进行分类，教材分为个别学习教材、小组学习教材、同步学习教材等。

14. 教材可按其表现形态分为表面与潜在的教材。①表面教材是开发潜在教材的线索，在促进学习和开发潜在教材的过程中，可以发现超越了学科框架的富有个性世界的内容——潜在教材，它开拓着向其他学

① ［日］筑波大学教育学研究会编，钟启泉译：《现代教育学基础》，上海教育出版社 1986 年版，第 252、368 页。

科学习的途径。潜在教材的源泉存在于人们的生活本身中，是通向精神世界的开拓过程的媒介。

15. 按教材的教学性分类，苏联学者别斯帕尔克的分类法如图 1-8。

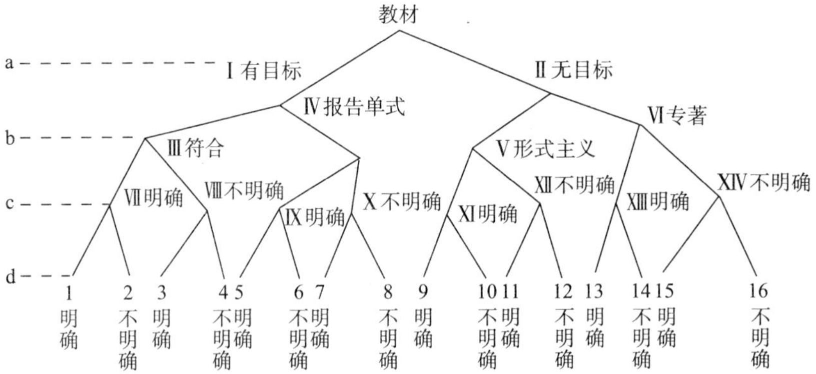

图 1-8　教材的教学分类图系

注：a. 按教学目标分类

b. 按教学内容分类

c. 按教学组织分类

d. 按教学过程分类

解释：a. 有无明确的教学目标是检验教材优劣的前提条件。b. 教材内容是否符合教学论要求，可分出 4 类教材：（1）有教学目标且符合教学论要求的为最优教材；（2）有教学目标但没有按教学要求设计的教材为“装饰性教材”；（3）没有教学目标但符合教学要求的为“形式主义教材”，常见于中小学教材；（4）既无明确教学目标，内容又不符合教学要求的专题著作为“零教材”，常见于大中专教材。c. 上述 4 类教材在不同教学组织形式中再分为 8 种形式，如果教材运用在适宜的教学组织形式中则其潜能可以得到开发利用，否则很难在教学中发挥作用。d. 上述 8 种类型教材在教学过程中再细分为 16 种形式。

从图 1-8 中可知，最能充分发挥教材作用的是第四层次的第 1 号教材，而反映教材职能最差的是第 16 号“零教材”——非教材。“零教材”对教学既无促进又无阻碍，因为“零教材”是依据作者的主观设想构建而成。教材的编制总要考虑学习者的生理心理状况，其教学效果总要优于“零教材”（非教材）。图中第 2—15 号概括了教材从较优到较差的等级序列。显然，这些教材或多或少都有程度不同的缺陷。

这种分类方法具有一定的深度，其最大优点是具有综合性和可操作性。其综合性在于从教学系统的全局着眼来进行分类，后采取逐层连锁分析法，比传统的一次分类法（如图 1-9）更为科学；其可操作性在于可依此研制教材和评价教材。

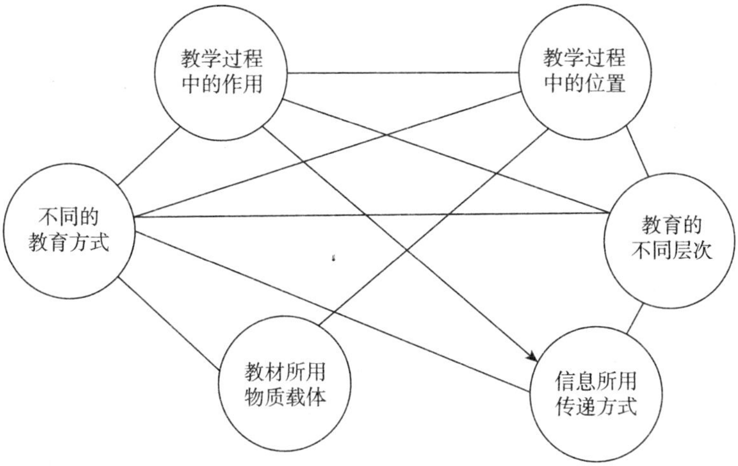

图 1-9　传统教材分类法

因此，苏联学者别斯帕尔克分类法对教材的分析、分类及评价方法思想是崭新的，它能紧密地将教材研制与教材教学实践相结合。它还揭示了传统编制教材的弊端，诸如凭直觉和经验设计，没有考虑到整个教育系统和预先分析教材教学的策略，以及对教学过程的控制等。它提示教材编制者，不能用科学专著替代教材，两者从内容到形式有明显的区别，编制教材是为学习者服务的，因此教材应有明确的教学目标，适合教学大纲的教学内容，有明确的教学组织形式提示，并要求切合教学过程的实际情况。

16. 以教材在教学系统中的地位，可把教材分为基础课教材、专业课教材和技术课教材。这种划分方法充分反映教材的层次性和关联性。

17. 从教材的来源划分，可把教材体系分为 7 类：（1）图书，包括教科书和教学参考书等文字性教材；（2）教师的经验，指教师从实践中或书本上直接或间接得来的经验；（3）学生的经验，包括学生现在的经验（从实验、实习作业中得到的经验）和过去的经验（从过去的学习、劳动和生活中得到的经验）；（4）设计制作物品，指师生共同制作的模型和图表等；（5）自然界物品，指实物和标本等；（6）自然现象和社会现象；（7）音像资料，指教学幻灯片、投影片、电影片、录音带、录像带等视听教材以及数字化教材。

18. 按教材设计的类型可将教材分为 5 种：（1）知识中心式教材，包括学术理论浓缩型、知识结构型和多科知识综合型等形式；（2）范例式教材，强调以基础的、本质的和有代表性的内容为范例编制教材；（3）生活中心式教材（经验中心式教材），强调以人类日常生活为中心内容编制教材；（4）社会中心式教材，这种教材以社会需求和社会问题为核心内容；（5）人本中心式教材，它以发展学生的自然能力为原则。

以上是对教材的一般分类，在实践中某种类型的教材还可以继续细分。例如，教科书按其组成形式分为单本和丛书两种，丛书又可根据学科发展顺序和某一学习阶段继续划分，如有按教学科目构成的系统教材，或是某一年级的所有科目的系统教材。教材分类的目的，在于进一步明确教材的属性及本质特征，并为实际运用提供基础。无论哪种分类，都需要明确主体教材地位，处理好教材内部的关系。

第三节 教材在教育教学中的地位和功能

教材的地位和功能由它与其他相关事物在发展过程中的关系确定。从现代大教育观的角度看，教材是教育的三大支柱之一（教材、教师、教学设施），教材建设对教育质量有着直接的重要影响，主要反映在教育教学中的内容、流程和模式上。

一、教材在教学系统中的地位

教材作为教学内容的物化形态，是教学系统中的重要组成部分，并在教学系统中占据重要地位，其关系（如图 1-10）表现为：在社会需求、知识经验积累和教学规律的综合作用下，形成一定的教学目标，在教学目标的指导下，形成相应的课程计划，而课程计划则决定课程的组合，每门课程的地位决定教材的内容、形式以及相应的教学模式，这些都要通过教师和学生的教学实践活动来体现，而教师与学生教学实践活动的中心是教材，教材凝结了教学目标、教学内容和教学模式等，因此教材既是教学活动的中心，也是教师教授、学生学习活动的对象和客体，教材作为教学目标的物化形态并通过师生的教学活动求得教学目标的实现。为更贴切反映教材与教学系统中其他要素的关系可用图示（如图 1-11）表现。

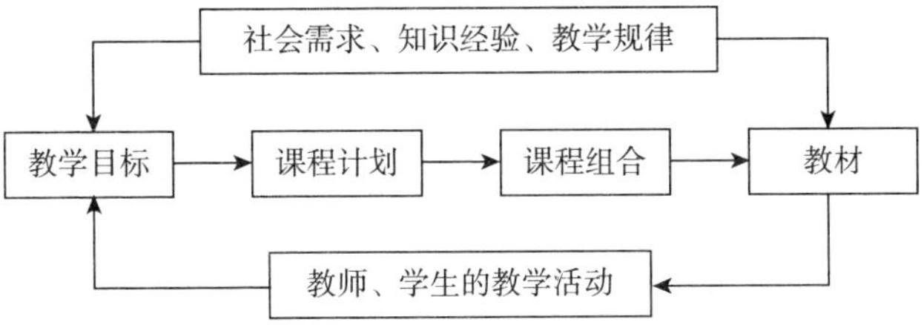

图 1-10　教材在教学系统中的地位

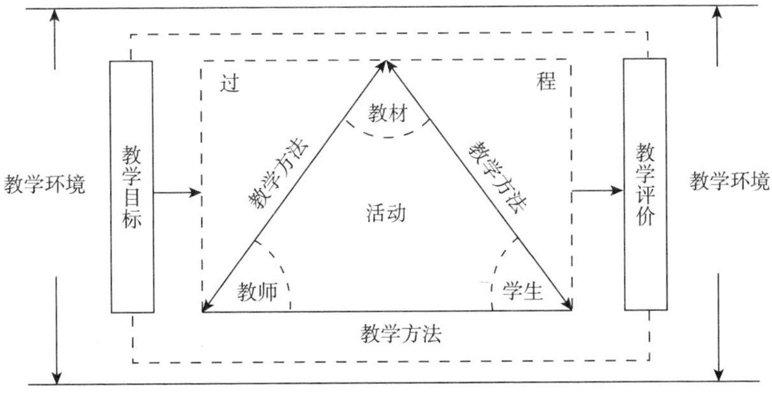

图 1-11　教材与教学系统其他要素的关系

从图中可看出，教学活动围绕社会要求的教学目标而展开，这个教学目标是出于设计者的主观愿望，没有在实践中得到验证，而且这个教学目标并非每一个学习者都能达到和实现，因此这个教学目标是理想性的，但设立一定的教学目标参数是必要的。目标的实施必须借助课程教材来进行。至于每个学生的掌握程度则要借助测试、观察等反馈信息来判断，从而调整教学目标、教材内容乃至教学策略。在整个教学过程中，教学环境（物质的和心理的）都会对师生产生或明或暗、有利或不利的影响。师生也绝非被动地接受环境影响，他们都可以用各自的方式去调控教学环境，使其对学生的发展、教学目标的实现产生有利影响。教师通过一系列反馈手段测知学生的实际水平，通过建立科学的指示参数来调整学生进一步学习的目标，适当提高或降低教材难度与量度，组合最优化教学，促进学生最大限度的发展。

在教学实践中也可以看到，作为教材主要部分的教科书在各级学校教育中的地位有明显的差异（如图 1-12 所示）。

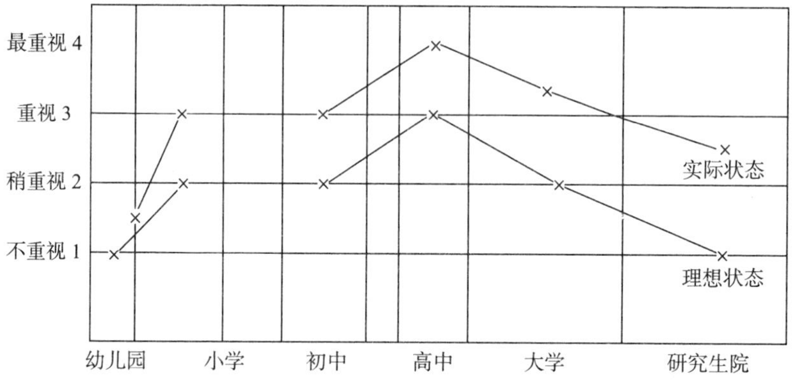

图 1-12　各级学校教科书应有及实际地位比较

看来，有必要调低各级学校对教科书的重视程度，增加教材的其他形式。作为幼儿园的儿童，应当注重保育和个性全面发展，在此年龄阶段可以使用读物，但不必拘泥于教科书的内容，更不必受教科书的逻辑体系限制，可向儿童提供丰富多彩的识字材料和活动教材并进行有效指导。小学高年级至初中阶段的学生已进入青少年时期，其求知欲及逻辑思维能力有所增强，知识教育成为其主要活动内容，因此可对教科书学习更加重视，一方面借助教科书明确指示学生知识的规范；另一方面要求对教科书的内容尽可能地理解与掌握，但因该阶段属于义务教育范畴，教学目标是以个性全面发展为中心，不应严守教科书之要求而以教科书为唯一活动中心。高中阶段学生正处于确定职业方向的时期，他们已有足够的生理心理接受能力和知识经验，迫于升学压力，囿于考试内容限制，教科书受到最大程度的重视。比较而言，中等职业学校对教科书的重视程度低于普通高中。

大中专学生在生理、心理发展等方面接近成人，且属终端学校教育，没有升学竞试压力，提倡创造教育，因此不以一两本教科书作为学生钻研的唯一范围，要提供大量的辅助教材，借以扩大知识视野和操作能力。但是学校仍要以教学为首要任务，对于教科书学习也应适当重视，其重视程度如同小学高年级和初中阶段。研究生的生理、心理能力如同成年人，但比成年人更有朝气和进取心，其求知范围不受教科书的约束，故对教科书不应过分重视，主要侧重科研能力的培养，目标是科学研究创造。因此，教科书在研究生阶段的地位类似于学前儿童和小学低年级学生，只具有参考价值。教材对社会成年人的作用更低，成年人具有的主要是实践经验。在当今学习化社会，学习是每个人终生的使命，所谓的教材对他们而言是广义的，不同于学校教育教材，他们所使用的教材更为分散和深化，学科教材和活动教材对他们来说同样重要，科学著作也可作为教材使用。

作为教材主体部分的教科书在各级各类学校教师中的地位和作用也不尽相同，这个变化状态与各级各类学校学生中的反映相同，这个结果充分表明，教授材料的变化要依据学习材料的变化，并受教学目标、教学内容、考试制度、受教育者身心特征等多因素的制约。

此外，教材体系内部成分的地位也不相同，教科书无疑是中小学教材的主干部分，其他教材只是教科书的辅助成分或变式。纸质教材仍然占据主体，数字教材方兴未艾，它们相互补充，形成立体化的教学资源库。

二、教材在教育系统中的功能

教材在学校教育教学中的价值与作用，可从其外部和内部两个方面来审视，直接影响培养什么人和怎样培养人这一关键问题。

（一）教材的一般功能

1. 传递人类文化遗产和科研成果的功能。从教材的特性可知，教材包含了人类千百年来积累起来的文化知识精华，其内容反映社会科学、自然科学和思维科学的各个方面，并且经过教育学观点的精选而加以重构，担负传递知识经验、使个体尽早完成社会化历程的任务。优秀的教材本身就是人类文化精华的浓缩与集中。

2. 促进学生个性全面发展的功能。教材是为学生学习研制的，因此教材以学生的全面发展为目标，包含促进学生展开积极学习活动的事例，以及生活经验与学习体验本身。

3. 提高学校教育教学质量的功能。教材是学校办学的三项基础建设之一，它在一定程度上反映着一个学校的办学水平和学术水平。教材更是直接反映一个国家（地区）教育的质量与水平。教育教学的质量，在很大程度上取决于教材的优劣。因此，选择优秀教材的判断标准，编制新教材的技术，运用教材的实践能力，评价和修正教材，都是各国非常关注的问题。

4. 促进学校教育改革的功能。教育改革的中心问题是提高教育教学质量，而提高教育教学质量的关键是改革课程教材。因此，教育改革的方向也就决定了教材建设的方向，反过来教材建设的方向也表征着教育改革的方向，教材建设的现代化有力地推动着教育改革的深入。

5. 教材的社会教育功能。教材是系统地、有计划地、大规模地进行社会教化和思想道德教育的重要工具及主要内容。从教材发展史可知，教材自产生起，就具有社会教化和培养人才的双重任务。教材文化代表主流价值和主体文化，影响着每一个人。

6. 促进科学技术发展的功能。教材既是对人类科技成果最系统、最简要的总结和继承，也是科技成果的重要存储和传播手段。更重要的是，教材通过启迪学习者的心智，使其富有创造性，从而丰富人类文化知识的宝库。

7. 教材建设对学科建设和课程建设的功能。教材建设是学科建设大系统中的子系统，它要为学科建设服务；课程建设在很大程度上依靠教材建设的成就。教材建设是一项非常重要的基础工程，如果缺乏教材建设的保证，课程建设与学科建设就难以落实。

8. 促进国际文化教育交流与合作的功能。从现代角度看，教材已成为国际文化教育交流合作的重要组成部分，某些优质教材（如外语教材、计算机教材、自然科学教材及经管教材等）已成为国际通用的教材，这是教材国际化的一个重要象征。

此外，教材对学习者而言，还具有内在的价值，表现为：（1）实用的价值，可以提高学习者适应社会生活的能力，提供职业准备；（2）文化的价值，促进个体人格的发展，传递社会规范文化，养成社会道德；（3）训练的价值，促进受教育者认知因素与非认知因素的发展（如图

1-13）。也可以认为教材具有情感价值、内容价值和方法价值。

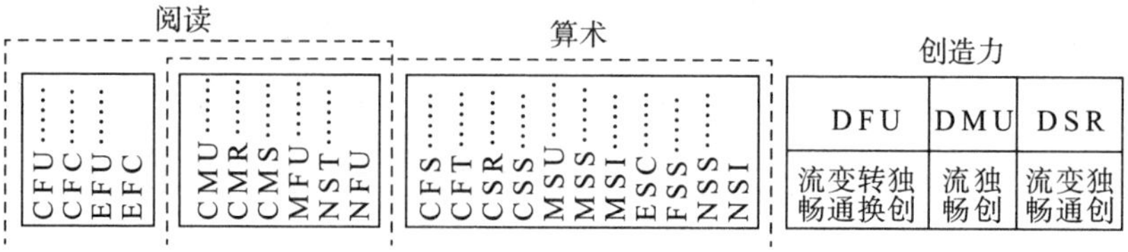

阅读（基础能力）

□ CFU——图形单位认知或视觉封闭

□ CFC——图形类别认知或视觉概念化

□ EFU——图形单位评鉴或视觉分辨

□ EFC——图形类别评鉴或判断类似性与概念匹配

□ MSU——语意单位记忆或视觉注意

□ MSS——语意系统、记忆或视觉专注顺序

阅读（能实际阅读能力）

□ CMU——语意单位认知或数学与语文概念

□ CMR——语意关系认知或语文关系的理解

□ CMS——语意系统认知或理解延伸之语文资讯的能力

□ MFU——图形单位记忆或细节的视觉记忆

□ NST——语意转换的聚敛思考或认字速度

写作

□ NFU——图形单位聚敛思考或技能准备度

算术

□ CFS——图形系统认知或空间中的物体恒常性（Piaget）

□ CFT——图形转换认知或空间保留(Piaget)

□ CSR——符号关系认知或理解抽象关系

□ CSS——符号系统认知或理解数的级数

□ MSU——语意单位、记忆或听觉注意

□ MSS——语意系统、记忆或听觉顺序

□ MSI——符号应用记忆或推论记忆

□ ESC——符号类别评鉴或判断算术相似性

□ FSS——符号系统评鉴或判断数之事实的正确性

□ NSS——符号系统、聚敛思考或应用数学事实

□ NSI——符号应用聚敛思考或形式推理（逻辑）

创造力

□ DFU——图形单位扩散性思考或以物的创造（图形的层次）

□ DSR——符号关系扩散性思考或以数学事实的创造

□ DMU——符号单位扩散性思考或以字、观念的创造

资料来源：

M. N. Meeker，IEPs：Diaganosing and Matching Curriculum to Cognitive Patterns in Developing TEPs for the Gifted/Talented. LA，California：National/State Leadership Training Institute，1979.

图 1-13　智能结构因素与教材的关系

从上述各方面看，教材具有广泛的社会功能，涉及社会的方方面面。

（二）教材在教学系统中对教学其他要素的作用

教材既然作为一种教学要素和其他要素共处于一个教学系统中，势必要对系统其他教学要素产生重要影响和作用，既是教之本，也是学之本，还是中小学考之本。从中可见，教材在教学内部活动中的主要功能有以下几个方面。

1. 教材对教学目标的作用。现代教学目标不仅要体现教学基础知识，培养基本技能，还着重培养学生的自学能力，“教会学生学会学习”，因此教学目标的达成需要一定的教材来实现。从这个意义上说，教材是教学目标的最直接体现者。

2. 教材对课程的作用。课程主要体现社会及学科知识和教学的要求，它们逐步落实教学目标，而教材则是课程得以实施的具体保证，是课程的“物化形态”。没有教材作保证的课程只能是空中楼阁。

3. 教材对教师的作用。教材是教师教学工作的主要依据，或者说是其“话本”或“剧本”，它可以减轻教师工作量，缩短讲述时间，为教师采用创造性教学策略提供有利条件。有利于统一规范教师的教学，有利于提高教师的教学质量。教材对中小学教师尤为重要，可在一定程度上弥补教师能力之不足，对职业学校和高校教师更多具有参考作用。

4. 教材对学生的作用。教材作为“无言的教师”，打破了教师对教学内容的垄断，并使学生减轻了笔记抄写和记忆的负担。教材成为学生系统、高效、有序地获取知识的主要工具，也是培养思维能力和形成社会道德的重要途径，并为自学提供了便利条件。

5. 教材对教学环境的作用。表面上看，教学环境处于教学活动的外围，其作用表现为相对静止，但实际上它却以特有的影响力干预教学活动的过程，影响教材的展示，影响教学活动的效果。因此，调控优化教学环境必须注意与教学活动的中心内容——学习教材的协作配合，并明确调控优化教学环境为教学教材服务的意识，从而体现教材对教学环境的引导作用。

6. 教材对教学评价的作用。教材是教学评价的重要工作内容，是课程评价的具体内涵，具体反映了学什么内容及用什么标准来测评教学的质量，因此教材的结构优化、设计与运用成效亦可作为检查教学质量的重要标准和内容。

7. 教材对教学观的作用。教材与教学观形成紧密的联系，一方面，教学观（教学思想）指导教材的编制与设计；另一方面，教材具体反映一定的教学观（教学思想）并使之得到具体表现。

8. 教材对教学策略的影响。既定的教材制约教学策略的选择和运用，但教材并没有限定教学策略的作用，同一教材可由不同的教学策略来实施。借助各种类型的教材，可以展开集体学习、小组学习和个别学习。教材的编制与设计主要服务对象是学习者，学习者可依据自己的特点与可能选择教材（如表 1-1 所示）。各类教材因其特性和使用范围不同，师生可依据教学需要进行最优选择，一旦进行选择就意味着教学策略的确定，从而为实现适宜的学习策略提供基础。

表 1-1　各类教材的特性

教材类型	选用标准											
	电化设备	特性			可控性		适用于			长于表达		
		画面	声响	动态	速度	次序	大班	小班	个人	概念理论	观念意见	操作过程
教科书					√	√	√	√	√	√	√	
图表、模型	√	√			√	√	√	√		√		
录音教材	√		√				√	√	√		√	
幻灯教材	√	√			√	√	√	√		√		
声画同步教材	√	√					√	√	√	√	√	√
胶片教材	√	√	√		√	√	√	√	√		√	
投影教材	√	√			√	√	√	√	√		√	
电视教材	√	√	√	√			√	√	√	√	√	√
数字教材	√	√	√	√	√	√	√	√	√	√	√	√

各类教材的表现力有所不同，如表 1-2，可供教育者和学习者选用时参考。

表 1-2　各类教材的表达力度

类型	特性						
	颜色	立体感	动作	速度	启用水平	感觉器官	符号类型
教科书	√			自控	高	视觉	形状数序
模型	√	√	√	自控		视觉	形状
实物	√		√	自控		视觉	形状
图画	√	√		教师	中	视觉	形状数序
录像	√		√		低	视听觉	形状数序
录音					中	听觉	数序

同时，从传播学角度看，各种类型教材的传递信息能力有所差别，而且学习者的参与程度也有不同。例如，电视、无线电广播、互联网可同时进行传播，电影、录像、幻灯等供室内或小团体使用，教科书等供个人使用，学生易产生参加前两者活动的兴趣或行为。采用多种教材类型效果较优。目前，数字教材也有了很大发展。

9. 教材对教学模式选择的制约作用（见图 1-14）。一般认为，教学模式的选择应从教学目标、教材难易与学生年龄及知识基础等方面考虑，反过来，教材的难易成为教学模式选择的重要依据。如果教材难度较大，教学模式则应侧重讲解式和启发式；如果教材难度小，则选择讨论式、练习式甚至是自学式。这是教材对教学模式选择的一般影响。

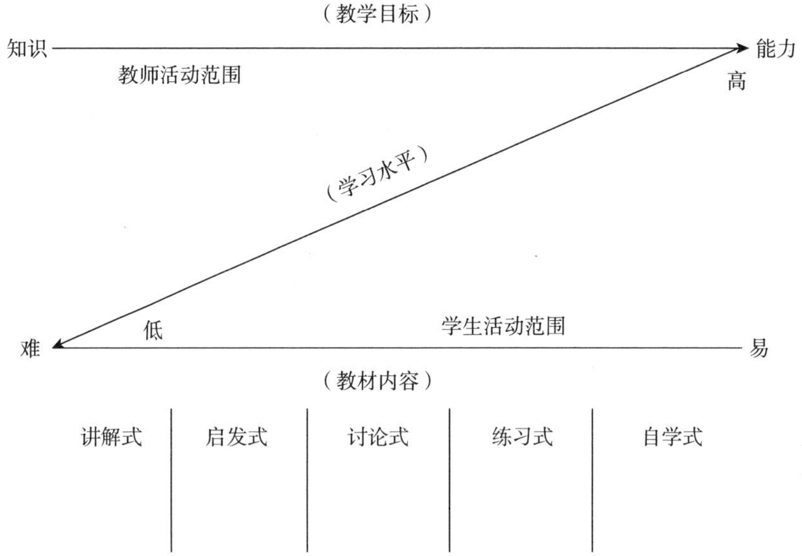

图 1-14　教材对选择教学模式的制约作用

总之，以上从各角度分析了教材在社会文化和学校教育教学中的地位与作用，研究结果充分反映了教材功能的广泛性和综合性，教材的这种多功能性促使我们不能只从学校教育教学的角度看待教材的作用，而应当从更广泛的社会意义上认识教材的功能与价值。

至于在研制开发教材时，重点应放在哪一种功能上，则视教育教学目标、教学内容、学习者年龄特征及教材类型等具体情况而定。但从根本上说，应当综合教材的多种功能考虑教材的研制及教学设计问题，实现传递价值、传授知识、传承文化的目的。

第二章　教材历史论

考察教材发展的历史，对于揭示教材的本质、属性与分类，探明教材在教学系统中的地位与功能具有十分重要的意义。

教材起源于教育活动，而教育起源于人类营谋生活、传递经验的需要，并在人类社会生活和社会生产中得到发展，这个事实充分表明教材的产生和发展是与教育教学同时发生并同步发展起来的。随着经济社会的发展，教育从非正规教育走向正规教育，教育活动上升为教育事业，不断增大对教材进步的需求，教材自身也在不断发展完善，表情达意的教学媒体从口耳相传、言传身教发展到文字性材料，并逐步形成教科书、多媒体教材、数字教材，呈现多样化、综合化发展的趋势，教学材料的技术变革推动了教育教学的创新发展。

第一节　古代教材

一、教材的萌芽时期

教材的起源可以追溯到原始社会，那时社会生活和社会生产的经验就是自然形成的教材，口耳相传、言传身教既反映了原始社会的教学方法，也反映了当时的教材停留在“声音和动作”水平上，以此为媒体的教材初步具备教材的基本特性。随着社会的进步，知识的积累引起了知识理性化的渐变与飞跃，并使知识呈现出一定的系统性与综合性，从而要求专业化独立形态的教材体系，这个发展经过了从以物记事、符号记事到固着在文字上的漫长进程，考古工作者的努力拨开了历史的迷雾。《易经·系辞》说："上古结绳而治，后世圣人易之以书契。"由此可知，在文字出现以前，结绳不仅起着存储和传递信息的作用，而且代表着一定的思想内涵和语义符号，可视为一种"文字"，它虽然尚不系统成熟，但毕竟起着一定的表情达意功能，世界上的文字如象形文字、线形文字、楔形文字、图画文字等都是从结绳刻木中演进而来的。用结绳刻木代替声音动作，其规则和方法显然比较规范标准，将思想意识物化到有形物上存储，可以突破时空条件的限制。另一方面，这些有形物的功能在于比喻借语转义，不受原意的制约和影响，显然是教材发展的进步。

二、教材发展的初期阶段

文字产生的具体时间，目前尚难以准确断定，但经考古学家证实，最初采用文字的时间约在公元前 4000 年，中国的象形文字、埃及的图画文字、巴比伦的楔形文字、克里特人的线体文字，最终形成了东方的表意文字体系和西方的拼音文字体系。最初的书写用墨、颜料写在竹简、帛或木板上，或用苇笔写在纸草或泥板上，或刻在甲骨上。如此使教材具有确定正规系统的表情达意方法和媒体，并使教育教学活动游离于具体的社会生产和生活过程之外，初步具有专门化的特性，对于学校教育的产生起了一定的促进作用，而学校的产生反过来又使文字教材系统演化成"书"，如纸草书、简册、帛书等，并使教材分化为学校教育教材和社会教育教材。显然，教材的系统化与学校教育体系的确立存在密切联系。随着学校教育体系的完备，教材也日益系列化和多样化。

（一）中国古代学校教育教材

我国是世界教育古国，既有世界上成熟的文字，又有较早的学校教育体制，同时又是首创人才选拔制度的国家。我国古代文武兼备、诸育兼顾的教育体制推动了教材的发展与革新。

从中国文字的形体发展看，经历了篆书→隶书→楷书→草书→行书的发展历程，形声、会意、假借等方法已普遍使用，表明当时已具备作为教材使用的必要条件。中国在文字技术方面走在世界前列，发明最早意义上的书籍“简册”和“帛书”。公元前 2 世纪，中国最先发明造纸术，105 年蔡伦造出首批良纸。6 世纪发明雕版印刷术，北宋毕昇发明胶泥活字印刷术，既节省了雕版费用，又提高了印刷效率，开创了教材史上的新纪元。

读、写、算是学校最早的课程，识字计算教材即学校最先发展的教材体系。

我国的蒙学教材是在小学、私塾、书馆和村学等机构中进行启蒙教育的课本，它是从字书发轫的。《汉书·艺文志》记载：“《史籀篇》者，周时史官教学童书也。”该书是著录于册的最早的蒙学教材，是典型的“以类相从”编制法，奠定了我国蒙学字书的基础。唐宋以后，随着蒙学教育的发展和印刷技术的进步，蒙学教材分化形成包括识字教育、道德教育和知识教育在内的教材体系，体裁有韵语读本、看图识字、散文故事和诗歌等形式，基本上以韵语和部首为识字基础，其中以《三字经》、《百家姓》、《千字文》最为著名。此类系统启蒙教材，沿用至清季，还被译成蒙古文、满文，并流传到海外。宋末出现的《对相识字》是世界上最早使用图文对照直观教学的识字教材。我国识字教材的特点主要是：(1) 重视汉字特点，使用韵语或对偶句式；(2) 注重联系日常生活；(3) 适应儿童身心特点。

高级学校最早的教材体系是以“六艺”(礼、乐、射、御、书、数)为中心的，它力求体现“六德”(知、仁、圣、义、忠、和)与“六行”

（孝、友、睦、姻、任、恤）的要求。

春秋战国时期，政教合一的教育体制崩溃，学校教育分化独立，私学兴盛，课程教材不同于西周，而代之以“新六艺教材”，包括《诗》、《书》、《礼》、《乐》、《易》、《春秋》。这套教材体系除乐经佚失外，其余五经为古代的基本教材，它侧重文化伦理道德，对我国古代教材建设产生了深远的历史影响，并扩散到周边国家和地区。这套教材经历代学者的努力臻于完善，荀子等儒者的教授活动又使其成为普遍性教材，科举制度使四书五经教材获得法定地位。

表 2-1　中国古代学校基本教材辑要

汉代	《诗》、《书》、《礼》、《乐》、《易》、《春秋》、《论语》、《小学》
隋唐	《诗》、《书》、《周礼》、《仪礼》、《礼记》、《左传》、《公羊传》、《穀梁传》
宋代	《诗》、《书》、《易》、《周礼》、《礼记》、《左传》、《论语》、《孝经》、《孟子》
元代	《诗》、《书》、《易》、《周礼》、《礼记》、《春秋》、《论语》、《孟子》、《孝经》、《大学》
明代	《诗》、《书》、《易》、《周礼》、《礼记》、《礼仪》、《春秋》、《论语》、《孟子》
清代	《诗》、《书》、《易》、《三礼》、《春秋》、《论语》、《孟子》、《孝经》、《四书》

注：唐代《礼》分化为《周礼》、《礼记》、《仪礼》，《春秋》则分为《公羊传》、《穀梁传》、《左传》。

元明清时期科举要求四书必考，五经可选择一种，这样一来四书五经成为获取功名利禄的必要阶梯，反而限制了教材的发展。

自然科学在古代社会中也占据一定地位，在教材中有所反映。例如，西周的《周髀算经》是最早的数学教材；唐代专设的“算学”是我国最早的数学专业，其教材为《算经十书》、《记遗》、《三等数》等，其中《算经十书》是自隋至清学校的主要数学教材。

（二）外国古代学校教育教材

古代埃及、巴比伦、印度和古希腊地区产生了世界上较早的学校教育，学校类型有宫廷学校、寺庙学校、职官学校、文士学校、文法学校和古儒学校。因其教育目标不同，选择的教学内容及教材体系也就有所不同，总结起来有宗教经典类教材、律法类教材、神话传说类教材、哲学历史类教材、寓言类教材和自然科学类教材等，它们融社会教化与学校教育为一体，反映百科全书式的知识。同时，在上述地区还发现了配合教学用的教具，如古希腊学校中常用的计数器等。

古罗马时期，出现了专门的讲义书，主要是为文法学校编写拉丁文法教材，并一直影响到中世纪时的教材建设。

智者派提出的“三艺”（文法、修辞、逻辑）与柏拉图提出的“四艺”（算术、几何、天文和音乐），是欧洲中世纪学校的主要课程，一直沿用到文艺复兴前，它们也奠定了西欧学校教材的主要范围。同时，中世纪时基督教垄断了学校教育，《圣经》成为各级各类学校的主要教材，其他有关教义的著作也成为学校的教材。

伊斯兰国家早期教育以《古兰经》为教材，并涉及法律、数学和自然科学教材，此后大量翻译印度、古希腊与古罗马教材，在东西方教材的交流与合作上作出了重要贡献。

文艺复兴时期，人文主义教育家和新教改革家主张废除中世纪陈腐的教材体系，用民族语言教材代替古希腊、拉丁文教材，以古希腊、古罗马的著作替换《圣经》作为教材，并推行实物教具。

在欧洲影响最大的识字教材是《启蒙读本》，它将教会祈祷与拉丁语学习相结合，经历代修正，使用至 18 世纪。夸美纽斯时期在欧洲教材发展史上有着里程碑意义，夸美纽斯分别为学前教育与国语学校编制了《世界图解》和《语言入门》两部教科书。前者是西方教育史上第一本附有插图的儿童百科全书，采用看图识字方式，让儿童通过插图学习语言文字，养成认识世界、认识人类生活和发展感官的能力；后者实际上是一部简明的百科全书，其特点是结合实物教儿童识字，由浅入深、循序渐进地让儿童掌握拉丁语的结构和规律，是初学者学习的极好教材。两部教科书均采用了圆周式教材排列策略，他还使用皮制人体模型辅助教学。

在印刷术使用前，讲义是主要教材，教学活动是听写与讲解，直到17世纪出现班级教学，教科书才成为学校教育的主要教材并确立了其在教学中的重要地位，它给教学以统一规范和权威，部分替代了教师的职能。尽管对教科书有过争论，但争论结果是教科书作为教师的主要教具而使用，它并不能完全取代教师的作用。

（三）古代教材的特点

1. 教材发展的源与流。教材源于实际教学活动，随着文字的出现，学校教育分化独立，教材也分解为社会教育教材和学校教育教材，后者的发展尤为迅速，并突出表现在文字类教材上。从其发展走向看，最先发展的是识字教材与算术教材，其后是人文伦理道德教材，最后是自然科学教材。这体现了社会需求的变化。

2. 政府（教会）侧重政治伦理教材的研制和统一使用，相对忽视自然科学教材的研制。

3. 教材研制的发展先由专家学者写作，成为著作、法典，兼有社会教育和学校教育的教材功能，后逐步分化为各科独立的专业教材。

4. 中外教材的比较。中国古代课程教材门类齐全，并形成系统，除以四书五经、儒家学说为教材主体外，还有较为发达的各类识字教材及自然科学教材，学校体系完整，教材平稳发展，而国外教材其完备性、系统性无法与中国相比，并历经曲折之道，受战争、宗教影响，教材发展单调缓慢。

5. 东西方教材的交流合作。伴随文化教育的交流与合作，从世界教材发展的状况看，中国教材的发展无论在教材的形式还是在内容上，都处于前列，中国研制教材的技术与成果，对周边国家和地区产生了深刻影响，并通过这些国家和地区辐射到西欧。例如，中国发明的雕版印刷和活字印刷术从 13 世纪中期传入朝鲜、中亚、西亚，16 世纪中期传入日本。受中国影响，欧洲出现木刻画像和拉丁文活字印刷，1450 年，德国人古腾堡（Gutenberg）发明了印刷效率更高的铸字方法，用金属活字印刷书籍，这项技术逐步返回东方国家，成为人类共享的财富，推进了世界教材的发展。夸美纽斯创造了古代教材建设的高峰，1658 年出版的《世界图解》堪称教材一绝，曾流行二百多年，获得世界赞誉，因此，夸美纽斯被称为“儿童插图书的创始人”。

第二节　近代教材

西方在工业革命之后，率先跨入近代社会，实施国民教育，推行班级授课制，在教材研制上居于领先地位，而中国因闭关锁国，教育落后，教材发展缓慢。相较而言，西方教材建设在世界上占据优势，中国一直在引进、吸收和改造。

一、国外近代教材

西方在工业革命和普及义务教育的推动下，最早使印刷技术机械化，从而使讲义书发展成为通用的教科书，而且最早将文字性教材发展成为视听教材，因而推动了教材史上的技术革命。在教材研制上，既大量反映现代科技信息，又注重教学心理的研究，逐步走向科学化。

此时，教材研制方面有明显进步。如 18 世纪泛爱主义教育派代表人物德国教育家 J. B. 巴泽多（1723—1790）在 1768 年发表《为学校、学科及其对于公众福利之影响，敬向志士仁人呼吁书》，着重阐明编制初级教材的意义，此举受到社会普遍重视。1774 年他编印出附有 100 幅插图的 4 卷本初级教学用书，被誉为 18 世纪的《世界图解》。法国的拉夏洛泰（1701—1785）强调编写教科书和教学参考资料的重要性，他认为“创立一个教育体系，必须有教师和书籍”。德国教育家第斯多惠（1790—1866）编写了 20 余种教科书和教学指导书，英国的狄尔沃兹（Thomas Dilworth）以撰写教科书而著名，他于 1740 年编制的《新英语指南》被誉为“已出版的最好的教科书”。

西方在教材编制策略上产生分化，背后是教育理念的分歧。

以赫尔巴特为代表的传统教育派坚持建设有助于形成必要观念的教材。他们认为教材的价值不在于教材的训练价值，而是教材的具体内容和实用价值，目的是使学生获取丰富的知识，课程教材的编制程序是呈现知识的逻辑顺序，它是直接影响心灵的组织和程序，因此强调学科教材建设。

而以杜威为代表的进步教育派主张以生活为教材，替代学科教材，扩大了教材的范围，学科教材退居为教学参考书。杜威认为学科教材是历年科研的产物而非儿童活动的产物。它是为未来设计的，超越了儿童生活和经验，因此，教材对学生缺乏吸引力。所以他得出结论，教材的基本源泉是儿童的直接经验而又能构成知识的东西，教材应先是具体活动的作业，后进行系统教材的学习。在《民主主义与教育》中，他对历史、地理、自然科学、艺术各门课程的教材和方法有详细的论述。总之，他坚持教材建设应从学习者的经验开始，从中引申出合乎科学的方法。即用心理的方法“区别于传统教育派的逻辑方法”，所以他认为，课程教材教法的问题归根到底是教材的组织和选择问题。活动教材在二战前很有影响。

同时，欧美掀起教材技术的革命，主要标志是程序教材的出现，美国心理学家普莱西、桑代克等人根据行为主义理论，发明程序教学机，把教材分解为若干小项目，并按一定的顺序排列组合，每一项目提出问题，要求学生作出构答反应或选择反应，然后检查反馈。程序教材的模式大致有三种：(1) 普莱西和斯金纳的直线式程序；(2) 克劳德的多重选择反应的衍支式程序；(3) H. 凯的综合式程序。程序教材是算法化教材与教科书的结合。

从上述情形分析，西方国家的教材研制水平有长足的进步，既远远高出古代教材的研制水平，也远远领先于世界其他国家和地区，在教材发展史上占有一定的地位。

二、中国近代教材

自明末清初开始，中国采取闭关锁国的政策，基本上断绝了与世界先进国家的联系，社会发展进步缓慢，逐步落后于西方资本主义国家。随着帝国主义的入侵，中国陷入半殖民地半封建社会，教材研制水平始终没有超出古代社会的水平。相反，西方列强挟船坚炮利之优势，逐步开始了文化教育上的“西学东渐”。在上述过程中，先进的教材印制技术和教科书传入中国，在客观上促进了中国教材的革新与发展。

因此，在一定意义上可以认为，中国近代教育是西式教育与传统教育相混合的产物，其教材亦是西式教科书与传统教材的混合，以前者为主，历经从无到有、从文言文到白话文变化的历史进程。

（一）清末民初的教材体系

中国的近代化是在西方列强的炮舰威胁下进行的。在一定意义上，它是以牺牲主权利益为代价的，在半殖民地半封建社会中形成“中学为体，西学为用”的教育体系，混杂了殖民化的西方教材体系及传统国粹教材和自编教材体系。现代意义上的教科书产生于清末洋务运动以后，起源于新学堂的发现和现代学制的形成。

1. 清季废科举、兴学校。1904 年的《奏定学堂章程》，既奠定了中国新学制的基础，也确定了中国近代的教材特点，经学教材选用四书五经，而所谓的“科学”教材多选用西方教材，并聘用部分外籍教师任教。教材西化的现象在各地教育中不同程度地存在。

2. 西方教会学校是西方教育制度在中国的翻版和移植，课程教材体系完全西方化，早期教会学校排斥中国传统课程教材，强化宗教宣传，后来教会学校改革，才逐步开始中国文化教育，使用中文教材，强制性宗教教育也被废除。

3. 自编教材是对外国教材的研制改造，其水平已高于早期的借用和翻译教材。例如，1889 年，江南制造局出版自编算学教材。1897 年，南洋公学外院编著出版《蒙学课本》，这些被公认为是近代中国最早的自编教科书，日后逐渐增多。1906 年商务印书馆编成了第一套完整的中小学教科书。

在学习西方的大背景下，近代教材管理体制和机构逐渐形成。盛宣怀 1897 年在上海创办南洋公学，内设译书院，专门负责翻译外国教材。1902 年成立的中国教育会也研制新式教科书。1906 年，清朝学部设立图书局，组织编辑审定教材。中华民国政府教育部实行教科书审定制，1912 年 9 月颁布《审定教科用图书规程》。同时，民间也出现商务印书馆、中华书局和开明书店等出版教材的机构。1904 年推出的“最新教科书”，1912 年推出的“共和国教科书”，在当时具有划时代意义，商务印书馆的张元济被誉为中国自编新式教材的第一人①。

（二）民国中后期三类不同的课程教材体系

1. 国民党统治区的教材体系。其特点是半殖民地半封建教育体制形成了以儒家经学和独裁专制为中心的教材体系，政府对教科书的监控更为严密，颁布了一系列教育法令，如 1927 年 12 月公布《教科图书审查条例》16 条，1929 年 11 月公布《教科图书审查规程》等，审查标准是“符合党义、党纲及其精神，并适应教育目的、学业程度及教科书体裁，符合国情，适合时代性”。同时，教材近代化的步伐大大加快。

2. 共产党革命根据地的教材体系。早在苏区时期，共产党在中央和省级设立教材编审机构，先后出版供军队、干部、农民和青少年使用的教材，主要有政治类、军事类、专业技术类和文化识字类。在延安时期，教材体系更为完备，并总结出教材编制的经验，如教材紧密联系社会生活，内容深入浅出，体裁多种多样。出版于 1930 年 5 月的《红孩儿读本》被认为是“现存最早的一种红色初级小学校的儿童读本”。由于战争的影响，教材研制比较粗略，学校教材尚不系统，反映现代科学技术的教材较少。

3. 日伪统治区的教材体系。日本侵略中国时期，力图把奴化教育教材推行到整个占领区，其教材特点是：（1）严格控制和审定教材；（2）教材类型上既有传统经学、修身教材，又有日本语言、历史和地理教材；（3）教材表现出强烈的日本化倾向，只是在各地各级各类学校的表现不同。

由此可见，中国近代教育是与教材紧密联系起来的，从鸦片战争到

---

① 史列：《今人向张元济学什么》，《中国青年报》2017 年 11 月 13 日。

20 世纪初为其产生阶段，教材仍以文言文为主；从 20 世纪初到 1949 年为其发展阶段，教材改用白话文，内容逐步完善。

三、近代教材的特点

近代教材的发展水平全面超出古代，教材研制的科学化、系统化、教学化、技术化和规范化水平大为提高，具体表现为：

1. 研制技术手段的进步，机器生产取代了手工印制，文字性教材开始向视听多媒体教材进步，教材体系呈现综合化发展的趋势。

2. 教材日益分化，先由单纯的“教授材料”转变为“教学材料”，从重“教材”建设到重“学材”，再到“教材”与“学材”有机结合发展。

3. 教材研制的科学基础逐步加强，广泛吸收教育学、心理学和生理学等方面的思想和理论。

4. 近代教材主要以教科书为主体，其形式较为单一。教科书自身建设方面亦有许多非科学成分，依然存在偏重教授方面、重视成人经验、轻视教学实际等弊端，与社会环境相适应的教材研制及教材环境亦有待改革。

第三节　现代教材

二战后，世界多极化、经济全球化、社会信息化、文化多样化深入发展，世界进入大发展、大变革、大调整的时代，和平与发展是现代社会的主题。在这个大环境下，一方面，社会经济发展迅速，社会生产力有显著的提高，科技进步神速，以此带来社会物质文化的高度发达；另一方面，世界存在各种矛盾与冲突，如社会主义与资本主义的全面较量，帝国主义与民族主义的斗争，发达国家与发展中国家的冲突，再加上种族、民族、宗教、性别等方面的矛盾。在此情形下，世界各国基本保持既竞争又合作的关系。

上述大环境营造了教材建设的小环境，并为教材的发展提供了诸多有利条件。从总的方面看，现代教材建设的教育环境和社会环境明显优于近代，信息技术特别是人工智能技术正在广泛且深刻影响教材建设，甚至对传统教材体系进行了颠覆性的创新。因此，现代教材日趋成熟，教材研制的科学水平、教学水平和技术水平有了质的飞跃，教材建设的数量、质量和体系有了长足的进步，教材的管理水平亦有明显的提高。比较而言，西方发达国家在教材建设上仍处于领先地位，但发展中国家有明显的进步，中国教材研制水平有显著的提高。

一、国外现代教材

现代国外教材发展迅速，这是社会全面进步的必然结果，是各国教材改革的必然结果。现代国外教材改革由美国率先发动，先是在发达国家产生强烈反响，而后在发展中国家引发连锁反应，最终形成世界性教材改革浪潮。

美国因受苏联人造卫星上天的震动而致力于教材改革。布鲁纳领导了这场改革，在提高教材科学化水平方面有所贡献，并促进了视听教材的发展。美国特别注重教科书研究，因为美国教师要求出版多样化的教科书。目前，以商业化形式出版的中小学教科书构成了无形的国家课程，其内容在市场中产生，较适合社会的要求。

日本在教材管理上实行严格的审定制，目前有数十家出版单位出版发行中小学教科书，文部省对教材的审定有明确的规定，在教材的选用及出版、供应和定价上控制较为严格，以此保证了教材的高质量和相对统一。日本在教科书研制及多媒体新教材研制方面有较大发展。

苏联早期实行较为严格的教材国定制，偏重学科教材的建设。20世纪60年代中期在美国的影响下着手教材改革，在教材研制方面进步显著，80年代中期放松教材控制。目前，俄罗斯教材出版和选用的自由化程度有一定提升。

二、中国现代教材

中国现代教材较之近代有全面的进步，表现为体系更加完备，质量显著提高。

新中国成立初期，以老解放区及国统区教材为基础进行教材改革，大量借鉴苏联教材建设的经验，逐步建立统编通用教材体制，确立教材国定制。“文革”中教材建设处于停顿与混乱状态。改革开放以来，教材管理实行规划和审定选用制度，教材研制水平有明显提高。新中国成立以来，先后编辑出版十多套中小学统编通用教材，多种实验教材、乡土教材，数千种本科精品教材和职业教育国家规划教材。我国每年生产数十亿册教材，数量位居世界首位，基本形成了适应中国特色社会主义发展要求、立足国际学术前沿、门类齐全、学段衔接的教材体系，基本满足了各级各类学校教育教学的需要。2017年，又分别成立了国家教材委员会及教育部教材局，指导和统筹全国大中小学教材工作。

我国台湾地区在延续以往教材建设传统的基础上，积极着手进行教材变革，中小学教材实施“精编精印”，一般由编译馆统一编辑和审定，而后交各出版社印行。目前，已经改变集中编审供应制度。

香港特别行政区中小学教材的编写与出版通常由教育局担任引导之责，无集中统一的教材管理制度。目前，香港在教育出版专业领域有行业协会，其宗旨是促进业界合作交流。学校自由选择适宜的教材并由学生自行购买。

澳门特别行政区中小学教材进行了一系列改革，教材进口和教材自编都有所发展。在教材管理上，澳门采取较为宽松的政策，官立学校和私立学校选用自主，但官立学校要依据教育暨青年局发出的学校课本指引文件来选择教材。近年来，澳门教育暨青年局与人民教育出版社在教材领域的合作日益加强。

三、现代教材的特点

现代教材的发展水平在整体上全面超出近代，处于更为成熟的阶段，具体表现在：

1. 教材的研制技术有质的提高。电子技术、激光照排提高了教材印制的质量与功效，并使教材的内容与形式在高科技的水平上实现有机结合，出现类似视听教材、超媒体教材、电子课本、数字教材等新教材。

2. 教材的科学水平有质的提高。高科技的进步促进了知识信息的激增，同时科技进步也对已有的知识体系进行全面检验，纠偏补差，从而在两个方面提高了教材的科学水平。

3. 教材的研究水平有质的提高。各国均加强了对教材的研究力度，课程与教学论及心理学的研究成果既改变了世人的教材观念，又全面提高了教材的功效和价值，使教材逐步成为真正的学习资源，更为符合教学实际需求。

4. 教材建构的系列化水平有质的提高。现代教材业已突破古代与近代的框架，渐次形成一个以教科书为主体的多媒体多功能教材体系，而且教科书自身亦有重大的变革。

5. 教材建设的社会环境与教育环境有质的改善，世界各国在教材研制及管理等方面的合作与交流正在逐渐强化。

四、教材发展的历史规律及启示

（一）教材发展的历史规律

教材发展的历史显示出其中的规律。

1. 在教材的载体上，经历着从实物到符号记事，从专用文字到现今的文、声、像多媒体交互式教材体系，其中明显反映出社会生产力与科技革命的推进作用。

2. 从载体的性质看，经历着从石、骨、泥、板、木、竹乃至布帛，最后发展到纸、胶片、磁带、磁盘、光盘、U盘和云数据等材料上。

3. 从教材的总体结构看，经历了从单体到组合体，然后形成教材体系，最终形成大系统的教材体系的过程，组成了从学前教育到研究生教育的学校教材层级，以及从普通教育教材到专业教育教材的教材网络，亦构成了家庭教育和社会教育教材体系。伴随终身教育时代的发展，大教材体系逐步形成，教材成为个人终身学习的伙伴。

4. 教材的历史发展顺序，经历了从选择著作作为教授讲义，到为师生教学编写专业教科书，并陆续产生了以教科书为核心及其教学参考书与补充材料。随着教学思想的转变，教材发展侧重学习材料的建设，形成活动教材和自学指导书籍，这显示着今后教材建设将向教学材料的方向发展。

5. 教材的发展受到教育内外部多种因素的制约和影响。从外部看，教材受到社会政治、经济、文化、科学技术和民族精神等诸方面的影响，可以认为，一定时期的教材是该时期社会生活和社会生产作用的结果；从教学内部分析，教材作为教学系统的一部分，受到教学观、教学目标、教学环境、课程和教学模式等因素的影响和作用，一定时期教材亦是该时期教育教学理论发展水平的综合反映。

6. 今后教材的发展趋向广泛全面发展，加强知识大厦的扩展与基础概念体系的审视与重构，更新概念体系，重视学科结构中的“胚胎发育原理”——将各门学科知识的基本结构作为基础教育和教学的重点与核心。

（二）教材历史发展的启示

1. 教材的产生源于人类社会生活和社会生产的实际需要，是人类知识经验的结晶和精华。

2. 只要教育存在和发展，作为教育基本工具之一的教材便会生存和发展。虽然教材的具体内容可以有所扬弃和更新，教材体系可以改变或重建，教材类型多样，承载体发生变化，但绝没有无教育的人类社会，也没有无教材、无内容的教育，因此教材是与人类文明发展并存的永恒事业。

3. 从教材发展史看，一定的教材体系是一定社会（民族）在政治、经济、科学文化教育、价值观念、道德准则、教育学和心理学等方面最基本、最集中、最系统的综合反映，具体体现该社会（民族）对人才在方向规格、层次等方面的要求水平，是教育目标在教学上的具体化，是课程计划的物化形成。

4. 无论什么样的教材体系都无法摆脱社会因素的影响，它深刻反映占社会主流地位的文化教育意识，所以在古代、近现代教材体系都有与之相适应的思想特征的精神，它在教材体系中有具体反映，并通过教材教学传授给受教育者。

5. 教材发展史集中反映了教材是国家的重要教育事权。尽管中外在各个历史阶段对教材管控的模式有所不同，但国家政府均对教材有所“认定”和排斥，这种作用在近现代反映更为明显，中外政府都通过行政、资金、法律、研制和发行等多种途径对教材加以管理和引导发展，反映出国家政府对教材的管控职能加强，管控的范围不断拓宽。

6. 教材的历史是一个不断发展和完善的历史。从教材的研制到运用是一个不断设计和改革的过程，编制人员需要根据知识要求和教学要求研制教材。同时，师生在教学实践中需要对教材的主体教科书进行教学设计，而且师生也可根据需要自编教材。

7. 教材的信息存储量与媒介越来越发达先进，从甲骨到简册再到现代化的计算机技术、互联网技术、人工智能技术，既是科学技术的进步，也是教材技术基础的革新。因此，在教学中需要妥善处理各种类型教材的关系，形成教材的优化组合。

第三章　教材编制论

从教材的本体及教材的历史可见，教材与课程有着密切的关系，教材在一定意义上可视为课程的重要组成部分，是课程计划与课程标准的具体实现者，是课程内容的具体表现。因此，教材的构成要受到课程表层结构与课程模式的影响，而且凡是影响课程的各种因素也势必会影响教材。教材编制是教材建设的基点和重点。

教材的编制理论是阐述教材内部各要素之间相互组织关系的、具有普遍意义的理论，目的旨在分析制约和影响教材构成的各种内在和外在因素，探讨教材编制的基本原理，从而在此基础上研究不同条件下各种各类教材的编制策略，为师生教学活动提供优质的教学资源。

第一节　教材的生成因素

教材植根于一定的社会文化中，教材的内容和形式必然反映社会文化的成果，教材文化也必然反映社会文化的某些方面，因此，教材的编制要考虑各种内在与外在因素的制约和影响，如此才能编制出高质量的教材。

在影响教材的生成因素中，最主要和最根本的是政治因素和经济因素，这是因为“一定的文化（当作观念形态的文化）是一定社会的政治经济的反映，又给予伟大影响和作用于一定社会的政治和经济；而经济是基础，政治则是经济的集中的表现”①。教材文化本身是社会文化的重要组成部分，它也是一定社会政治和经济的反映，同时可以给予一定社会的政治和经济较大的影响和作用。但对制约教材生成因素的分析，仅停留在此基础上是不够的，那样未免显得过分抽象和泛化，因此还必须探讨研究其他教材生成有关的因素。分析教材生成的教育环境与社会环境，可以从中推衍出社会经济、社会政治、社会文化（观念形态的）、哲学思想、教育目的与教育目标、学科特点、教师、学生及教材建设者等影响因素。

一、社会经济对教材生成的决定作用

社会经济对教材的制约作用最为明显和集中，亦是影响教材生成的主因素，它能够影响其他因素对教材的作用。

（一）教材的产生和发展取决于社会经济发展

社会经济发展水平是社会赖以生存和发展的基础，也是教材产生和发展的物质前提。从教材的发展史分析，教材的内容与体裁无不受社会经济发展的制约和影响。

学校教材最先产生于奴隶社会，这是社会经济发展水平到一定阶段的结果，其中生产力是学校教材不断演变发展的最终推动力，生产力同自然科学教材内容直接相联系，并间接影响社会科学教材的内容。生产力的发展要求不断提高劳动者的文化技术水平和智力水平，教材的内容因此需要不断更新变革。

（二）教材的编制受制于社会经济发展水平

教材的编制条件取决于一定社会或国家的社会经济、科技文化发

①《毛泽东选集》第2卷，人民出版社1991年版，第663—664页。

展水平。这个事实表明，一定的社会不仅需要教材，而且提供了教材形成所必需的物质前提。反之，一定学校教材的设计编制不可能超越一定社会所提供的物质条件。

社会生产力在不断发展，人类社会的生产从农业手工时代进入工业大机器时代，并不断加快工业革命的步伐，从蒸汽时代进入电力时代，又进入核能时代与电子时代，以及进入信息社会。由此，一方面，社会生产不断革新教材内容。在古代，普通教育教材的内容侧重反映社会生活，主要是宗教或伦理、母语和外国语，有时还有体操和音乐，而反映自然科学的内容较少；近代之后，社会生产力的迅速提高，促使学校课程门类多样化，并侧重于自然科学课程，相应地促进了各门学科教材尤其是自然科学学科教材的发展，而且全面提高了各门学科教材的科学成分，因为社会的生产同科学技术的发展水平密切联系，科技进步是社会生产发展的主动力。另一方面，社会经济发展水平的高低决定教材编制的物质条件，其主要包括经费、教材研制和出版发行的条件。这些均是由社会生产发展的水平和科技进步状况决定的。生产力与科技的进步改善了教材编制的条件。例如，东汉蔡伦改进了造纸术，便结束了前人刀刻甲骨和书写竹、木、帛的历史；由于北宋发明了活字印刷术，又加速了教材的出版发行，使教材的印刷种类及质量有了长足的进步。现代社会，教材的概念外延不断扩大，并不限于教科书，还包括各种多媒体甚至是跨媒体、超媒体等教材。最早的教材只有文字，后来出现单色插图，再发展出彩色插图，以及二维码等，这主要取决于技术的进步。

同时，社会生产力与科技的进步全面改善了教材的研究条件。具体表现在：一方面，革新了教材研究的技术和方法，广泛利用了现代化科技手段；另一方面，大大提高了教材研究对教材编写的支撑和引领作用，并使二者在新的高水平上实现有机结合。

重视社会经济对教材编制的决定作用是必要的，但不能绝对地、机械地去理解，因为社会经济发展本身不能主动对教材编制发挥作用，必须通过人的认识和社会政治的调节。其次，也不能因之而产生错误的认识：以为教材编制要追随社会经济的发展，必须不断增添新的内容，必须大力发展新媒体教材，而忽视基础知识和基本技能的重要性，或者轻视纸质教材。

总之，不问社会经济的发展而使教材固定不变的态度是错误的，过于强调社会经济的发展而不加选择地淘汰传统教材或盲目增添教材内容也是有问题的。正确的态度只能是，在科学基础知识和基本技能的范围内适当吸收新的科学技术成果，立足学科前沿，反映教学需要。

二、社会政治制度对教材生成的制约作用

政治是经济的集中表现，政治制度则指一个国家的国体与政体。国体即社会各阶级在国家中的地位，这是政治制度的根本问题，而政体则是一定社会的统治阶级采取何种形式去组织反对敌人、保卫自身利益的政权机关。政治制度属于上层建筑范畴，它由经济基础决定，并为经济基础服务，其性质也是由经济基础所决定的。但社会经济对教材的决定作用，必须通过一定社会政治制度来加以实现。

社会政治制度对教材的作用，可以从纵横比较两个角度去加以分析。

从纵的方面考察，表现在社会发展的一定历史阶段，体现统治阶级意志的政治机构都对教材内容有所需求，对教材生产和使用有所控制。从横的方面看，同一时代不同社会政治制度的国家对教材内容的把控宽严各不相同，但都有所要求。

社会政治对教材发展的作用是直接的，一般是通过国家对教材的管理制度和管理活动来实现的，从古今中外的情形分析，社会政治从来就没有放弃对教材的管理和控制，作为政治工具的国家，总是通过法规、行政、经费、制度、人员、信息等手段直接或间接地进行教材管理。这一点在中央集权制国家表现得尤为明显，而在地方分权制国家则表现得较为轻淡。相应地，教材国定制与审定制多发自前者，而教材认定制、选定制及自由制多发自后者。前者对教材的管理是严密而强势的，后者对教材的管理则较为疏松而薄弱。但无论哪种教材管理体制，即使是教材自由制国家，都实行国家管理教材这一模式，教材自由制并非绝对的自由，它只不过是国家对教材的管理更为间接和更为隐蔽而已。所以，教材的管理模式，从国定制、审定制、认定制、选定制到自由制，是由其不同社会政治制度与不同时期的社会政治制度所决定的。

社会政治对教材内容的制约和影响作用是明显和直接的，尤其表现在社会科学教材方面。自然科学教材的内容，必须反映社会经济发展的要求，然而是否反映及何时反映，要看政府和一定社会集团的认识及是否采取应有的措施。历史上，曾有政教合一社会政治集团禁止编写出版自然科学教材或部分含有自然科学内容的教材的事件。至于社会科学的内容，尤其是思想政治教育教材的内容，是特别敏感的领域，它直接反映一定阶级的信念和要求，在涉及国际关系的教材内容方面，它又直接反映国家与民族的利益和认识。各国教材管理部门均对此方面进行最为严格的控制，选择经审查认同和许可的教材内容。

社会政治制度对教材的控制主要表现在，统治阶级希望以其认可的教育内容影响学生，并教化人民，从而维持并扩大统治基础，为此，必须重视对教材的控制，所采取的方法是多样的，所控制的过程是全程的，所控制的内容是复杂的，所控制的效果是符合其需要的。应当承认社会政治控制的合理性，但不能任意扩大，泛政治化，应分类管理，区别对待。

三、社会意识形态对教材生成的影响

意识形态是一定的政治思想、法权思想、道德观念、艺术观点、哲学思想和宗教观念等社会观念的总和。在阶级社会里，意识形态是有阶级性的。不同阶级有不同的甚至是相反的意识形态。而在政治经济上居于统治地位的阶级，在思想上、精神上也必然居于统治地位。“统治阶级的思想在每一时代都是占统治地位的思想。”①

教材与意识形态有着密切的关系，从教材的发展史分析，任何时代和任何国家的教材势必打上一定意识形态的烙印。教材在意识形态上，自然偏重于统治阶级宣扬国策和提振人心，宣传符合统治阶级要求的思想观念和价值取向。因此，在一定意义上可以认为，社会意识形态亦是社会政治的一种表现形式，只不过它比社会政治更为抽象和间接，也可以认为它是观念形态的社会政治。

例如，中国封建社会占统治地位的意识形态是儒家的思想意识，其基本特征和核心精神是“礼”或“礼治”。而“礼”的主要内容是等级隶属关系，最集中的表现是维护忠孝的“三纲”（君为臣纲、父为子纲、夫为妻纲）“五常”（仁、义、礼、智、信）。由此构成强大的社会关系网，个人只在隶属于他人的关系中才有存在的价值。为了维护这种关系，对个人要求“克己复礼”的道德修养，甚至要求达到“存天理，灭人欲”的境界，以求达到修身、齐家、治国、平天下的目的。在这种社会意识形态支配下的学校教育，在教学内容上，独尊儒术，罢黜百家，

① 《马克思恩格斯选集》第 1 卷，人民出版社 2012 年版，第 178 页。

主要教材是儒家经典四书五经，并通过科举考试维护其独尊地位。

欧洲封建社会占统治地位的意识形态是僧侣封建主和世俗封建主的意识形态，其基本特征和核心精神是对上帝怀有崇敬、虔诚的心理，认为上帝是世上最高的存在，人人是上帝的臣民，人生来有罪，为赎罪而生，因此主张禁欲主义，以求上帝对其原罪的宽恕，以便死后升入天堂。在这种意识形态支配下的教育，目的在于使人驯服于上帝，更加极端地扼杀人的个性，以神性取代人性；在教学内容上，表现为神学加“七艺”，哲学成为神学的婢女，科学真理备受摧残，宗教经典著作成为主要的教材。

从封建束缚中和神性中逐渐解放出来的欧洲资本主义文化，极力推崇人性，提倡人文主义，培根提出“知识就是力量”的口号，尼采发出“上帝已经死了”的呼声，旨在充分发挥人的主体作用，去认识、征服自然和认识、肯定自我。在人与人之间的关系上，主张“天赋人权”和“自由、平等、博爱”，鼓励竞争，追求个人现实生活幸福。如此，个人主义成为资产阶级意识形态的基本特征和核心精神。这种意识形态反映在教学内容上，即强调功利主义，英国教育家斯宾塞提出科学知识最有价值的看法盖源于此。所以，在资本主义国家，特别强调自然科学教材，并在社会科学教材中着重渗透“民主、自由、人权”内容。

社会主义社会是以生产资料公有制为基础实行各尽所能、按劳分配的社会，是共产主义社会的初级阶段，“共产主义革命就是同传统的所有制关系实行最彻底的决裂；毫不奇怪，它在自己的发展进程中要同传统的观念实行最彻底的决裂”①。作为社会领导阶级的工人阶级所持的意识形态是集体主义，其世界观是辩证唯物主义和历史唯物主义。这

① 《马克思恩格斯选集》第1卷，人民出版社2012年版，第421页。

种意识形态反映在教学内容上，要求全面发展的教学内容，尤其重视思想政治教材和道德教育教材建设。由此可见，社会意识形态和社会政治制度对教材的影响，在性质和方向上是一致的，因为二者均为社会经济的上层建筑，都是经济基础的反映并为其服务，二者是互相适应的。

现代社会，两种社会制度与两种意识形态同时并存、互相影响和竞争的局面将长期存在，它们之间的分歧非常明显地表现在教材内容中，尤其是在社会科学教材的内容体系中。

四、社会文化对教材生成的影响

社会文化与社会意识形态有着密切的关系，有时很难明确它们之间的界限，社会意识形态侧重社会政治方面，而社会文化则侧重国家范围内的文化传统。突出文化是人类文明总和的认识，是指观念形态的文化。

人类生活在具体的社会文化环境中，并在其中得到发展，因此既受区域文化的影响，又受历史文化的熏陶，在二者的双重作用下完成新老交替及个体的社会化。它反映在教材中即构成教材文化，并与其建立对应关系，社会文化决定教材文化，而教材文化反映社会文化，并对社会文化进行积极的部分改革。

社会文化既可划分为官方文化与民间文化，或者区分为雅文化和俗文化，也可区分为传统文化与现代文化，亦可从积极与消极作用方面来加以区分。社会文化不同于社会政治与社会意识形态，它有时并非官方所能控制，演化成民族性与生活方式和思维方式习惯，沉淀在人们的生活中，因此它对教材文化的影响是全面而深刻的。

例如，中国的儒家思想在教材中反映明显，西方的宗教观念在教材中影响深刻，世界多数国家的男尊女卑传统在教材中时有体现，而北欧瑞典等国男女平等的性别观念在教材文化中亦有所体现。

因此，教材是在一定社会文化的氛围中形成的，它反映社会文化但需净化社会文化。

五、哲学思想对教材生成的影响

哲学思想对教材生成有一定的制约作用，它主要反映认识主体对教材生成的观点。

唯心主义对教材生成有所影响。哲学上的唯心论认为知识来源于上帝，即所谓“神启知识”。因此，宗教的经典被看作知识的唯一来源。在欧洲中世纪，神学至高无上，其他一切科学只不过是神学的奴婢。科学如果违背了宗教教义便被视为异端，要受宗教法庭的裁判与迫害。因此，此时宗教经典成为占统治地位的教材，并成为教学活动的中心。

主张“生而知之”的先验论哲学思想同样影响教材生成。这种哲学思想认为，学校教育的任务是训练人的心智，而不是给人以实质性的知识，因此而强调古典语文（拉丁文、希腊文）和数学的教学，而不顾现实生活的需要。所以这些学科的教材较为发达完备，而自然科学教材则显得缺乏。

自然科学教材的发展得益于唯物主义，因为唯物主义思想家反对神学，尊重科学，不仅承认客观世界的存在，而且认为自然界是有规律可循的，是可知的，只有尚未被人认识之物，并无人不可知之物。例如，被称为“英国唯物主义和整个现代实验科学的真正始祖”的弗兰西斯·培根，坚定地认为感觉是一切知识的源泉，自然界是研究的对象。后继者洛克、斯宾塞提出更为全面的课程教材设计。

马克思主义理论对教材生成影响重大。在社会主义国家，教材的编制均要以辩证唯物主义和历史唯物主义为指导思想，在教材内容中体现现代科学教育，主张唯物论，反对唯心论，宣传无神论，反对有神论。

六、知识对教材生成的制约作用

教材与知识有密切的关系：一方面，知识具有制约教材的独特作用，是教材内容的主体；另一方面，教材又能促进知识的再生产。二者是相互依存和相互制约的关系。知识对教材的制约作用表现在以下两个方面。

（一）知识增长对教材内容的影响

知识是人类在社会实践中认识自然、社会和人自身的精神产品，它是客观存在的反映，有着重要的价值。

教材的产生依赖于知识，因为教材是由于人类传递和传播知识的需要而产生的，知识是教材发展的源泉。

人类知识的积累经历了一个由简单到复杂，由量变到质变，由低级到高级的发展过程，它的变化对教材内容的广度与深度具有极大影响。

从历史的角度加以考察，人类文化知识的发展大致经历了古代、近代和现代三个阶段，在不同阶段教材内容有明显的变化。

自人类产生至 16 世纪以前，属于古代科学文化知识的产生与发展时期。人类在石器时代积累的生产经验和生活经验为知识的产生奠定了初步的基础。在奴隶社会，由于文字的产生及社会的分工，经验知识上升为理论知识，出现科学的初步分化，并因此形成相应的学科教材。在封建社会，知识经验更加系统化并逐渐科学化，因此教材内容的广度与深度有明显的进步。近代以来，随着资本主义政治经济的发展，科学文化知识达到空前的发展水平，社会科学与自然科学先后建立并逐步发展起来，使教材内容的广度与深度发生明显的变化，尤其是自然科学教材进步显著。现代科学的飞跃发展有力地推动了教材内容的发展。自然科学的进步促进相应科学教材内容的变化，如在数学教材中，欧几里得几何的地位发生动摇，现代数学思想已有所渗透，教材内容层层下放；生物、物理、化学、地理教材中不断增添新内容。社会科学的教材内容时有更新。

应当看到，知识的增长与教材内容的扩充与更新之间既有矛盾又有一致性。矛盾性在于知识的无限增长与教材容量的有限性，知识的变化性与教材内容的相对稳定性；一致性在于二者均有变化革新、相互作用的特性。

（二）科学结构的演变对教材内容的影响

科学结构经历了一个逐步演进的过程，即混沌综合化→纵向分科化→整体综合化。例如，在古代，宗教经典或法律论著即可作为学校教材，中国古代拥有四书五经足矣，而古希腊、古罗马以“七艺”为教材，封建中世纪以《圣经》为教材。随着科学的渐次分化，学科愈来愈多，相应地学科教材也逐渐增加。现代科学呈现整体化的发展趋势，交叉学科与综合学科逐步增多，不少国家在中小学设置综合学科，如综合理科、综合社会学科等，为此要求综合学科的设计，重新设计学科间的联系。如美国 20 世纪 80 年代在大中小学倡导 STEM 教育（指科学、技术、工程和数学教育的总称），目前对中国基础教育产生影响。

七、教育目的及培养目标对教材生成的影响

教育目的是一定社会对教育的总要求，适用于各级各类学校，指导所有的教育事业。具体到某一种或某一类学校，则构成各不相同的培养目标。教育目的和培养目标对教材的生成均有一定影响。

（一）教育目的对教材生成的影响

教育目的对教材生成的影响大体上有两种途径：一是在教材内容中体现，二是在教材种类中体现。

例如，清末废科举，兴学校，以“忠君、尊孔、尚公、尚武、尚

实”为教育宗旨，因此设计了读经讲经、修身、体操、格致等学科教材，其内容完全体现教育目的要求。

当前我国强调使青少年德智体美劳全面发展的教育目的，因此，相应地设计了与其对应的多种课程教材，并注意在教材中体现全面发展的教育目的。

（二）培养目标对教材生成的影响

在教育目的的指导下，各级各类学校具有各自不同的培养目标，大中小学对教材要求各不相同，普通教育学校与职业教育学校对教材要求也不相同。

培养目标对教材的要求更为直接，联系更为紧密。从纵的方面看，大中小学的培养目标不尽相同，因此教材的类别及内容均有所不同，表现为教材类别逐渐增多，教材内容逐渐丰富，为衔接承应，教材编制多采用螺旋式结构。从横的方面看，不同类型学校的培养目标不同，如中职和普通高中，高职和普通高校，其教材种类及内容亦有明显不同。由此认可说明编制多套教材或在一套教材中设计不同层次与水平要求的必要性，也说明随着培养目标的变化，教材必须不断改革的必要性。

八、学校类型、学校系统和课程对教材的影响

学校的类型、系统及课程均是为了实现教育目的，达到培养目标而设计的。其中，学校的类型决定着课程的性质，学制的变化也势必影响课程，进而影响教材的生成。

（一）学校类型对教材的影响

学校的类型按其培养目标可分为普通学校和职业学校，按学段可分为大、中、小学校，按区域可分为乡村学校与城镇学校，按民族可分为普通学校和民族学校。不同性质的学校设置不同的课程，因而要求不

同的教材类型、教材内容及表达形式。

（二）学校系统对教材的影响

学校系统规定了各级各类学校及其衔接关系与修业期限，亦称学制。

历史经验表明，不同的学制要求编制不同的教材，学制改革经常触动教材改革。历史上我国九年义务教育教材战略规定即设计有六三制教材和五四制教材。

（三）课程对教材的影响

课程对教材的影响最为直接，课程与教材同为教育改革的核心。在许多学者看来，二者为统一体，不可分割，教材即为课程的内容。但是，课程内容不能与教材完全画等号，因为教材是课程的具体外在形态，是一种物化体，它与师生的接触最为密切，因此，教材的编制与教学是非常具体而直观的现象，而课程的编制则更为抽象与宏观。从课程计划到课程标准再到教材是一个漫长的过程。

由于课程是贯通社会与学校的桥梁，是连接宏观与微观教育领域的纽带，故影响课程的一切内在与外在因素都可能影响教材的生成。课程计划规定了教材的种类及教学时间，课程标准则规定了教材内容的要求，是教材编写的基本依据，也可称其为“教材纲要”。

鉴于上述理由，有必要重视课程与教材的关系，突破传统观念限制，在教材设计过程中充分重视课程研究人员的意见，形成课程研究者与分科教材编写者的联合体。

九、教学者对教材生成的影响

教师与学生是教材的教授者与学习者，是设计教材的主要对象。因此，教材的生成既要受教师的制约，又要受学生的影响。

（一）教师对教材生成的影响

教师角色，既是教材的消费者，也是教材的研究者，还是教材的生产者，故此对教材作用明显。

教师的角色能否扮演成功，关键在于他是否具备足够的文化知识水平和教育技能。如果教师文化水平高，教育技能强，则易于掌握新教材，并成为教学活动的主角，否则便会成为教学活动的配角，教材的奴隶。因此，新教材研发后，各国都重视师资培训，将其作为教材建设的一个重要环节。在教材编制中总有教师的参与，在教材实验中亦有教师的工作，由此可见教师对教材生成的意义。

随着教材的进一步完善及统一考试制度的确立，教师对教材的依赖程度加深；同时，教师对教材设计的影响也在增强，教师的意见日益受到重视。如此，教材会更切合教学实际，更易为教师接受并获得他们的全力支持。例如，美国全国教育协会（NEA）与美国出版商协会（AAP）已经联合起来共同促进教科书的多样化建设，大城市学校委员会提出了选编反映多元文化教科书的若干标准，引起了出版商的重视。①

（二）学生对教材生成的影响

教材是为师生教学活动而产生和发展起来的，实质上主要为学生学习服务。因此，学生的学习需求对教材设计有制约作用。

1. 学生身心发展的规律对教材的制约

生理学、发展心理学和教育心理学分别揭示了青少年的生理与心理发展规律，这些规律对教材生成有重要作用。

（1）对教材设计目标的制约。表现为教材设计目标要体现教学性的本质特点，要体现学生身心发展的统一性；同时要表现出教材设计目标

① 邹海燕：《美国教师要求出版多样化的教科书》，《课程·教材·教法》1994年第5期。

有不同的重点，又能前后衔接。

（2）对教材性质及类型的制约。由于学生身心发展是统一的，因此必须设计各门学科的教材供其学习，既注重学科教材，又要设计活动教材；既注重教科书，又注意发展数字教材。鉴于学生的心理活动各有特点，因此要设计多种类型的教材，并使教材具有较强的可自学性。

（3）对教材编制的制约。学生心理发展的顺序制约着各科教材内容的逻辑顺序，教材的科学编制，必须使二者有机统一起来。只有这样，教材才易为学生所接受，才能发挥最大功效。

2. 学生身心发展水平对教材的制约

学生的发展在每一阶段均有一个相对的起点和相对的终点。起点即原有发展水平，终点即教学目标，而教材则是连接学生发展的起点与终点的中介，因此，教材编制既要以现有发展水平为基础，又要高于学生现有发展水平。

不同地区、不同民族、不同学校的学生群体身心发展水平差异较大，因此要设计不同类型的教材。不同个体差异的学生，亦要求教材编制中提出不同的目标与内容供其学习。自教材产生以来，教材心理化的呼声愈来愈强烈，教材改革的经验亦证明，学生身心发展规律与水平对教材生成有重要影响。

十、教材建设者对教材的影响

建设者是教材生成的主体，是教材生成的决策者、设计者和实施者。他们综合各种影响教材生成的有关因素，在现有发展水平上，制定教材发展战略规划，组织力量编制教材，并对教材实施管理和教授，进而影响学生的身心发展。

各类教材建设者对教材生成的作用各不相同。其中，教材决策者对教材生成起着定向和把关的作用。定向即确定教材编写的指导思想和基本原则，把关即审定课程计划、课程标准和各科教材。教材研制者具有构建具体教材的作用。教材实施者包括教材管理人员与教师，其作用在于落实教材对学生的影响。

（一）教材建设者社会意识形态的影响

人总是一定社会的人，总要受一定社会文化的制约。教材建设者也不例外，要受一定社会文化的影响，为其意识形态所左右。

教材建设者所特有的社会意识形态势必影响教材的生成。在宗教、种族、民族、性别、区域、政治、伦理道德、历史等敏感问题上，明显反映出教材建设者的社会意识形态取向。

（二）教材建设者教材观的影响

教材观即对教材本质、属性及作用的认识。人们形成不同的教材观，可以归因为他们有不同的社会观、知识观、教学观及课程观。教材观的形成与其有着密切的联系。

不同的教材观对教材建设者影响重大，进而作用于教材建设实践。例如，认为教材（尤其是教科书）在教学系统中至高无上，则会视师生为教学教材的奴隶，特别强调教材的统编通用，以此规范全国教学的同一水平，或用审定办法加以限制，在教材体系中特别强调教科书的作用，并加以重点建设。反之，如果视教材为辅助师生教学活动的工具，则会视师生为教学教材的主人，他们是用教材教学，而不只是教学教材的角色，认为教科书与其他教材相比并无特殊之处，或者根本不存在教科书的概念，任何教材都可以作为教学资源来使用，选择的主动权在师生自己，在教材管理上实行市场竞争策略，优胜劣汰。

（三）教材建设者工作水平的影响

教材建设者的工作水平对教材生成具有重要影响，它是教材质量和水平的关键所在。

教材建设者的工作水平是由其基本素质、业务能力所决定的。基本素质包括思想、知识、一般能力等多个方面，业务能力则指从事教材建设的专业工作能力，包括领导能力、研究能力、编写能力、创作能力、管理能力与教学能力等。

教材建设者的工作水平影响教材建设的每个具体环节，必须实现每个环节的优化，如此，才能建设出高质量、高水平的教材，最大限度地释放教材的能量和效率。为此，需要不断加强对各类教材建设者的培养与培训工作。

以上使用因素分析法对影响教材生成的十大因素作了分析。这种分析是必要的，但须防止用孤立而静态的观点看待某种因素对教材生成的制约作用。实际上，制约教材生成的各种因素之间是密切联系的，其作用方式是合力作用，其中既有一致性，也有矛盾性，应当具体问题具体分析，不可一概而论，以偏概全。

第二节　教材编制的基本原理与原则

一、教材设计的基本原理

教材设计原理是阐述教材内部各要素之间相互关系的具有普遍意义的理论。它是建立在对教材生成的各种因素的综合分析基础之上的，同时需要结合学科特点及教学对象的特点，按照教材的自身逻辑进行编制。

教材的要素系统一般包含知识要素、技能要素、能力要素和必要的品德要素。在教材设计中必须注意反映。在具体操作过程中，有两个基本因素是必须考虑的：一是作为教学内容的“学科的知识逻辑系统，即逻辑”；二是不同发展阶段学生的认知方式，即结构与过程。知识逻辑与教学逻辑或认识逻辑要协调一致，教学逻辑是连接二者的桥梁和中介，须按一定规则并形成教材编制的基本原理。

（一）社会发展原理

社会发展是教材生成与发展的根本，并且是教材改革与发展的动力。与此同时，教材的改革与发展方向必须适应于社会的发展，并发挥其促进社会发展的功能。

因此，各国教材改革均因社会政治、经济、文化变革需要所致。在设计教材改革前，首先考虑的是社会的现实需要，一定的教材体系必然是一定的国家、一定的社会发展阶段在社会政治、经济、文化等方面最基本、最集中、最系统的综合的反映，具体体现着该时期社会对人才德、智、体、美、劳等方面的要求，是教育目标的具体体现和课程计划的物化形态，也是社会化的人所应具备的基本素质。

社会发展原理从总体上讲，就是教材设计必须与社会对人才素质的需求相适应；从具体情况看，就是教材设计要与教育目的、培养目标、时代特征、学校类型及学校系统和课程相适应，落后或超前于社会的发展，都不可能设计出优秀的教材。

（二）个人发展原理

教材的编制从总体上是为社会发展而设计，但也必须与个人的需要相吻合，如此方能增强教材的针对性和实用性。这是各国十分强调教材统一性与多样性有机结合的主要原因，也是必须开发乡土教材、实验教材、民族教材的原因，更是同一教材有不同教学要求的原因。

个人发展原理在国外非常强调。斯宾塞、博比特等人均持此种观点。在他们看来，凡能促进人生各种活动，增进个人幸福的教材即为具备社会效率的教材，就是有用的教材。这个原理在 20 世纪极受重视。

其最大优点在于重视个人的社会生活需要。但西方学者往往失于偏颇，过于重视学习者的本性、兴趣与当前的需要，忽视了社会发展的需要。

因此，教材设计者应正确处理社会发展需要与个人发展需要的关系问题。既要看到二者的一致性，又要看到二者的矛盾性，较为明智的选择策略是，以个人的发展为基础，以社会的发展为前导，不断促使个人在社会要求的轨道上前进，鼓励“条条大道通罗马”。

（三）知识逻辑原理

教材是知识信息的载体，但并不能无限包容，杂乱无序，因此要强调学科的知识逻辑系统，强调教材必须反映具有重要性、基础性和典型性的知识系统。知识逻辑系统的呈现应当由浅入深、由简到繁、由古向今，前一学习应是后一学习的基础。因此，应注重学科本身的系统性，注重文化的累积与传递，注重逻辑系统的编排，以促进能力进阶。

过分强调知识的逻辑系统，易于忽视教学逻辑、心理逻辑及社会需要，本身是有害的。况且，人们对知识的理解又有新的认识，知识不限于关于事实与现象的知识。龙普舍（J. Lompscher）和简托斯（W. Jantos）依据主体的认识活动所涉及对象的种类，把知识区分为：（1）事实知识，即理解周围世界的客体的特性及其关系的知识；（2）方法论知识，即理解操作执行的规则及策略的知识；（3）规范知识，即关于社会共同生活的知识；（4）价值知识，即包含了同客体（的）及其特性相关的社会重要性及社会价值的知识。知识的分类反映了知识的多层次性，知识即成为主体对客体现实的各种事物、特性及其关系的一种反映，它可作为人格的成就资质与行为资质形成的决定性基础，被视为人格发展的前提。知识要素与技能要素、能力要素和品德因素密不可分。大、中、小学各科的基础知识都有共性，在于：（1）都包含反映自然、社会及人的发展的基本内容；（2）都包含德、智、体、美、劳各育的内容；（3）都以现代基础知识为主导，辅以必要的实用基础知识。

知识体系的构成一般为概念、原理、定律、理论体系等。各门具体学科知识有其不同的体系。

（四）心理逻辑原理

心理逻辑特指学生的身心发展规律与水平。教材设计应以学习者当前的认识特点和规律为着眼点，为此要特别注意不同年龄阶段学生的特征。必须承认学生是学习活动的主体，并把这种主体性作为评价的尺度。

应当呈现给学生生活与科学探究过程相同的教学过程，其基本路线是从经验的、个别的事实逐渐向科学概括化的方向进展。各种年龄阶段的学生已经在生活中并通过教学获得了经验与知识，这对于知识与概念的消化、系统化及其价值化来说，是作为折射因素起作用的。因此，从多种角度构筑教学过程，改良教材的直线式排列，不断增加学生的认识（圆周式结构应当考虑），并且要将知识学习与态度、价值化联系在一起。

从加强教材心理逻辑系统出发，需要探索教材心理化的技术与策略。①教材心理化这条道路是由裴斯泰洛齐、夸美纽斯等人开辟的，杜威等人将之发扬光大，现代学习心理学为其提供了坚实的理论基础，它使教材内容更贴近学生实际，使学生易于理解，并形成对知识的完整理解和认识，从而提高学习教材的效果。

心理逻辑系统的重点在于探究青少年学生身心发展的“量度”与“质变”，为此安排教材相应的内容及最适当的表达方式。其目的是使教材内容的“序”与学生身心发展的“序”有机结合，但这种结合并非静态而机械的结合，而应是动态的有机结合。为实现动态而有机的结

① 曾天山：《论教材的心理化》，《西北师大学报（社会科学版）》1995 年第 2 期。

合，先要根据学生的现实发展水平来确定教学的起点与策略。此外，还要了解学生的认识能力、基础知识及学生接受学习的生理心理反应。

为此，需要加强教学生理学与教学心理学的研究，作为教材设计的基本依据。当前，关于儿童认知模式及思维加工过程、学习疲劳、阅读心理的研究逐步升温，这些科研成果为解决教材心理化的难题提供了钥匙。

（五）教学逻辑原理

要实现知识逻辑系统为学生实现逻辑系统的动态高水平有机结合与转换，必须通过教学逻辑系统，即师生在符合教学论基本原理的前提下进行教学教材的活动，在一定教学条件下进行教学教材的活动。

从教学论的角度去设计教材，这是一个新思路，但并非没有悠久的历史，只是一直不为人重视而已。由此出发设计教材，有助于保护学生最有效地掌握过程与学习效果，有助于突出重点，聚焦难点，在难度及复杂度方面适合师生现有发展水平，缩小已知与未知之间的距离，并为师生的教学活动提供方向和指南，提示教学策略。

教学逻辑原理具有两个方面的规定性：一是从编制角度，即要进行有关教学设计，提供知识及方法；二是从教学角度，即要将教材编制的教学思想付诸实践，同时，又可依据教材进行新的教学设计。

实践证明，教材的逻辑性越强，则教材更接近教材化，使师生易教利学，其能量与效益也越大。

上述教材设计的基本原理只是择其一二而列之，具有一定代表性。在设计教材时，需要综合考虑，既要看到社会发展与个人发展有一致的时空条件，又要解决二者出现矛盾时的冲突问题；既要看到知识逻辑与心理逻辑的有机结合，又要看到二者的背离现象；同时，既要解决上述问题，更要注重教材的教学化。

二、教材设计的基本原则

教材作为一种人工系统，为实现一定的功能，还须精心设计一定的教材结构，为此需要从教材设计的基本原理出发，按系统论的观点探讨教材设计的基本原则。

（一）适应性原则

“适应”具有多重意义，一是要求教材设计在总体上必须与社会发展相适应，二是教材设计要与个人的发展相适应，三是教材设计要与知识逻辑关系、心理逻辑系统及教学逻辑系统相适应，四是与教学目标、教育制度相适应，这是从教材设计原理中演绎的必然结果。适应不是盲目地跟随，也并非没有矛盾，而应有主次、大小、轻重、缓急之分。适应并非被动地等待，而是主动适应。适应的形式多种多样，既有同时适应，也有超前适应。

（二）综合效应原则

传统教材观认为，教材只是知识经验的载体，至于教学策略则是师生的理解和习惯；教材的功能只是传输知识，因此只重材料的堆砌，表达上只用成人化的语言。这种现象与传统的教育观有关，现代教育观提出知能并举、德技同修，相互促进，因而提出了教材在传输知识、培养能力、思想教育等方面的地位和作用问题，这实质上就是教材的综合效应问题。

为此，设计教材时要求统筹兼顾，注意三者之间的内在联系，既要看待三者有机结合、相互促进的一面，也要看到三者若简单相加则相互干扰的一面。为此，需要突出重点，兼顾其余，灵活处之。

（三）整体性原则

教材作为一个整体存在并发挥其综合功能，同时设计某一种类或某一科目的教材，必须与教材系列保持一致，才能发挥最佳的教学效果。

为此，要求：（1）教材设计应把教材的整体功能作为出发点和归宿；（2）要采用系统工程的设计程序，确定主编负责制，统筹安排，形成有机统一体；（3）教材设计应当加强学科教材的实际联系，局部服从整体，既不无端重复，又不造成盲目或生硬分离。总之，教材设计应有明确的指导思想与主编负责制保证。

（四）系统性原则

教材作为一种知识载体，与其他类型的知识载体相比，既表现出教材的整体性，又表现出传输知识的系统性。从教材总体到分科教材，从古至今，由远到近，都要遵守系统性原则。其意义在于发挥教育的整体功能。

整体性与系统性原则，是给学生构造所学知识的总框架，勾勒统一的科学图景，反映科学的真实面貌，使学生树立正确的世界观与科学的方法论。

（五）稳弹性原则

稳弹性原则包括稳定性与变革性的辩证统一。首先，它要求教材设计的内容必须是科学的，必须是那些相对来说变化最小、最为稳定的基本理论、基本方法、基本技能，是各门学科中最基础的知识。其次，教材的内容需要不断适时更新，具有一定弹性，从而使传统内容与现代内容的有机统一。此外，教材的内容深浅、宽窄均可有一定伸缩性，供不同教学对象选择。稳弹性原则对于认识和掌握教材建设规律意义重大。

（六）渐进性原则

渐进性原则具有多重意义。其一是教材设计需建立在教材改革的基础上，而教材改革是在继承中求发展，是循序渐进的，因此，教材设计也需要不断总结经验，渐次上升。其二是学生的知识与能力随其年龄增长而进步，而这个过程是渐进的。虽在整个运动过程中会发生几次明显的跃进，但基本特征是渐进的。因此，教材设计多采用螺旋式上升策略。其三是同一年龄段的学生在不同社会发展时期有不同的表现，总体上随时代发展，其知识经验愈显丰富，能力愈加提高，但这个发展过程也是渐进的，因此，教材设计应考虑时代背景变迁，教材内容应有渐次加重的举措。

（七）效能原则

教材作为一种教学工具，必须有助于教学，必须能提高教学效率。为此，教材在内容与形式上力求通俗易懂，适合学生兴趣，富有启发性，便于学生学习和教师教学。此外，教材不仅呈现知识，而且应当提示教与学的策略。

以上是从系统论的角度分析了教材设计的若干基本原则，它只是为了给设计者提供一种新的观念，还有许多操作性问题需要进一步去探讨，而且只有在设计分科教材的条件下才能实现。但教材设计的基本原理与基本原则对于分科教材具有指导作用，其中基本原理是最根本的依据，基本原则是其进一步的演进和进入人工设计系统的基本表现，二者均有指导作用。在进行分科教材设计时，二者的作用能非常明显地显现出来。

第三节　教材编制的类型及其策略

分析教材的生成因素，阐述教材设计的基本原理和基本原则，这些是为具体的分科教材设计所作的理论准备。分科教材设计也要依据其学科属性而采用不同的编制策略。

一、各科教材的结构

各科教材既有共同部分，又有不同特点，因而在教材结构方面有所显示。

（一）教材的基本结构

各科教材的基本结构是教材内部各要素、各成分之间合乎规律的组织形式。一般而言，它主要包括知识要素、技能要素、能力要素，以及必要的思想品德教育因素与审美心理要素等。一般由感性材料、基本原理及应用材料三方面构成。

各科教材的成分是由教材目标、教材内容和各科学习活动的方式有机构成的。教材目标基本上是分科标准中规定的目标，主要包括知识、技能、能力和品德指标，它寓于各科教材之中，贯穿教材的始终，支配着教材内容与学习活动方式。各科教材内容则是具体的承载物，学习活动方式则是学习教材内容、达到教材目标的策略。

各科教材的基本结构既包括教材各要素的合理组合，又包括各部分的合理组合。前者意指每一要素分量在整体中所占时间的比重，每一要素所含不同类别内容在同一要素中所占时间的比重，各要素之间的相互联系与密切配合。后者则指，教材目标对教材内容的支配、教材内容对学习活动方式的支配，以及后者对前者的反作用。各科教材结构的复杂性最突出地体现在教材内容结构的复杂性上。

（二）各科教材的个体结构

各科教材的基本结构属于共性部分，而各科教材还有互不相同的个性结构，由此决定了各科教材在全面发展教育中具有不同的功能，应从大中小学教材一体化构建角度去设计（以中小学教材为例）。

1. 语文教材结构

语文是人类交流思想的工具，其主要特点在于一系列语文基础知识与听、说、读、写材料的有机组合。因为中小学语文教材主要目标是培养学生语言文字运用的能力，所以它以听、说、读、写的材料及其活动为主体，语文基础知识则螺旋式分阶段呈现在语言材料之中。以系统化的范例式语言材料为主，将语文基础知识（语法、修辞、逻辑学）与语言材料有机结合，是中小学语文教材结构的基本特点。其知识结构包含着字、词、句、篇等语言材料，词法、句法、篇章、文体、逻辑、修辞等基本概念，以及听、说、读、写的应用材料。

语文教材结构在小学、初中与高中阶段有较大的不同。其中，识字教学是小学低年级教学的重点，强调在语言实践中学习，要求具有一定的听、说、读、写能力。而中学则要求听、说、读、写的全面进步，按照读写结合的综合型训练体系编排，以阅读、写作、语文知识三大内容为核心训练项目，并安排基础知识及基本训练、思想品德教育、文学常识及智力训练分工配合。初中与高中表现简单和复杂两个阶段循环前进的训练内容体系。初中以阅读为基础，以写作为体系，读写紧密结合，兼顾听说训练。高中则重阅读（白话文与文言文）能力与表达（口头与书面）能力的训练。为此在教材编排体系上有不同特点。

2. 数学教材结构

数学也是学生学习知识和逻辑思维的基本工具，其特点在于一系列数学基础知识与数学认识材料和应用材料的有机结合，具有培养学生数学思想、数学技能及学习能力等多重作用。其结构是以基本概念、基本原理为主线，由数学材料与概念、原理有机组成的整体。一般包括反映数形关系的一系列基本概念及计算数形关系和数量变化的应用材料。它在小学、初中和高中三个阶段各有侧重。小学数学材料侧重计算内容，兼有几何、代数的基本概念；中学数学教材结构则由几何、代数、三角、函数等方面知识构成，其中初中与高中显示简单和复杂两个循环前进的内容体系。高中教材还增加了算法、积分、概率、统计等许多新内容，便于与高等数学相联系。

3. 德育教材结构

德育教材包括政治、思想、品德教材体系，其特点在于它是一定是非标准、爱憎对象和行为准则的有机组合。其中，是非标准是首要的因素，中小学应当掌握的是非标准要依学生思想品德结构发展的不同阶段来确定，小学主要涉及个体基本品德方面与参加集体生活方面，初中主要涉及道德品质、遵纪守法、思想认识等方面，高中则主要涉及政治观、人生观及世界观问题。爱憎问题是学生道德情感的核心，小学是尊师爱友、热爱祖国家乡等；初中则是热爱具有高尚情操的劳动人民；高中则是热爱社会主义制度，为人民服务。行为准则是热爱社会主义制度。它是德育的重要环节，小学阶段主要是具体的生活规范，中学阶段则上升为社会政治文化生活规范。总之，中小学德育教材的结构由上述三大部分组成，其中包含一定的德育知识，以说明这三大因素并寓于其中。

4. 历史教材结构

历史是叙述人类社会发展的具体过程，阐明人类历史发展规律的科学，既传授历史知识，也担负着思想教育的责任，同时又是进行爱国主义教育、国际主义教育的重要手段。中小学历史教材的主要特点在于它是一系列历史基础知识和基本历史观的有机结合，历史教材结构在中小学有不同的表现形式。小学历史教材融合在社会科教材中，而在中学则成为单独的学科教材体系。初中侧重中国历史，高中侧重世界历史。在教材编写体系上，基本体现通史的特点，其间显示社会的整体发展历史。从小学到初中再到高中，历史唯物主义的历史观逐步明确而清晰，在教材结构上，从章节体例逐步转变为课题体例。

5. 物理教材结构

物理学是研究物质运动形式及其规律的科学。小学、初中与高中物理教材依物质运动形式的复杂程度而呈现出来，一般按力、热、磁、电、光、原子物理的顺序编排教学内容，符合由易到难的认识规律。中小学基础物理教材结构，注重初中与高中两个阶段的强化。这种“纵列式”教材结构是当前国内正在实施的教材体系。但它对自然界基本结构的刻画已落后于当代科学的进步，因此，发达国家在基础课教材中，由“横列式”（教材中每个相对独立的部分以整个物质世界为研究范围）补充“纵列式”，用综合制教材体系代替单一制教材体系，这已成为当前基础物理教材结构的发展趋势。

6. 化学教材结构

化学是一门研究物质结构及其变化规律的科学。中小学化学教材是由化学的基础理论构成的，化学科学的内在联系是由理论体现出来的。对中学化学教材而言，它以物质结构理论为主线，包括周期律、化学键、分子结构、晶体类型，参加反应的物质的量的关系，氧化—还原反应，反应与能量，反应速度，化学平衡，反应机理等，此外，还有元素化合物知识（无机物与有机物），并需加强实验操作技能的训练。初中化学与高中化学教材在内容的编排上体现量的扩展与质的提高。

7. 生物教材结构

生物学是研究生物结构及其变化规律的科学。中小学生物教材体系包括小学科学教材的生物部分，初中的生物、生理卫生及高中的生物等，其主要特点是反映生物学以及动植物与人的最基础知识和最基本的生物学观（遗传与变异、生物进化、生态学知识），既要符合进一步学习的需要，又要满足学生生活、工作的需要。教材内容体系大体上可分为植物学、动物学和人的生理卫生三大块。植物学教材大都以绿色开花的种子植物为代表，讲述根、茎、叶、花、果实、种子六大器官的形态结构和生理功能，以及植物的类群；动物学主要按无脊椎动物和有脊椎动物进行分类；生理卫生教材则讲述人体各个器官系统的解剖、生理保健知识。

8. 地理教材结构

地理是研究人与大自然之关系的科学。小学科学教材中的地理部分展示最基本的地理知识，初中与高中地理教材则展示地理学基础知识和基本的人文地理观，形成了小学讲地理常识、初中讲区域地理、高中讲人文地理及其关系的结构体系。这种教材结构，既解决了中外地理圆周式重复较多的原则性缺陷，也突破了把自然地理与经济地理截然分开的陈旧模式。

9. 体育教材结构

体育的目的是增进学生身心健康，促进全面发展，为提高全民族素质奠定基础。体育学则是研究人体身心健康及发展规律的科学。中小学体育教材则重在反映体育科学的基础理论和基本技能，它按运动项目和人体基本活动能力相结合的标准进行分类，且较偏重前者。教材从内容体系上划分为理论与实践两大部分。理论可分为体育理论知识、卫生保健知识、科学锻炼方法，实践可分为运动技术与技能、发展身体素质的练习等。这种教材结构在小学和中学表现不一，小学体育理论多为体育常识，中学则上升为体育基础理论；小学体育实践从基本动作开始，渐次复杂，到中学则显示与现代体育相适应的各种活动。

10. 音乐教材结构

音乐教学的目的是培养学生的审美情趣和审美能力，促进全面发展。它是艺术教育的重要组成部分。音乐教材分音乐基础理论和实践两大部分，中小学音乐教材侧重于体现音乐基础理论及基础训练，在层次要求上有所区别。小学音乐教材重在介绍音乐常识，学习简谱及五线谱的基础内容，音乐听唱由听唱逐步过渡到试唱。中学音乐教材则反映较为复杂的音乐基础理论，教材按课题的形式分为若干教学单元，内容包括唱歌、音乐欣赏、音乐知识和基本练习、发音练习及器乐等。为与小学音乐教材内容相衔接，中学音乐教材采取螺旋式上升的编制策略，在内容上逐渐增多，在形式上更为多样，在要求上逐步提高，注重“寓教于乐”、“以美引真”。

11. 美术教材结构

美术教材同属艺术教育的有机组成部分，美术学科反映美术理论知识与艺术技能。中小学美术教材在美术学科的基础上形成，侧重于反映美术学科体系的基础理论知识和基本技能，重点在于处理审美教育、双重教学和能力培养三者之间的关系，目标是提高学生的美术素养。其中，中小学美术教材结构有较大差异，小学美术教材较为简单，它以绘画、工艺、美术作品欣赏三大块形成结构体系，而中学美术教材以欣赏课、绘画课、工艺课为其结构体系，其教材内容的广度与深度较小学美术教材有较大提高，教材的编排既可独立成课题，又有潜在的单元体例。

12. 劳动技术类教材结构

劳动技能教育是中小学全面发展教育的重要组成部分，其目标在于培养学生的劳动思想，学习劳动知识，形成劳动技能，为学生就业提供心理与技术准备。中小学劳动技术教育内容体现现代社会劳动的基础知识与基本技能，侧重于操作实践。教材结构一般为“知识讲授＋操作训练＋阅读材料＋观察思考”，其中“操作训练”部分是教材的核心，要使学生在实践中学会“怎样做”。“知识讲授”部分，它要讲授与实际操作有关的知识，使学生懂得操作原理。“阅读材料”是有关技术的延伸和横贯。“观察思考”是让学生举一反三，巩固所学技能。小学劳动课教材侧重于公益劳动，而中学劳动技术课教材侧重于职业技术劳动。

二、教材的编制策略

教材的编制策略既有总体的共同部分，也有各科教材具体的要求，前者是后者的基础，后者是前者的具体特殊表现。

（一）教材的主要设计类型

多年来，中小学教材的编制策略几经变动，主要分成以下五种类型。

1. 知识中心式教材

这种教材设计以知识为中心内容，强调知识的系统性和逻辑性，为最原始的教材设计。它有若干种具体表现形式。

（1）学科浓缩型。教材基本上是各门学科基本内容的“压缩饼干”，并非真正的教材。主要受传统的理性定义思想影响。

（2）学科结构型。布鲁纳为其倡导者，他强调学习学科基本结构（教材的基本原理）的重要性，其用意是使学生掌握规律性的知识，树立探索式的学习态度，学会发现的学习方法。它较学科浓缩型有进步，但同样只是科学体系的翻版，只适用于自然科学且较少考察性认识因素。

（3）多科知识综合型。这种教材是由相邻各学科的有关知识有机构成，产生于20世纪20年代，是对中小学分科教材的较大改革，有助于学生对科学知识的系统全面理解与掌握。它的问题在于多科知识联系程度及师资条件。

2. 范例式教材

它是以基础的、本质的、有代表性的内容为范例编制的教材，便于学生理解和学习，为学科整体结构，德国的瓦根舍因、克拉夫基等人是其提倡者，20 世纪 50 年代开始风行于世，有新意但问题不少。

3. 经验中心式教材

它以人类生活中的衣、食、住、行等为基本材料，直接培养学生的社会生活能力。进步教育派是经验中心式教材的鼓吹者，主张以儿童个体经验作为教材的主线，让种族经验去适应个体经验。主流教材的设计理论反对教材分科过细及脱离实际的内容。这种观点虽有进步意义，但失于偏颇，其思想基础是实用主义。

4. 社会中心式教材

它以社会需求和社会问题为核心，目的在于增进学生适应社会和解决社会问题的能力。这种教材在当前受到广泛的重视。

5. 人本中心式教材

这种教材的组织以发展学生的天赋才能、适应学生的个别差异为原则。其突出优点是有针对性，可促进学生个体的发展，但常无法兼顾社会效益，且易忽略科学知识的系统性。这类教材在西方国家较为流行。其思想基础是人本主义。此外还存在情境教学的教材设计。

上述教材的设计类型是教材史上的典型，具有一定代表性，其中不无矛盾对立之处，在当代表现出综合发展的态势，形成以知识、心理为基础的多种要素统一构成的模式，具体的学科教材在此前提下又形成适当的设计类型，如教学与自然科学教材倾向于学科结构型，社会及人文学科多为原理—范例型，音、体、美、劳等技能性较强学科多为原理—操作型，专题可按综合问题型设计。

（二）教材的主要编制策略

在确定教材内容的基础上，要针对各科教材的特点确定教材的排列组合方式。在教材史上大致出现过以下四种编排方式。

1. 直线式

此为最古老的教材编排方式，是对一科教材内容采取环环紧扣、直线推进、不再重复的排列方式，基本上依照科学的体系。其优点在于节省时间，教学效率高，适合难度较小的学科教材采用。但因不利于记忆，不符合认识规律而遭到冷落。

2. 圆周式

即教材内容随着学生年龄的增长和理解程度的加深而逐步扩大教材的广度，在深度上并无特殊要求。这类教材的优点在于便于复习记忆，但因用时多，学习效率低，只能用反馈原理来说明而受到批评。

3. 螺旋式

它是针对学科特点与学生接受能力与认识特点，按照繁简、深浅、难易的不同程度，使一种教材的基本概念和基本原理分层次地重复出现、逐步扩展、螺旋上升的排列方式。它弃前二者之短，扬二者之长，总是在前进，同时又在某种程度上依存于过去的经验。

4. 过渡式

它是为跨入新学段和升入高年级的学生学好新知识、掌握新方法而适当提高安排有关奠基内容的编排方式。一般安排在小学儿童入学期和低中年级交接时，以及学科学习的起步阶段。这种编排方式在国内 20 世纪 70 年代兴起，在国外是美国教育心理学家奥苏伯尔（D. P. Ausubel）创制的。

当前，教材编排的方式出现多样化的态势，它要依据学科特点及教学对象的特点而定。

（三）教材设计的程序

教材设计是在一定深度标准指导下，为完成教材的编制任务而进行的系统工程，一般经历准备、编制和实验三个阶段。

1. 教材设计的准备阶段

准备是工作的起点。第一是领会课程的精神实质，统一教材设计思想；第二是分析现行教材；第三是进行广泛的调查研究；第四是确定各科教材的总体设计方案；第五是进行编写队伍的组织建设及宣传发动的工作。

2. 教材的编制阶段

教材编制是教材设计的核心，它主要包括材料的选择及组织两大部分。

（1）教材的选择。教材不可能包容相关科学的全部知识信息，必须进行精选和优选。选择原则是：第一，筛选传统教材中有价值的材料，精选最新科学成果中的基本材料，并将二者有机结合；第二，所选材料应突出本科教材的特点；第三，注意本科教材及其他科目教材内容的内在联系；第四，所选一系列材料要有一定的难度，易制造“最近发展区”。

选择材料的方法多种多样，其中调查法和判断法最为重要。调查法是社会学研究常用的，包括社会调查与学校调查两种方式。判断法是按照一定标准，通过教材编写者的判断来精选材料，一般采用集体判断法（委员会法），要求选材符合课程标准，具有育人价值，符合学生的需要和兴趣。分析法，它包括活动分析法、职业分析法、困难分析法和错误分析法。比较法，参照国内外教材成果，从中借鉴学习。

在上述分析方法中，判断法最基本，分析法较为科学，调查法为判断法之推广，而比较法乃判断法之活用。综合使用则易获得较好结果。一般步骤是以比较与分析为起点，然后进行整体判断，再广泛征求意见，最后付诸实施。

（2）教材的组织。在教材史上，曾出现过多种多样教材组织方式，主要有逻辑组织法、心理组织法和逻辑心理融合法三种，其中第三种较为理想。

①逻辑组织法。即按照有关科学知识内在的逻辑顺序组织某科教材的方法。其特点是既固定本学科的范围，又按一定的纲目系统排列教材内容。

②心理组织法。即按照一定年龄阶段学生的经验、能力、兴趣和需要来组织教材。

③逻辑心理融合法。由于逻辑组织法以重视知识系统性见长，而心理组织法则以重视学生的经验和心理特点见长，为吸取二者之长，将两种方法结合起来组织各种教材。小学侧重心理组织法，中学侧重逻辑组织法；中学社会科学与自然科学教材宜用逻辑组织法，音、体、美、劳等科目教材宜用心理组织法。

④其他组织方法。如单科综合总结法和科际联系法，均是教材的组织方法。

3. 教材的实验阶段

教材实验是教材设计的终结环节，它是教材审定前的必经过程，一般包括假设、试用、评价与考核、结论等步骤。实验法是教材科学化的必要条件，为此要限制无关因素，培训试教教师，选定实验班及对比班，确定实验目的与重点，制订实验方案与评价方案，严格遵守实验控制条件，撰写实验总结报告。

第四章　教材教学论（上）

教材作为教学系统的知识信息载体，在学校教育教学中具有重要的地位和作用。教材的本质属性与第一要素是教学性，因为它能够决定或影响教材其他特性及功能的发挥。在教材改革过程中，必须按照教学论基本原理研制、开发、使用和评价教材，并视教材设计与教材教学为一有机统一体，从整体优化的角度出发，就教学系统的不同维度与层面探讨优化教材的策略，并使之符合现代教学生理学、教学心理学、信息论及现代技术手段的基本原理，从而实现教材目标、内容、方法的高度统一。在此基础上，寻求师生高效优质利用教材教学的策略与方法，最终达到减轻课业负担、全面提高教学效率与质量、培养创新型人才的目的。

第一节　教材教学的基本原理

教材在教学系统中具有重要地位和多方面的功能，它具体而集中地体现于课程标准、教学目标和教学内容，决定和影响教学模式，影响教学环境和教学过程及教学评价，最终对学生的身心全面发展产生作用。教材的上述作用必须通过教材设计者与实践者的主动活动才能体现，二者的活动必须按照教学论基本原理进行，即教材既能显示“教学什么”，又具备“怎样教学”的功能。此外，显示“怎样教”为“怎样学”服务的特性，就易显示教材的教学功能，师生易于教学。即达到有价值的教材要充分反映教学系统及其要素所要求的信息模式，并在师生需要及实践的基础上体现出来。另一方面，师生并非教材的被动接受者，其任务是使用教材教学，而非只是教学教材。师生作为教学系统中的主体要素，教材只是达成教学目标的工具，他们既可制作教材，也可选择教材或教材内容，其中包括教材的再设计与教学的问题。

从教师、学生、教材的关系上作必要的分析，因为这是教材教学原理的核心和主干，对这个问题的认识有助于对其他问题的理解。教材在教学系统中的地位和作用最终取决于它与教师及学生的关系，问题的焦点是：教学过程的主要矛盾是什么？谁是教学活动的主体？

一、教学过程的主要矛盾

教学过程是教师的教与学生的学组成的共同活动过程，这种师生共同教学活动又以教材为中介，因此，教学过程包括三种基本要素：教师、学生、教材。

在教学活动中，教师、学生和教材三者通过复杂的相互作用，使教学成为动态的统一过程。在此过程中，教师通过教材的教授，学生通过教材的学习，双方在教材教学的共同活动中完成既定的教学任务。

教师、学生、教材三种基本要素之间的关系是复杂的，可从多维的角度去分析认识。

从教学系统的角度看，教学是师生双方共同参与的认识和实践活动，师生均是教学活动的认识者和实践者，都具有一定的认识和实践能力，并具有极强的主动性，因此，师生共同构成教学活动的主体，而教学内容（常以教材的形式表现）则是师生认识和实践的客体。师生通过认识和实践教材进而完成教学任务。这样，教学的本质就是师生围绕教材而进行的共同教学活动。

在教学过程中，教师、学生和教材之间形成相互依存、联系和作用的关系，由此产生教学过程的三种矛盾，即教与学的矛盾、教师与教材的矛盾、学生与教材的矛盾。教学过程即这三对矛盾交错作用的发展过程。其中，理论界公认教与学的矛盾是贯穿教学过程始终的主要矛盾，是推动教学过程发展的基本动力。它既表明教学的性质，又是在整个教学过程的矛盾系统中起主要作用的矛盾，其他各种矛盾实际上包括在其中。

教与学作为矛盾的两个方面，既对立又统一。一方面，二者相互依存，互为条件，而教材则是这种依存关系的中介，教与学的统一关系集中体现为教材内容的传递与转化关系，教与学正是以此为基础才能相互依存。另一方面，在教学活动中，教与学所处的地位和作用是不同的，因为教学的任务是解决学生现有的认识水平同教育要求之间的矛盾，学生的学是教学过程的出发点和归宿，因此它是教与学矛盾的主要方面。教师在学生学的过程中起着指导作用，调节教材与学生之间的关系。

由此出发，可以确定教师、学生、教材在教学过程中的地位和作用，如图 4-1 所示。其中，教师与学生的教与学是教学过程中最主要的矛盾，双方均为认识与实践主体，可以发挥其主动能动作用。而教师既

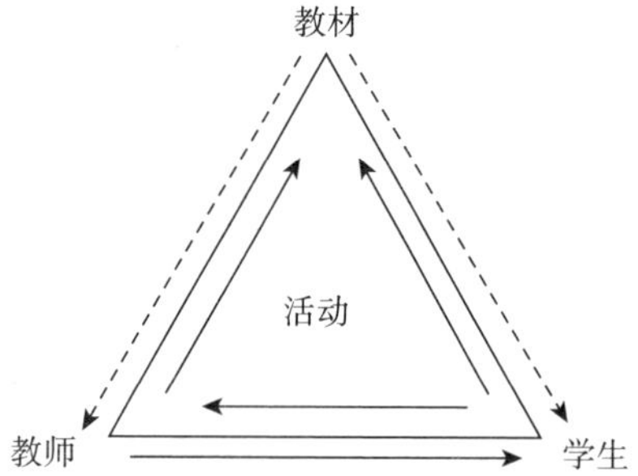

图 4-1　联结教师、学生、教材的教学论模型

（实线箭头表示主动作用，虚线箭头表示被动作用）

可用自己的知识经验指导学生，也可使用教材来指导学生。这样，教师对教材的作用是主体认识与实践客体的过程，而教材对教师的作用是客体对主体的被动影响。学生的学习既可借助教师的直接指导，又可以自学教材。如此，学生之于教材亦是主体形之于客体的主动认识与实践，而教材对学生的影响必须通过学生的活动才能实现，三者的关系依靠师生活动才能实现。

二、教材与学生的关系

由上可知，教与学是教学过程的主要矛盾，而学生则是矛盾的主要方面。学生通过学习教材去掌握知识和培养能力，形成技能，因此有必要探讨教材与学生的关系。

（一）学生眼中的教材

教材和教材设计本身并不直接促进或阻碍学生的发展，而取决于学生对教材能动的学习活动，没有学生的学习活动，教材不会自动地、直接地参与学生的内部发展，学生掌握教材的活动方式起着决定性的作用，没有学生学习活动的介入，教材只能机械地被接受，并不会影响其身心的发展。因此，学生与教材的关系，犹如主体与客体的关系，只有介入了学生的活动，尤其是受教师指导的有计划的学习活动时，才可能同教材形成一定的关系。没有学生的活动就没有教材存在的意义。学生若不实现能动的学习活动，就不能掌握借助教材呈示的教材内容（学习对象），取得学习成效，也不能发展自身的人格特征。

探讨学生学习活动与教材的关系，关键不在于分析学习活动的成分，而在于揭示学习活动的成分与内部侧面，以及一般的教学过程中学习活动同教材处于何种关系。学习活动是学习主体指向学习对象，然后借助一定的外部条件与学习活动的手段掌握或反映学习对象。学习对象大部分内容通过教材表现出来，学习主体对学习对象的掌握也须借助教材为媒介，但学习对象并不等于教材，借助教材表现的学习目标才是真正的学习对象。因此，教材既是学习活动的手段，又包含在学习对象之中。这是教材史上形式教育派与实质教育派激烈论争的结果。本来，教材既非教学的最终目标，亦非教学的唯一对象，而是教学的素材，是借助教材内容作为前提性目标与对象加以设定的。另外，作为教材它可以包含在手段之中，而作为教材内容要发挥既是客体也是手段的教学功能。同时，教材不仅是学习活动的学习对象和人格发展的手段，而且在各个教学阶段发挥着作为上位对象和下位手段的功能。所以，具有对象功能或目标功能与手段功能，是教材的性质所在，这对于学生的学习活动具有双重压力。

把教材视为对学生学习活动的要求的思想，是教学论的基本出发点，因此对于教材所蕴含的学习活动要求与构成来说，学习主体的心理特征的形成与发展观是重要的。为此，学生面临如何选择、排列、构成体现学习要求的教材问题及发掘教材中蕴含的学习要求潜力的问题。

学生对教材的处理态度有四种。一是完全的遵奉，把教材学习当作知识学习的全部，当作学习活动的全部对象，学习的范围限于教材而从不越雷池一步，认定教材的权威与重要性超出教师，把自己学习效果的评价标准定为教材学习的结果。二是对教材的漠视，认为教师的权威与重要性高于教材。学习活动主要指向于教师的教学内容，上课做笔记，下课对笔记，考试背笔记，把对笔记的记忆与理解当作评定学习结果的唯一标准。三是将自己当作学习的主人，既重视教师的指导作用，又重视教材的学习，发挥“两个拐杖”的辅助作用，并将二者统筹于自己的主动学习活动中。四是把自己不仅当作教材学习的主人，而且是教材的制作者，目的是弥补现有教材的不足。

此外，在不同教学环境条件下，学生的教材观亦有明显的不同。例如，在考试压力强大、实施统编教材、教师权威低于教材的前提下，学生把教材视为学习的“圣经”，学习任务是“读书”和“念书”；相反，当考试压力减轻、实施多样化教材、教师影响高于教材的指导时，学生只把教材学习当作学习活动的一个侧面，学习任务指向于最终的教学目标，即个人的身心全面自由发展。同时，学生的年龄阶段与学习能力也制约着他的教材观：一般低年级学生较信奉教材，高年级学生较注意平衡教材、教师与自身的关系，摆正教材与教师的位置，将其视为学习的两种资源；学习能力低的学生较依赖于教材及教师的指导，学习能力高的学生对教材的依赖及教师指导的依赖强度减弱，其中，学习能力低的学生对教材的学习需要借助教师的指导，而学习能力高的学生则可自学教材。反过来也可以认为，学生对教材的思维加工水平亦是证明其学习能力高低的明显标志。

（二）教材对学生的影响

教材只要被教师和学生所认识与实践，就会对师生尤其是学生产生影响。教材的设计水平直接影响学生学习的效果。这是因为，教材既具有对象功能或目标功能，又具有手段功能。

教材之于学生，是作为客观要求而提示出来的，并被嵌入处于客观要求结构中的教学过程。它需要反映学生的学习要求，但是实现学习要求的内容前提必须在指导并构成学习活动的过程中系统地产生出来，如此才能发挥教材对于学习活动本身的掌握与形成的作用。

就教材所拥有的学习要求的分析与构成来说，必须考虑三个方面：（1）规定作为目标的心理特征的活动方向；（2）规定适于实现目标的活动；（3）探明学习活动的基本法则与调节机制。教材设计在此基础上考虑学习活动的质量、对象、课题、条件的不同要求。教材不仅要显示知识信息，而且要显示教学策略；不仅要显示一般教学策略，而且要根据不同情况显示特殊的教学策略。教材设计首先要做一次教学法的处理，并要有机地纳入教学设计系统之中。教材的客观要求只有在与主体的相互作用中才能实现。如不考虑学习条件，教材就无法在学习活动中成为操作的对象。

教材本身要适当地形成学生的学习活动。就是说，教材要使学生唤起适当的学习目标，形成学习动机，促进学习操作。换言之，教材要在客观要求结构中处于一定的地位，发挥一定的作用；在同学习主体操作的关系上，教材与教材内容要反映在主体的、自觉的、能动的学习活动与学习要求的内容之中。

还应看到，教材对学生的影响是全面的，它不仅提供了知识信息，而且提供了方法指导，同时又是思想品德的教育者。可以认为，教材以及它所形成的教材文化影响着每一个学生的身心发展，无论学习能力多强的学生都要接受教材的作用与影响，学生认识实践水平的渐次提高多有赖于对教材的学习，教材还是学生终身学习的伙伴和永不疲倦的老师，教材的制作水平越高则教学效果越好。

总之，学习是学习者掌握教材的目标指向过程。在此过程中，学生通过自身的能动活动，掌握基本的知识与能力、态度与行为的方式。而且，学习是在教师指导下人格全面发展的过程，但它本质上是教学的交往与合作的活动。在学习活动中，教材必须加以选择、排列、编制，以使教材成为有效的学习素材。因此，教材必须具备合乎学生掌握活动与掌握过程的学习素材的性质。因为教材是学生通过同周围世界的能动活动，以掌握世代积累的本质的社会经验的素材，所以要使教材既具有教授素材的性质，也具有学习素材的特性。同时，由于掌握过程是多层次的，因此要有与认识过程、作业过程、记忆过程和练习过程相应的教材，应当充分注意教材激发学生活动的潜力。

三、教材与教师的关系

教师的教学活动常具有指导性质，广义上属于“人类最重要的发展生产力的特有活动”，因为它有助于适应社会要求与条件的人格发展。而教材则是教师劳动的基本工具，二者表现为主体与工具的关系。

（一）教师视野中的教材

在教学论研究中，教师的指导性活动即教与学的关系问题，通过教授，学生受到鼓励与指引，但教授必定要根据学习规则。教师指导活动的功能表现为：（1）媒介功能。扮演学生与教学内容之间的中介者，当然需要学生主动地掌握教材才能实现。（2）援助学习功能。教师不仅要以教材为媒介进行教授，而且应当教会学生学习。（3）指导功能。它是以教对学的指导功能为依据的，其中存在着教师的指导作用与学生主体作用的教学辩证关系。教师的指导作用表现为要教会学生学会学习，它的指导作用因此必须具有创造性。教师的指导作用体现在对教学过程与学生认识活动进程的适当控制上，必须遵循掌握过程的逻辑与规律。

一般认为，教师对学生的指导作用是全面的，指向于人格的发展，而人格的发展部分是通过掌握教材来实现的，部分还需依赖教材之外的道德价值与道德规范，因此教师不能只做教书匠，而要做教材的主人，教材只是教师手中的工具而已。教师既要对学生掌握教材作指导，也要对学生掌握道德价值和规范作指导；既要对学生学习知识作指导，也要对学生能力培养作指导。

教师若要对学生进行有效的指导，必须遵循制约着主导地位的学习过程的规律。当认识过程占主导地位时，即要作与其相应的指导。其他情况出现时也要作出相应的反应。教师具体的指导处置主要是由当时占主导地位的知识技能掌握过程所决定的。学生掌握教材的过程一般划分为三个阶段：(1) 导引。教师相应的指导工作为设定课题，使学生意识到应解决的问题和解决的途径。(2) 学习新教材。教师相应的指导活动为明确课题，准备直观资料，使学生理解解决问题的逻辑，控制学生的心智活动，确保知识、能力和观点等各个侧面的成果。(3) 教材的复习。教师相应的指导工作为：问题性地设立课题，准备直观资料，领会解决逻辑，吃透所掌握的教材，控制学生的心智活动，巩固所取得的成果。

在此大背景前提下，教师对教材的处理策略表现为：(1) 结合生活充分挖掘教材的教育性；(2) 针对教材特性处理教材；(3) 保障教材处理的系统性；(4) 从教学论角度选择教材；(5) 使学生能动地吃透教材。其中第 (4) 项最为重要。它要立足于所教学科的整体目标与局部目标，注意专门科学系统与教育学系统的统一。为此，重要的是选择适宜的教材种类并将教学内容细目化，为师生铺设控制场所，并对教材难易作出搭配组合，新旧教材结合，划分重点与一般内容。第 (5) 项是教师指导的目的——使学生能动地吃透教材，目标是：(1) 深刻领会教材的实质性内容，并吸取其教育内涵；(2) 结构性、批判性地掌握教材，明确自己的观点；(3) 认清教材的社会意义与掌握教材对于自身发展的重要性；(4) 学会把基本原理迁移到特殊情境中；(5) 从具体教材的钻研中提出疑问；(6) 能主动地结合新旧教材；(7) 能自觉区分教材中本质与非本质的内容；(8) 学会合作学习。

教师除教授教材的主要任务之外，还要进行教材研究和教材制作。因为教材研究大半是教师对教材的研究，教师通过教材研究学生的学习策略。教师不仅要有准备教材或解释教材的能力，而且还应有预测学生学习的能力。在此基础上编制出有利于学生积极学习的教材，共同交流教材研究的成果及教材教法的经验，更新教材观念和学生观。教材研究包含了各种各样的技术行为，诸如教育目标的分析、评价问题的编制、教材制作、调查和测验等。教材研究的程序一般为：（1）编定研究课题；（2）调查各种资料；（3）探究课题内容与范围；（4）调查并分析学生；（5）决定使用现有教材还是开发新教材；（6）教材内容的分析；（7）教材内容的重组；（8）辅助教材的制作；（9）编写教案；（10）实施教学。在此过程中，也包括教师对现有教材的选择与组合、新教材的开发及教材的教学设计等。

（二）教材对教师的作用

教材是教师教学指导活动的基本依据和工具，一般教材常被作为教师的“教授材料”而存在。从教材史的观点分析，教材起初由教师自动制作，作为教师教学的“拐杖”与“备忘录”，教师既是教学活动的主人，也是教材的主人。但自出现“权威”的教材后，并有统一课程标准和统一考试制度的强化，教材的地位逐渐升高，作用日益重要。相反，教师的地位及作用逐渐下降和次要，教师的角色由以往教材的“主人”下降为教材的“奴隶”，成为纯粹的“教书者（匠）”，教师教学不敢越教材雷池一步，更不敢自制教材和评论、质疑教材，其任务只是阐释既定的权威教材，其自由度只是对教学方法有所研究。

当教材实行“一纲一本”的国定制时，教材对教师的控制作用达到顶峰。在教材实行“一纲多本”或“多纲多本”的审定制或自由制条件下，教材的控制作用渐次减弱。而且，在教材日益系统与完善的条件下，教师对教材的依赖程度越来越大，教材对教师的控制作用越来越大。在有统一课程标准的条件下，教材对教师的控制作用较强，反之则弱。在有统一考试制度的前提下，教材对教师的控制作用较强，反之则弱。

此外，教材对教师的制约作用还与教师自身的教学水平有关。当教师的教学水平较高时，他可以在一定程度上驾驭教材，并有可能进行教材的重新设计与制作，因此教材对这类教师的制约与控制作用较弱。而当教师的教学水平较低时，他对教材的依赖程度较大，只能完全按照教材的内容进行教学，按照教材规定的教学模式进行教学，其主要任务只是阐述教材，成为教材内容的“传声筒”。这样，教材对这类教师的控制作用较强。前一类教师是用教材教学，而后一类教师则是教授教材。

由于上述原因，比较容易理解不同国家、不同地区、不同教师均具有不同的教材观。也相应地容易理解不同水平的教师对教材有不同的处理策略与操作水平。

总之，教授是教学过程中的媒介过程（活动），而学习则是教学过程中的掌握过程（活动）。因此，教授与学习构成教学过程的基本关系。而一切的教学论现象均可以还原为这种关系。教授与学习，从教学论的角度看，是相对的关系，可称其为“教授—学习过程”。在教师的教授活动中，有教材的选择、排列、编制与开发工作，其中，教材的指导活动与编制教材是教师活动必不可少的。作为教材对学生的指导，可以以教材为媒介或以方法为媒介，或按照教学论原理来进行。在此过程中，教材的媒介、辅助与指导功能均可充分地发挥出来。

第二节　教材与教学目标

课程计划、课程标准与教材是教材建设的三个层次。在制订课程计划与课程标准时，依据普通教育的整体构想与原则，具体界定编制各门学科计划的目标、内容和方法的各种关系，各门学科的总体性目标，是指向于形成全面发展的目标。这种目标被分解为学科、学年阶段的及一定教学单元和局部性目标。源于人类文化的普通教育内容，应当加以选择、调整，并作为教材规划在各门学科的教学过程之中，以便学生通过掌握教材，形成教学目标所要求的人格特征。因此，各门学科教材的教育力，源于教学目标。然后，还要考虑目标与教材的排列与方法，即掌握教材的基本过程。

教学目标体现在课程计划、课程标准及各门学科教材之中，它在各门学科教材中表现得最为具体和集中。而教材——应当掌握的知识与认知、思维方式与活动的方式及观念、信念，只有在基本的教学过程展开的基本方向上，才能正确地从目标出发并针对目标加以选择，并体现在教学过程之中。

可以认为，教学目标是教材设计的灵魂，也是教材设计的出发点与归宿，而教材则是教学目标的具体体现者与分担者。因此，教学目标及其具体化、教材选择及其结构化、教学过程展开的方法及其组织等条件是浑然一体、不可分割的，统归为教学设计的有机组成部分。

一、教学目标对教材的制约作用

从总的方面看，教学目标是教材设计与教学的出发点与方向指南。教学目标就是进一步具体化了的教育目的和培养目标。教学目标又可进一步划分为各门学科教材的具体目标。

教学目标总是以一定的教材内容为媒介，直接体现教学目标的是教学任务，即必须由学生掌握一定量的教学内容。具体的教学目标同时也是测量和评价教学质量的指标，因此教学目标是教学活动的出发点和归宿。

教学目标的细目化即教学目标的分类是一个相当重要的问题，但人们对此问题的认识分歧较大，我国学者侧重从教育的总目的来阐明教学目标，运用演绎方法；美国学者对教学目标的分析一般从学习进程的因果关系出发，运用归纳法，从学习过程或学习经验中总结出一系列教学目标。可见前者是要从社会角度出发，后者较多从学生自身出发，形成了两种截然不同的教学目标分类理论。我国教育理论界倾向于使二者结合起来。由于这里主要讨论教学目标对教材的制约作用，集中于学习领域内。一般认为，可从学习内容、学习过程和学习态度构成教学目标的细目化：（1）学习内容的目标，是指所要掌握的知识、技能；（2）学习过程的目标，是指掌握知识、技能心理过程方面的要求；（3）学习态度的目标，是指掌握知识、技能的一种心理水平。从这三个维度可以综合反映出整个学习情况。教学目标可以从认知类、技能类及情意类三个侧面由内部心理及外显行为两个方面去体现出来。其中，认知类教学目标包括获得知识和发展智力两个方面，可从知识类型、知识掌握水平、智力操作方式和智力活动水平等方面具体化、作业化。技能类教学目标可以从技能要领、技能动作、熟练水平三个维度加以限定。情意类教学目标交织在认知类与技能类教学目标之中。

中小学的基本教学目标包括培养目标、相应的课程计划及分科课程标准。我国中小学的教学目标有以下特点：第一，在教育目的的指导下，中小学构成了一个有机联系的教学目标系统，它包括教育目的、学校教学目标、学科目标、课程单元目标及课时目标五个方面。第二，学科目标之间具有连续性和递进性。第三，在学科目标内部，各个分项目标组成一个相互联系、相互促进的系统。每门学科的教学目标，一般而言包括实质性目标、教育性目标和发展性目标。第四，各科教学目标还存在横向联系。中小学开设的各门课程分属德育学科群、智育学科群、体育学科群、美育学科群、劳动技术教育学科群，它们之间相互联系、相互促进。

上述教学目标对教材设计和教材教学具有指向作用、激励作用和标准作用。教学总目标体现在教材体系中，分段教学目标体现在学科教材体系中，分科教学目标体现在分科教材中，相应地配置以不同类型的教材教学。

二、教材对教学目标的反映作用

教学目标超越了具体学科教材的教学内容，便无法存在、表现及实践。它既体现在分科教学标准上，也体现在教材的内容之中。要在教材方面以学科特有的方式具体地确定教学目标与教材的关系，目的是促进教材中“目标与内容及方法的有机统一”。

在教材史上，不同的教材设计既受一定教学论思想的影响，同时又反映一定的教学目标。例如，有些教材反映实质教育观的思想，其教学目标侧重知识信息；有些教材反映形式教育观的思想，其教学目标侧重能力培养，知识只是作为训练能力的基础与手段。

教材并不能主动地反映教学目标，必须经过师生的主动教学才能实现。同时，师生也可以通过认识和理解教学目标，从而对教材原有的教学目标进行重新定位，也可以通过认识与实践教材反映的教学目标，从而达到认识与实践既定教学目标的目的。

在一般条件下，探讨采用或开发教材时，会发现有重视学习体验的教材、重视学习内容的教材、发挥信息媒体的教材。作为学习体验的教材，期望学习者主动积极参与，就教学目标而言，不仅重视认知领域，而且重视情感领域、动作技能领域。它要求教师准确判断学习者的态度与能力，要求学生有认真的准备，充分掌握基本的学习技能，还要求教材内容或教材本身是优秀的。注重学习内容的教材，较为偏重认知领域，作为基础知识要求学生重点理解和掌握，教师偏重知识的传授。而数字教材引进现代化技术手段，引进师生自主性的创造性活动，并可以实现师生之间或同学之间的自由沟通，这对于调动学生学习积极性极为有效。

总之，教材与教学目标的关系可总结为：教学目标对教材具有制约和规范作用，而教材则是教学目标的具体反映和描述。

教学目标的形成受多方面因素的共同作用。其中，社会要求是设计教学目标的出发点，而政府及其教育行政部门则代表占统治地位的社会要求，同时还要考虑教育对象的特点，通过课程计划、课程标准及教材、教学具体分层次逐步体现出来。而个性特征是教学目标形成的方向性基础，它包括道德经验、理性认识和遗传特征等方面，由此而确立全面发展的教育目的，因此而形成教学目标。它是教材设计与教材教学中心思想的方向指南，规定了教材设计与教材教学的目的、内容、框架和性质。

从另一方面看，教材要求忠实反映教学目标，真正为教学服务。因此，对教材本身进行教学目标的诊断可以判明其反映教学目标的程度与水平。一定目标的诊断目的在于使教材明确而具体地反映教学目标。具体的诊断公式为 I（目标）$=O\pi$（描述）$+B$（表达）$+U_3$（测量）$+$ Oy（评价），对其结果采取不同的等级划分。一般要求教材描述教学目标应达到：（1）指出学生应达到的掌握水平；（2）论证反映教学因素及知识抽象水平的定位；（3）保证学生要达到的理解水平；（4）显示教材的自动化掌握水平。这些是围绕学生认知和掌握特性及规律而确立的若干知识能力要求。

目前，一些教材缺乏模式化的教学目标，其教学目标只是建立在经验探索及主观预测直感的水平上，而没有经过科学的论证。这样，教材体系所体现的教学目标与既定的教学目标就会有所差异，各级各类教材的教学目标亦有差异。有的教材由不同作者完成，其编写活动中矛盾多于协同，冲突多于连贯。为此，教材编写需要确立教学目标诊断的刚性要求，并要设立明确的教学目标参照系与参数。

教学目标的确立与实现，要求教材设计者共同努力。教材研制者在教材设计过程中，要设想并预测教学目标的诊断水平及学生和教师可能达到的水平，可使用间距等级和系列等级方法，在教材的前言和每一章节前，阐明各科教学目标、具体要求及建议师生在何种水平上实施教学。只知开处方而不询问患者病症的医生是庸医。同理，只知设计教材而不问效果的人也会误人子弟。教材研制者应从正反两方面设想预测教材教学后的效果，力图把直觉经验与科学测量相结合，强化教材的元论述水平。另一方面，如果教材本身没有明确反映教学目标，就要求教师凭据教材划分教学目标，提示主要部分、基本部分和提高部分的三级目标要求，并指明学习策略。教师应当学会运用直觉判断与经验方法检查学生的掌握水平与教材知识抽象水平的掌握情况，设法缩短差距与弥补不足，这样可以提高教材的教学效果，这是对教材缺陷的弥补；即使教材已明确教学目标，教师也可以作再加工，使其更切合教学实际。学生也可以利用直觉判断与测量方法对教材和教师编定的教学目标进行自测，明确自身水平与要求水平的距离，采取最优的学习策略。如此，可望达到教学系统及教学效果的整体优化。

如上所述，明确而具体的教学目标对教材的编制与教学具有指导作用，后二者的活动必须围绕实现教学目标而进行。如果背离了教学目标，那教材就并非真正意义上的、有价值的教材，教学活动亦称不上优质高效的教学活动。如此，教学目标的实现水平就是评价教材价值与教学活动水平的一大标准，教材编制者与教学者必须在各自的工作中加以注意。

第三节 教材与课程

教材与课程具有相当密切的关系。首先，许多学者认为，教材即课程的内容，教材研究是课程研究的组成部分。其次，目前有关教材的研究不是混杂于教学论研究中，就是混杂在课程论研究中，而且亦有将教学论统于课程论大旗下的趋势。最后，依据传统的观点，将课程与教材分开研究，认为二者虽有紧密联系但亦有区别。

由此可见，教材与课程关系密切，但人们的认识又有较大分歧，在实践中更有不同。对此问题的研究，既要看到西方的研究现状（多持教材为课程一部分的观念），同时亦要照顾我国的传统与现状（多认为课程与教材是相互联系但又有所区别的）。

一、课程对教材的制约作用

课程所包含的内容较为复杂，而教材只反映和表现课程内容。课程的表层和结构会影响教材的生成，课程理论指导教材理论，课程研究指导教材研究，但前者是较为宏观和抽象的理论，接近于“软件”建设，而教材则较为微观与具体，接近于“硬件”建设。

（一）课程结构对教材的影响

课程被视为一切教学活动的目标体系、内容纲要和教学方式。其结构表现为学科与活动的结合，其要素包括认知经验要素、道德经验要素、审美经验要素和健身经验要素。这是因为在人类积累的社会经验中，最有价值的经验是关于真、善、美的经验，由此构成课程的三种基本成分。课程结构是由课程内部各要素、各成分、各部分之间合乎规律的组织形式。上述真、善、美三种课程成分按照总体规范的方向，在一定时空条件下运动，从而构成课程的表层结构（即一定学段课程的总体规划的结构，以课程计划的形式存在，表现为一系列学科与若干活动项目组成的整体），进而转化为中层结构（即分学科课程标准，亦即教材纲要），最终形成课程的深层结构，即教材本体。它是一定学段的教材结构，包括各类教材内部各要素、各成分的组合以及各类教材之间的整体组合。由此可见，课程的整体结构是以课程要素与课程成分为基础，由课程的表层、中层和深层结构组成的有机整体。

分析课程结构的特征，首先要弄清它与有关物质结构的关系，其次要分析课程内部各要素、各成分之间的联系，再次要研究课程结构的运动状态，最后要考察课程内部的数量与质量关系。有鉴于此，给出课程结构的四种基本特性。（1）客观性。一方面，课程结构来源于客体；另一方面，课程结构具有自身演化的历史。课程结构的形成受制于社会分工与人的智力、体力发展的规律，其演进又是人的智力、体力进一步发展的必要条件。（2）有序性。从动态观分析，课程结构具有一定的发展顺序，无论是其表层结构还是其深层结构。以静态观分析，课程结构各要素、各成分、各部分的排列和组合具有一定的层次和序列。（3）转换性。即课程结构各部分之间合乎规律地不断地变化的属性，表现为课程类型、教学类型、教学科目、活动项目、教材组织形式的转换。（4）可度性。意指课程结构的性质具有可计量的属性。表现为课程要素群、课程成分群、学科课程与活动课程之间、必修科目与选修科目之间、各门学科之间、基础知识与基本技能之间以及理论基础知识与实用基础知识之间的数量界限。

课程结构与其功能的发挥密不可分，它直接影响着课程功能的大小，表现为：（1）能决定课程功能的方向和水平；（2）能控制课程功能的广度和深度；（3）能节制课程的时间效应和情绪效应。传统的课程结构具有较严重的缺陷，表现为：科目课程占主要地位；只重必修课目，忽视选修科目；只重学科课程，忽视实践课程。因此，影响了教材的设计与教学，最终影响教学的质量、效率及方向。

课程结构对于教材结构具有直接作用，课程结构一旦形成，就具有相对的稳定性，因而要求相应的初步定型的教材体系。课程结构的变化也会影响教材，引起教材体系与结构的变化。

（二）课程目标对教材的影响

课程目标是一定学段的学科课程力图最终达到的标准，包括时限、学生最终发展状态、国家的期望及学生的主动发展等四个方面，它存在于各学段课程的总体方案和课程标准之中，其标准在于它是课程内部的一种成分，是教育目的及培养目标的承载者，与其方向保持大体一致，相互依存。从课程目标中可演绎出具体的、带有操作性的教学目标，进而影响到教材体系与分科教材的教学目标之确定与实践。

（三）课程内容对教材的影响

课程内容是课程结构的有机组成部分，它存在于各分科教材设计之中。其范围包括符合课程目标要求的一系列比较系统的间接经验与学生的某些直接经验组成的用以构成学校课程的基本材料。中小学课程内容的特点在于其基础性，小学的课程内容具有常识性和综合性，初中的课程内容则带有广泛性与相对综合性，而高中的课程内容具有多样性与相对独立性。职业教育课程内容的特点在于其专业性，高等教育课程内容的特点在于其学术性。

中小学课程内容包含着课程结构的基本要素，是它们的有机化合物，其形式归因于社会的需要、学生个体发展的需要和科技的发展。知识信息经过课程内容的选择而进入教材之中，课程内容是连接知识信息和教材内容的必要中介环节。

中小学课程内容基本上由四部分组成。

1. 关于自然、社会和人的基础知识及相应部分的直接经验。由于小学的根本任务是提高民族素质，普通中学的任务是以提高公民素质为主，兼顾学生升学与就业的需求，因此这三类知识均以理论知识为主导，由一系列理论基础知识和必要的实用基础知识构成。其必要的形成元素大体有：（1）基本事实；（2）基本概念；（3）规则、规律及原理；（4）有关活动方法的知识；（5）有关社会关系的准则和评价的知识。

2. 关于某些活动方式的经验。人类在社会实践中积累的一系列有关活动方式的经验需要新生一代继承，如此才能形成一系列的基本技能，才能将掌握的知识转化为相应的能力。这些基本技能主要分为智力技能与操作技能，具体又可分为适用于某门学科的特殊技能以及适用于各门学科的一般技能。分科课程标准确定的各科技能发展的指标与各科教材提供了有关人类活动方式的经验供学生学习。

3. 关于提高能力的经验。中小学生为顺利进行学习活动、社交活动和基本的生产活动，必须具备若干基本能力，大体包括人类的基本能力、一定水平的智力、口头或书面表达能力、辨别真假是非善恶美丑的能力、实践能力及创造能力等。一方面，要从前人中精选一系列有关发展上述能力的学习材料；另一方面，要通过一定的实际活动让学生获取直接经验。这类课程内容的特点是：（1）它以提高学生的能力为主要任务，不同类型的能力要求不同类型的训练材料；（2）它与实际活动有密切联系；（3）它可以提供不同的心理训练材料。

4. 培养情感的材料。主要是对待科学知识、道德标准、现实审美表现及思想意识形态的情感评价态度方面的内容。

总之，上述四方面的课程内容是一个具有内在联系的有机整体。因为没有知识就没有技能；要培养能力，需具备一定的基础知识和基本技能；要具备一定的知识、技能和能力，又必须通过加强非认知因素的训练来吸取发展动力。上述课程内容主要来源于人类积累的科学文化成果，属于间接经验，也可以来源于学生的直接经验。因此，课程内容是直接经验与间接经验的统一体。

对于间接经验来说，其选择和组织的标准要求：（1）具有科学合理的结构，即按学科与科目组织起来；（2）科学性与思想性相统一；（3）先进性与地方性相统一。直接经验的选择与组织部分由各学科的基本实践活动提供，部分由活动课程中的一系列实际活动提供。

（四）课程设计对教材的影响

上述课程结构、课程目标、课程内容对教材设计的影响是宏观而静态的间接作用，必须通过课程设计（课程计划、课程标准）才能发挥直接的指导作用，因此常将课程计划、课程标准与教材视为教材建设的三个层次，可见其关系之密切。

课程计划是根据课程编制的原理与方法，为实现学校教育目的和任务而制定的课程总体规划，一般由国家教育主管部门根据教育方针、不同类型学校的教育任务及科技发展水平而制定，作为学校教学工作的指导性文件。其内容包括：（1）学校性质、培养目标、教育目的及任务、学习年限及课程设计的指导思想；（2）课程设置（即规定教学科目）；（3）课程安排顺序、总课时分配和教学内容范围；（4）确定学年编制；（5）教学效果的评价标准。通过以上规划，确定了教学内容的总方向与总结构，成为制定课程标准、教材和教学活动的基本依据。这是课程设计的第一道工序，也是教材建设的起点。

课程计划的重点是课程门类的选择与编排。其中，课程门类这一层次决定着整个教材体系的范围、各门学科教材的地位和顺序及其组成等。在课程门类选择既定的情形下，也就决定了教材的体系，其选择确定的基本原则（如重视基础性、科学性、完整性、联系性、教学性）亦成为教材设计的重要指导原则。同时，课程门类的编排形式，如单科独进式和多科并进式亦对教材的整体设计有影响。

课程标准是单科课程的总体设计，它以课程计划为依据并为落实课程计划服务。其主要作用在于从整体上规定本学科的性质及其在学校课程体系中的地位、教学目的与任务、内容范围，以及选择内容的主要依据、编排学科内容的顺序、安排教学时数、教学活动与课外活动、作业量与测验、考试要求、教学法建议等。所以它既是教师教学工作的指南，也是设计教材的基本标准。一般包括说明部分（主要概述本学科的教学目的与任务、选择教学内容的依据、内容范围、安排教学进度及教学法建议）、本文部分（规定教材的编写顺序，列出章、节、目的标准，内容要点，授课时数，作业、考试要求及时数，实验、参观及其他活动的要求及时数等）和补充部分（列置教学参考书目及教具使用建议等）。

在教材实行国定制与审定制的国家，对课程计划与课程标准有统一要求，规范较严格，课程标准成为教材纲要，体现“一纲一本”与“一纲多本”的特色。而教材管理较宽松的国家则体现开放的态度，教材设计的自由度较大。

二、教材对课程的反作用

教材是课程的重要组成部分，既直接反映课程内容，又反映课程设计中规定的学习活动方式，其设计质量与水平将会影响到课程的总体设计质量与水平，最终影响教育教学质量。由此可见，教材问题是课程研究的核心，亦是难点。因为教材建设具体而复杂，课程研究只是解决客观理论问题，而教材建设既需要客观理论指导，又需要教材的具体微观应用研究，还需要大量的学科专家、编辑、教师及教育技术人员共同合作。

另一方面，教材作为课程设计的物化形态，并成为学校教学工作的基本依据，教材的质量与水平基本反映一个国家的课程研究水平，也可以反映一个国家的教学水平。在某种意义上，教材是联系课程研究与教学实际的中介环节。

从教材建设的三级层次分析。过去只看到课程计划和课程标准对教材的制约与定向规范作用，而相对忽视教材对前二者的反作用。实际上这三者是一个循环往复、渐次提高的过程。其间，教材教学的效果既是对教材建设工作的反馈信息，亦是对课程设计与课程标准的反馈信息。因此，各国课程改革的成效最终要看教材改革的成效和教学的成效。同时，对于现行教材教学的成效又是下一轮课程改革的依据（如图 4-2 所示）。

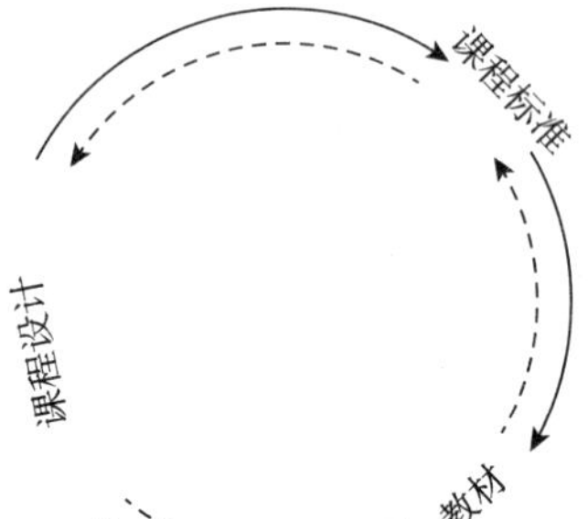

图 4-2　课程设计、课程标准与教材的关系

（实线表示强影响，虚线表示弱影响）

以往只从单一维度居高临下看待课程设计、课程标准与教材的关系，只承认课程计划对课程标准、课程标准对教材的指导作用，而忽视

教材对课程标准、课程标准对课程计划的反馈调节作用，这不符合辩证统一的思想。

其实，这种自上而下的指导作用及自下而上的反馈调节作用是同时进行的，只是前者的作用较为明显而直接，作用力度强，而后者的作用则较为隐蔽而间接，作用力度较弱。这种作用力在不同国家有不同的表现。自上而下的指导作用在教材国定制与审定制国家表现突出，而在教材管理宽松的国家，则是自下而上的反馈调节作用明显。

尚需指出的是，教材评价的质量与水平在一定程度上能反映课程研究的质量与水平，但二者并非一一对应，也并非绝对相关。其原因是：首先因为教材编制的影响因素复杂，并不完全由课程来决定。其次，教材要反映课程研究的水平，必须融合在整体的教学评价之中，必须将教材评价与教学评价的结果综合考虑、统筹兼顾才较为科学和客观。因此，课程设计是否科学，各门分科课程中的教育价值能否充分发挥，教材能否转化为教学信息使学生掌握，由外在之物转化为内在之物，把知识信息转化为能力，关键还在于师生的教学活动，但也不能因此而忽视教材的中介作用。

优秀的教材往往是课题系统、图像系统及作业系统的有机结合，既反映科学知识的逻辑体系，又反映学生的认识活动规律，要体现出教学的策略，教材建设作为联系课程与教学中介之物的作用与价值不容低估。

第四节　教材与教学内容

教材从总体上看是受学校教学内容制约的，但教材只是教学内容的一个组成部分，而不是教学内容的全部。一般说来，二者是既有联系又有区别的。明确这一点，有助于形成正确的教材观，包括教材设计观与教材教学观。

一、教学内容对教材的影响

所谓教学内容，即指学习者必须掌握在编制的计划和课程中所明示了的教学知识信息——物质的或观念中客体化了的人类的本质能力（知识、能力、行为方式）。在此方面，也可将教学内容当作计划好的课程内容看待，因为预先设计的课程内容同时也是教学过程的潜在内容和有机组成部分。但作为发挥实际作用的教学内容，其特性不同于课程内容，亦不同于教材内容，三者之间的关系可如图 4-3 所示。三者之

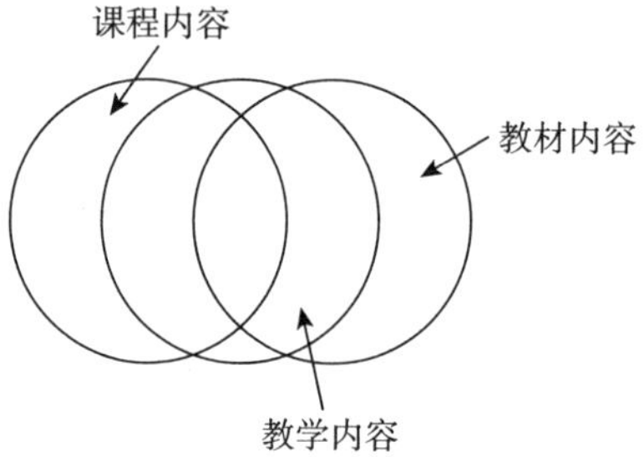

图 4-3　课程内容、教材内容与教学内容的关系

间有交错，但并不完全等同。因为课程内容是预先设计的理想的观念形态的知识信息，而教材内容则受课程内容的影响，将这种观念形态的知识信息要求具体反映在各科教材中，化观念为现实之物，二者并非一一对应。理想并不等于现实，各科教材承载的内容还需考虑学科教材的特点，更要接近教学实际。因此，教材内容较之课程内容更为丰富而具体，一般指各科概念、法则、理论、事实；其二是心智活动和实践活动的各种方法、步骤、运算、规则和技术；其三是指世界观、道德政治观等，由此形成各种陈述与概念，各种原理、法则与运算及意识形态的结论。教材内容强调的是教授因素与学习素材的统一，这一点为课程内容

所不及。而教学内容是学习者合乎目标的、掌握客观现实的一切摹写，它是教学过程中师生的实际活动对象与实际教学手段，其要素与教学过程的客体结构相适应，包括：（1）对于学生的引导与激发作用；（2）同计划相适应的素材内容；（3）不属于学科教材内容、掌握过程最优化的一般方法论建议、指导或指引；（4）教师的教育性价值与学生全体成员的接受或批判性指示；（5）与上述因素相应，教师的指导作用与学生的规范行为。这些教学内容的诸要素是与为求得学习者的发展而在教学中应当教学什么联系在一起的。

由此可见，教学内容来自师生对课程内容与教材内容及教学实际的综合加工。师生一是合理地利用教材教学，对教材内容有所选择，进行第二次的教学法加工；二是可以科学地加工教材，合理地组织教学过程；三是根据教学要求自制教材。教学内容不仅包括教材内容（素材内容），而且包括引导作用、动机作用、方法论指示、价值判断、规范概念等，包括师生在教学过程中实际活动的全部，教材内容只不过是教学内容的重要成分，但它只不过是一种成分。

一般情形下，教学内容与教材内容并非等值对应，教学内容总是大于或小于教材内容的，至于其具体的表现形式则要具体问题具体分析。起决定作用的是师生在教学过程中的作用。在教师教学水平高、学生自学能力强的条件下，师生既可以合理地使用教材，又可以科学地加工教材，甚至自制教材教具。这样，教学内容的范围超出教材内容的范围，教学内容的广度与深度也可全面超出教材内容的框架。在教师教学水平低、学生自学能力差的条件下，师生只能教学教材，教材内容成为教学内容的唯一来源，教材内容成为教学内容的母体。这样，教学内容的广度与深度将限定在教材内容的框架中，从整体上看要低于教材内容的要求。

从总的方面分析，教材内容与教学内容均取自社会文化，取自课程内容，但二者并非完全一致，而是存在交错重叠关系；教材内容并非全部的教学内容，而教学内容也并非完全取自教材内容，但教材内容往往是教学内容的主体。从教学论的角度分析，教学目标制约教学内容，而教学内容又制约教材的内容及其表达形式，从彼此的关系中体现教学的目标、内容、方法相统一的原则。

从另一角度看，教学内容又是教材内容的教学化。教学内容是师生在教学过程中各项活动对象及活动方式的组合，是具体而动态的，是主体与客体相互作用的过程与结果，是对静态的教材内容进行多次教学法处理的过程与结果。教学内容才是师生教学活动的最直接的具体的教学对象与手段。按教学需要选择教学内容，并对教材内容进行教学处理，主要从教材分析的角度入手工作。

由此可见，教学内容的确应是具体教学过程的活动对象与活动方式，亦是对教材内容的反馈调节，以及联系教材内容与教学实际的中介环节。

从教学内容与教材内容的比较分析中，可知教师与学生在教学过程中发挥主动作用的必要性和重要性。基本的观点是，教师和学生应成为教学的主人，成为教学内容的设计者，其任务在于用教材教学，而不只是教学教材，只是简单地阐释与全盘接受教材内容，正如同教材内容的编制者亦不能全盘接受课程设计者设计的课程内容一样。由此可见，从课程内容到教材内容再到教学内容是一个逐步具体、结合教学实际的过程，逆向而上则是一个逐步校正与反馈的过程。两者的有机结合则促使教学内容实用化，最终必然落实到教学内容上。

上述各种事实与分析，充分证明一条教学的基本真理，即教学工作是学校工作的中心，师生在学校中的主要活动是教学活动，师生是教学过程中的中心，教与学是教学过程中的主要矛盾，其中学又是教学矛盾的主要方面，那么教学内容是其活动的主要内容和教学对象。教学内容又是课程内容和教材内容与教学实际的集大成者。其中有课程设计者与教材设计者的智慧创造，更有教师和学生的自我认识与实践，而后者更具有现实意义。

教学内容既来自对教材内容的分析，也可出自师生自我的经验。由此可以探知事先设计与编成的教材内容的适用性与教学性，也可以判明师生在教学过程中的地位和作用，这样有助于提高教学效果。

二、教材对教学内容的影响

从上述分析中，可以探明课程内容、教材内容与教学内容之间的相互关系，而这是研究教材对教学内容影响的基础。

教材之内容组成既出自课程计划，更直接源于课程标准，所构成的学科内容既同各门学科与文化领域的发展倾向相一致，其结构也尽可能地照应人才全面发展的诸目标加以选择和组织。如此选择的教材内容构成教学内容的主体。

教材内容对于教学如此重要，由此才强调教材内容选择的标准的重要性，关键是体现教材的特点，即分门别类地形成学科；从科学系统性的视点出发，对教材内容作科学及教学论的加工与组织。因此教材的选择、排列、结构化，自始至终处于专门科学逻辑与教育学逻辑的相互关系之中，并可以构成学科的系统性与教学过程。

教材内容上承课程内容，下取教学内容，其重要功能是发挥二者之间的中介作用。既要体现课程内容的基本精神，又要切合教学实际，发挥教学内容主干的作用。此外，教材的表达形式与传媒亦要配合内容，切合教学实际，重点在分析教材的内容上。

教材内容是掌握教学内容的主要媒介项。知识内容的教材化，是受生活、劳动、社区等条件制约的。作为实现教学目标的教学法准备和选择处理后的教材，不仅应表明“教学什么”和“用什么教学”，也表明“怎样教学”。教材内容的教学要求包括：（1）教学容量；（2）学生的可接受性；（3）科学性水平；（4）呈现顺序。

对教材内容的分析便构成教学内容的主要来源，所以师生尤其是教师确定教学内容的首要工作是钻研分析教材。教材分析亦成为衡量教师基本工作能力的主要标志。在教学过程中如何合理地使用教材，充分发挥教材中的教育作用，如何科学地加工教材，使它转换成学生容易接受的教学信息，是组织好教学活动的关键。

在使用教材阶段，因为各科教材通过教学法的加工后，是在规定的教学时间内对某门学科所应掌握的学习内容，在范围、深度以及学习活动上的一种合理的组合，它包括课题系统、图像系统及作业系统三大类。从认识过程上看，实际上就是认识与实践、学与用、感性认识与理性认知的结合，反映学生认识活动的规律。在教学中，教师除充分发挥教材中这三个系统的功能以外，同时还应指导和培养学生具有独立学习教材的能力。自然，教材中也应提供多样化的教学策略供师生参考。

在科学加工教材阶段，教材是课程的具体体现，它在投入教学过程之前，虽然已经进行了一次教学法的加工处理，但这种加工是简单的，只是根据知识本身的特点以及教学的一般特点而确定的，它并不一定适合每个具体的教学过程和教学情境，不可能满足全体学生的需要。因此，教师还必须对教材内容进行再加工，使之成为真正的教学内容。教师在教材提供的基本线索和材料的基础上用不同的方法、手段去调节教材的内容，以适合具体的学习对象。这个过程通常称作备课过程。其工作程序一般包括：（1）根据课程标准在研究学生实际学习水平的基础上确定每一单元教学的目标；(2) 研究教材中每一单元的具体内容与社会实际、学生实际联系的结合点，并注意学科之间的协调；(3) 根据具体条件调整单元中各个课题的叙述顺序，寻找重点与难点，确定学生在学习中的困难得以转化的途径，提高教材的可接受性；(4) 选择在规定时间内最顺利解决既定教学目标的方法、组织形式，确定适合的教学手段，熟悉其性能、特点与使用方法；(5) 编制具体的单元教学活动方案。

一般地，教材设计愈是合理，接近教学实际，教材就愈能体现教学性的本质，易于为师生所掌握和使用，师生对它的加工与改造不多，更不需要教师与学生自制教材。

按教学需要选择既定的教材内容，并对其进行教学处理，主要是以知识点的量度、难度、密度和科学性及学生认知水平等方面综合考虑体现教学目标。如图 4-4 所示。

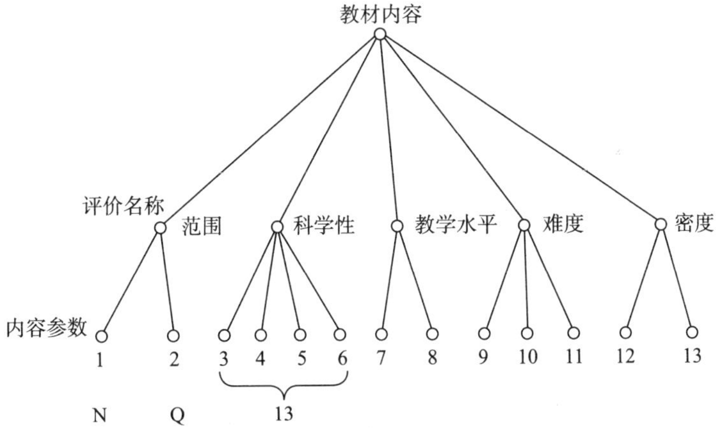

图 4-4　教材内容分析指标图

其工作程序是：

(1) 要求适宜的教材内容，要求反映基础、实用、个性化及指向未来的教学特性，用公式 $K=\frac{H\pi P}{H_H}$ 表示（H_H——科学知识，$H\pi P$——教学科目的内容，K——教学科目），教学科目的内容逻辑结构服从于逻辑划分规则，并从中划出教学因素。

（2）显示学生适宜的知识体系并显示出阶段递进顺序，其中应有模仿、启发和创造性阶段的内容。许多教材设计者忘记了教材编制的基本原理——“不要去解释不明确的概念，不要去编写对学生无用或将来无用的知识”。为此必须确定“教材内容最低限度”的方法，其公式为 $Q=N\Delta(\alpha^2\cdot\beta)\cdot H\cdot E_\beta\cdot E_{\text{II}}$ [N——教材内容中的教学因素数量；α——学生掌握教材的水平；β——教材中反映教学内容的抽象水平；Δ——增长状况，$\Delta(\alpha^2\cdot\beta)$——按教学目标掌握教材的中等活动水平；$H$——一门教学科目中必需的中等信息承载量；$E_\beta\cdot E_{\text{II}}$——信息单位比特]。但这个公式只反映教材信息的物理特性，而不是评价教材反映知识信息的全部思想和意义。

（3）教材内容的科学水平，以其抽象水平（β）为参数，因为它是“教材的教学语言”。教学的科学性，首先在于摆出足够可信的事实和现象以及对真实性的阐明方法。对教材科学水平和抽象水平的研究对于教材内容的设计编制具有重要意义。一般通过测定科学性系数可以判别，其公式为 $K=\frac{B_p}{B_r}$（B_p——教学科目的中等抽象水平，B_r——科学理论的中等抽象水平）。

（4）学生掌握知识的程度与水平，亦是判明教材内容及教学内容是否适宜的方法，也是教师适时适宜地调查教材内容、设计教学内容的重要依据。常采用的操作性公式为 $K_\alpha=\frac{\alpha}{P}$（$\alpha$——学生回答问题的正确率，$P$——教师用教材来检查学生知识掌握程度的问题总量）。显然 K_α 的变化区域在 0—1，教学实验研究表明，当 K_α 处于 0—0.7 时，学生掌握知识的水平缺乏稳定性，对重复性错误的敏感性较低，总要依仗教师的帮助，缺乏独立判断和自学能力。当 K_{α} 处于 0.7—1 时，则表明学生掌握知识的水平较高且呈稳定状态，重复错误的概率较低，具备独立解决问题的能力。考虑到具体的教学情境，一般称前者为教学过程，后者则称为自学过程。K_{α} 的系数值越低则教师教授的作用愈明显；相反，K_{α} 的系数值越高则学生自学的成分越大；当 K_{α} 处于中间值时，则表明为教学过程。

（5）利用教材负数及其教学效果进行判断，一般的诊断公式为：$Q=12\cdot L\cdot S\triangle(\alpha^{2}\cdot\beta)\cdot K\cdot E_{\beta}\cdot E_{\mathrm{II}}$（12——二进制中表达的中等词汇信息容量；$L$——教材一页中的词汇量；$S$——教材的负数；$K$——依赖于知识抽象水平 β 的系数；$E_{\beta}\cdot E_{\mathrm{II}}$——信息单位比特）。

（6）考验教材的教学时间，假定先前的数量时间为 $T_{y}=\frac{Q}{C}$（Q——个体所需教学时间，C——必要教学时间），而在实验室条件下，新教材所需的教学时间为 $T_{\pi P}$。如果 $T_{\pi P}<T_{y}$，则表明教材内容负担偏轻。如果 $T_{\pi P}=T_{y}$，则表明教材内容的价量适当；如果 $T_{\pi P}>T_{y}$，则表明新教材内容负担过重。如果 $\sum=\frac{T_{\pi P}}{T_{y}}>1.5$，则表明教材内容量度及难度严重超负担，必须寻求降低教材内容量度与难度的策略。

一般来说，教材设计要追求单位时间内的教育实效，要考虑学生的实际接受能力与教学的可能性。不能过度加重学生的课业负担，否则会造成欲速则不达，欲高则不就，严重时导致学生厌学甚至逃学，教师也完不成教学任务。这是我国教材改革的经验教训，国外也不乏其例。因此，教材内容绝对不能超越教学时间的限制。

另有一种简明的判明教材内容是否适宜作教学内容的策略，即用学业负担量表示，其公式为 $P=\frac{t_{\alpha}}{t_{\beta}}$（$P$——学业负担程度，$t_{\alpha}$——学生完成规定教材内容所需要的实际时间，$t_\beta$——学生完成规定课程内容的必要学习时间）。必要学习时间也可以理解为学生学习课程内容所需要的最低限度时间量。当 $t_\alpha = t_\beta$ 时，表明学生的学业负担属于正常状态，当 $t_\alpha > t_\beta$ 时，则表明学习负担超常，反之则表明学业负担较轻。一般来说，教材内容缺乏必要学习时间总量，而师生教学则决定实际使用的教学时间。因此有必要从教材设计及教学活动两个方面综合考虑教学的时间效应问题，对教材内容进行改造及精选，使之成为符合教学活动的教学内容。

（7）教材内容的量度、密度与难度研究。这是指教材内容的基础——知识点的特性。所谓知识点，即指教材中首次出现的概念、定义、定理、公式、法则等。知识点的总和便构成教材内容的量度，而单位时间内知识点分布的个数则构成教材内容的密度。而难度是建立在学习者知觉水平上的现象学概念，是与学习者已有经验相比的结果，因此是一个相对概念，而且难度还因人而异。这些因素都是师生确定教学内容所应着重考虑的。

（8）在确立教材内容的基础上，确立教材的信息反映系统：①演绎（规则—事例）；②归纳（事例—规则）；③启发—算法。

在这里需要指出的是，教材内容的确定必须符合科学性、心理规律及教学要求，因此可以通过一系列的教材教学实验去证实发现。国内外专家在此方面做了大量的实验探讨，使教材内容更易成为教学内容。

例如，阅读心理学的研究对于确定教材内容及形成教学内容作用重要，因为阅读是从课文中提取意义的过程。其研究内容包括：（1）阅读研究的历史；（2）阅读实验的设计与分析；（3）阅读过程的模式；（4）词的认知；（5）句子的阅读；（6）对于阅读理解过程的图式理论的观点；（7）课文结构；（8）阅读中的认知监控技能；（9）阅读的社会语言学的研究方向；（10）对于阅读的社会和动机的影响；（11）阅读中的个别差异；（12）阅读无能等。阅读心理学的历史始于 1879 年，冯特在莱比锡大学建立了第一个心理学实验室，其助手卡特尔（Cattell）在阅读实验方面贡献杰出。19 世纪 80 年代末期，阅读基本过程的研究成为实验心理学研究的中心。在阅读速度、词的知觉线索和眼动等问题上取得进展。自 20 世纪 50 年代开始，加强了对阅读理解方面的研究。我国对阅读心理研究始于 20 世纪初期，受欧美影响，早期主要是由刘廷芳与艾伟对汉字认知的研究。中期研究重点是中文字、词的认知与中文阅读的记忆与理解。70 年代之后受认知心理学影响，研究重点是在中文认知中的大脑偏侧化效应、中文的语言转录问题、词优效果、中文句子和课文的阅读理解等。这些均有助于科学地制定教材内容及其表达形式，使其更为符合教学实际，成为适宜的教学内容，成为符合师生生理、心理认知特点的教学对象。

在此基础上，教材内容的设计编排取得较大的进步。教材内容的设计运用了与发展阅读理解能力有关的两种认知理论：图式理论（schema theory）与元认知理论（metacognitive theory）。还有两个研究课题对教材设计具有直接意义：教学设计（instructional design）和学习策略（learning strategies）。其中，图式理论认为学习者的先行知识与正在阅读的课文的结构和内容相关联，因此要求教材应设计若干教学建议，获得必备知识的建议，突出那些能导致学习者将已有知识与正在阅读的内容有意义统合起来的各种活动；强调课文的结构，注意不同文化对理解的强烈影响；在内容难度上循序渐进。元认知理论强调个体对自己思维和学习的认识与控制，由此理解学习者个体的学习差异，认为在教材中应加强元论述，即教材设计者对基本论述的论述，给学习者以各项指令，以便使其理解基本论述中的内容和含义，知道把握教材设计思想，加强教材设计者与教学者的思想交流，使学习者成为有关论题、主题、目的、作者的态度、意义、组织形式、顺序、论述的类型和编排策略的“知情者”。元论述主要包括知识的元论述和态度的元论述，这是为了建立新旧知识结构之间的层次关系和促进新知识结构的形成。教材还应提供给学习者某些元认知技能训练，帮助其加强自身的元认知理解监控，使学习者更易学习。教学设计思想的提出，是将教材设计置于其中，成为其中的有机组成部分。近年来，加涅（R. M. Gagne）、奥苏伯尔、兰达（L. N. Landa）、马克尔（S. Markle）、布卢姆（B. S. Bloom）以及恩格尔曼（Enggelmann）的工作，已经直接或间接地影响了关心教学设计的教材编写者。据其理论，出品了不少有代表性的教材。学习策略是指有意识或无意识地用于促进理解和回忆的一系列心理操作。有研究表明，学习策略的提高有助于提高学生的学习成绩，这些学习策略包括使用形象化、分类、组织、概括和推理在内的各种策略，这对于教材设计者有所启发。

有鉴于此，坎特（R. N. Kantor）、安德森（T. H. Anderson）与安布拉斯特（B. B. Armbruster）提出“编写者考虑周密教材的设想，要求既关心教材的内容，又关心教材的风格”。所谓考虑周密的教材即是使学习者能够理解的教材，它根据适合知识逻辑性及学习者认知心理逻辑及教学逻辑的方式进行编写。教材内容的教学性越强，则教学效果越好。相反，对于“考虑不周”的教材，则要求学习者组织教材内容并确立内容各部分之间的关系，结果分散了学习者对教材内容本身的注意。优秀的教材要求严格，其客观标准包括课文结构、连贯性、整体性、对象的适合性和图示等因素。其中，课文结构要求明朗，安布拉斯特指出它要符合人类思维的某些基本形式：（1）简要列举；（2）比较—对照；（3）时间顺序；（4）原因—结果；（5）问题—解决；（6）一般结构与特殊结构。有研究表明，组织良好的教材内容对学生有较大帮助。至于连贯性，即要求流畅、清晰，整体性是对教学目标所言，对象适合性即考虑到学习者的知识基础，也就是对某个课题以及对复杂的概念与句子的结构、长度和词汇的熟悉程度。图示则要求教材设计中注意图示与文字在意义上的相关。

目前，为使教材内容更接近于教学内容，常用可读性原则（readability formulas）来加以判断，并有结合课堂教学实验的趋势。

教材设计者要重视以下几点：（1）教材应显示教学策略；（2）教材应经济实用；（3）应统计学生掌握知识的容量；（4）测试反映全部教学信息的抽象水平；（5）编制有效的测试题，力图避免教材超载信息及难以使人消化接受的不足。教师要重视把教材内容作为教学内容的本体形式，在充分钻研教材的基础上，根据教学实际需要不断补充教材内容的不足，亦需正确而全面地理解教材内容的真实含义，精心设计教学模式，还要为教材内容与学习者已有知识经验的差距组织“先前学习”。学习者在学习活动前应对教材内容进行预习，在教学过程中充分自学，将学习和掌握教材的基础内容作为后继学习的准备。

第五章　教材教学论（下）

本章从使用角度集中讨论教材教学的具体过程及操作评价，提出优化教材逻辑结构的总体设想，与上一章共同构成教材教学理论。上一章是侧重理论，本章是侧重实践，理论与实践相互关联，相互促进。

第一节　教材与教学模式

教学模式是教学论研究的重点问题之一，它始于 1972 年美国学者乔伊斯（B. Joyce）和韦尔（M. Weil）著的《教学模式》一书。作者收集、总结和研究了世界上 80 多种关于教学过程的理论、学说、研究方案或纲领，从中选出 22 种组织成为规范的形式进行分类研究和阐述，旨在研究和探讨与各科教学目标相吻合的具体的多样化的教学方法与教学组织形式，并使之进一步具体化、程序化、规范化，直接成为可由教师掌握和运用的教学工具库。这样一方面可以更好地发挥教学理论的指导作用，另一方面可以大大提高师资培训的效率，为教师提供教学的多种范式。从教学论研究的方法论角度看，一定的教学模式在基础科学与教学实践之间，在教学经验与教学理论之间，均发挥着中介作用。它的出现是教学论研究发展逻辑的必然。

关于教学模式的定义，各人的认识亦有较大分歧，因为人们是依据不同角度和需要来下定义的。比如，教学模式是“教学的教学论系统”（鲍良克:《教学论》）；教学模式是“特殊的教学方法，适用于某些特定的教学情境”（温世颂:《教育心理学》）；教学模式即“教学结构在空间维度和时间维度上的稳定形式”（杨小微:《中小学教学模式》）；教学模式是“在一定教学思想指导下建立起来的与一定任务相联系的教学程序及其实施方法的策略体系”（甄德山:《教学模式及其管理浅议》，载《天津师大学报》1984 年第 4 期）；“教学模式是格式和样式的统一，是特定条件下教学系统结构和功能的统一”（吴也显:《教学论新编》）；“教学模式就是在一定的教学思想指导下，围绕着教学活动的某一主题，形成相对稳定的、系统化和理论化的教学范型”（李秉德:《教学论》），它概括了指导思想、主题、目标、程序、策略、内容和评价等各个因素，其特点是完整、全面、简明，抓住了教学模式处于教学基本理论与教学经验中介转化媒介的实质，更有利于理解教学系统各因素的相互作用及其多样化的表现形态，有助于从动态中把握教学过程的本质和规律。

在教育发展史上，国内外教育家创立了多样化的教学模式，丰富了教学理论，并使教学实践具有可操作性。教学模式的出现，有力地说明了“教学有法又无法”的辩证关系。“有法”是说明教学有一定的规律制约，必须遵循一定的程序及策略工作；“无法”则说明，师生的主动性及创造性应在教学中发挥，不受思维定式及习惯的束缚，不断提高对教学规律的认识，探索出更为科学的教学模式。由此代代相承，教学模式在保持传统与坚持革新中发展。

有些教学模式，因其符合教育规律及教学实际，因而对教学实践产生重大影响。所以，关于教学模式的研究是教学理论研究的一大进步，是对以往教学论研究只重分析而轻视整体的弊端的克服，亦是对教学思想、教学组织形式、教学总结、教学技术的高度综合和统一。对于教学模式的研究，还可以提高教材设计者、教学者对教材之教学功能的重视程度、认识水平和操作水平。由此可见，我国学者一方面重视教学模式的研究，另一方面要重视教学模式与教材地位及功能的关系的探讨。

一、教学模式与教材的地位及功能

1. 讲解接受模式。它是传统的课堂教学模式，主要用于系统知识、技能的讲授和学习。其基本程序是诱导学习动机—感知理解教材—巩固知识—运用知识—检查反馈。在这种教学模式中，师生使用标准化的教材，通常以采用教师必须讲授的教科书和课程指导书的形式，由此保证所有学生都接受一种适当的和平等的教育。它较好地发挥了教师及教材在教学进程中的作用，使学生能够在较短时间内掌握系统知识，在一定意义上体现了教学进程的特点。但它存在忽视学生主体地位和学生学习的主动性、积极性的缺陷，把学生当作教材的被动接受者和贮存器，并有以教材为教学中心的嫌疑。

2. 问题教学模式。该模式亦称“问题—发展性教学”模式，是苏联教育家马赫穆托夫提出来的一种教学模式。这是对传统课堂教学模式的创新，它力图改变以教师与教材为教学中心的结构，而以学生的“学习—认识”过程为教学活动的核心，其实质在于要遵循创造性思维活动的逻辑程序，教师有意识地创设问题情境、组织学生的探索活动，让学生自己提出问题和解决问题。这种学生“学习活动”的主动探索，始终放在教师的控制之下，而且存在问题教学和非问题教学等多种教学模式。在此种教学模式中，教师被看作学科专家，在课堂上拥有确定教材和选择教材的权力，学生具有主动探索认识教材的自由。

3. 探究—发现模式。这种教学模式在欧美发达国家较为盛行，其特点是教师先举出实例，让学生通过独立的思维活动，从中“发现”概念，这与讲解接受教学模式恰成对照。这种教学模式实质上是着眼于培养学生归纳思维的教学模式，而归纳思维具有一定的创造性。在这种教学模式中，对教材有特殊的要求，因此而形成的教材观念亦有不同。适合探究—发现教学模式的教材要求基本事实及现象的陈述，教材本身并不究尽一切，而是给学习者留有思考的余地，同时，教材也不强调结论的唯一性，而是为学习者提供广阔的思路，提倡发散性思维。另外，教材并不只是提供业已证明的定论，而是显示某些尚未确证的论点，供学习者参考，从而养成科学求真的态度。

4. 掌握教学模式。这种教学模式是美国教育家卡罗尔（John Carl）和布卢姆创立的，它是建立在对学生学习能力的理解的基础上的。他们认为，所有学生都能够按适合自己的进度完成全部教学内容，而且学生学习成绩的好坏与教材内容的编排方式有关。为便于学生学习，掌握教学模式提出如下教材编排策略：（1）将对教材内容的掌握分成一系列具体的教学目标，并对其进行分类；（2）根据各组不同类型的教学目标，把教学内容分成单元，每一单元完成一组相关的目标；（3）按照教学内容选用相应的教材，并按教材的性质和学生的特点选择适当的教学方法及补救措施。

5. 自学辅导模式。这种教学模式是针对讲解接受式的弊端而提出的。其基本程序是：教师提出自学任务及要求—学生自学—讨论交流—教师启发答疑—练习总结。显然，它是在教师指导下，以学生自学为主，通过学习教材，讨论交流，教师启发答疑，练习巩固，从而达到掌握系统知识的目的。它对教材有特殊要求，即改变单纯使用文字性教材的习惯，改用视听结合的程序教材及电子计算机教学教材，并要求参考教材的配套，其中包括教科书、练习册和答疑本等。实验表明，自学辅导教学模式必须配备适宜的自学辅导教材才能进行，而自学辅导教学模式越是要求高，则对自学辅导教材的要求越高，一方面是辅导教材的建设，另一方面是教师辅导教材的建设。

6. 开放教学模式。这一教学模式是“儿童中心主义”在当代条件下的变式。其特点在于儿童的学习活动完全由学生自己决定，教师只负责一些辅导工作，提供必要的条件。它对教材有其独特的要求，即不要求有统一的课程计划与教材，而且教材大量由活动教材构成，大多源于现实社会生活，由儿童自己去活动。不同的学生使用适合其兴趣需要的不同种类的活动教材。

7. 合作教学模式。这种教学模式既有罗杰斯（Larl Rogers）提倡的“非指导性教学”，也有20世纪80年代兴起的合作教育学流派提倡的教学模式。其实质在于以人为本，尊重学生的个性，深刻体现人道主义精神的宗旨。关键在于师生之间建立相互信任与相互尊重的关系。在教学中排除一切强制性的要求，建立学生自觉的和严格的自我要求，在教材方面的要求是要符合学生个性及兴趣发展，要有助于学生人格的发展。

我国对多样化的教学模式进行探讨，大体上分成三类。(1) 指导—自学模式。这是在教师指导下学生自学教材、讨论交流、解疑释难和练习巩固的模式，目的是牢固掌握知识技能，培养自学能力和自学习惯。这种模式的突出特点是以学生自学为先导，教师职责由系统讲授改变为定向指导和启发等活动，要求师生双方均要研究教材，并对教学程序进行严密构思。(2) 引导—发现模式。它以问题解决为中心，注重学生独立活动，着眼于思维力和意志力培养，源于杜威与布鲁纳先后倡导的“问题—假设—推理—验证”教学模式，多见于数理学科的教学。其突出特点是在教师精心组织下开发智力，培养能力，以学习促发展，以发展带学习。这种教学模式对教材提出了更高的要求，教材必须是结构性的、发现式的，符合探究活动等高级思维方式。(3) 参与—活动模式。它既表现于课堂教学，也表现于课堂活动；既是师生共同参与教学活动，也表现为教学作为社会活动的有机组成部分参与到整个社会生活中；既表现为学生课内的活动，也表现为学生课外的活动。这种教学模式以学生的主动活动为教学的主要形式。它对教材有新的要求，即在教材观上确立学生是学习的主人，教材只是为学生学习服务；教材不限于学科教材，也包括活动教材；不仅利用原有既定教材教学，学生也可以自己制作教材。

在现代教学模式的发展历程中，皮亚杰、罗杰斯、加涅、奥苏伯尔和布卢姆等有较大影响。皮亚杰本人虽没有构建教学模式，但他对教学模式的影响较大，且对教材的编制策略作用明显；他所提出的认知发展理论在教学上意义重大。首先，充分肯定了教学过程中学生的主体地位，提出了主体与环境相互作用的“刺激—结构同化—反应”公式；其次，明确认识是儿童思维的不断建构过程，教学则是促进儿童认识结构不断重组的过程；最后，皮亚杰提出，知识的形成主要是一种活动的内化作用，即主体对客体的行动。由此形成对教材编制的特殊要求，即形成符合学生认识逻辑顺序的教材结构，在编写策略上实施螺旋式结构。加涅提出建立以实验心理学为基础的教学模式，其基础是学习过程的信息加工模式。他从学习过程方面研究了单个学习行动中所包含的学习事项，并把教学的各项工作与之相联系。以此为一方，以学习结果为另一方，两者共同决定学习条件的特定内容和形式，即从学习过程和结果两个维度探明教学过程，从而为教材设计提供依据，因此，教材设计主要建立在学习理论基础上。奥苏伯尔依据认知心理学基本理论，提出有意义学习与机械学习的区别，指出有意义学习的重要性，认定教材内容的设计应遵循渐进分化和综合贯通两个原则，在教材设计中注意先行组织材料的重要性。

总之，教学模式涉及教师怎样根据教学目标而以教材为媒介，学生怎样掌握教材这一授受教材的策略。因此，教学模式包含教材的传授方式与掌握教材的学习策略。

教学模式一般表示师生活动的复合顺序的范式，它与教材形成相互制约的关系。一方面，它是教学者根据教学论原理与法则所规定的操作顺序，使教学内容得以合乎目标地接受；另一方面，它是教师唤起学生必要活动的活动顺序、行为方式的要求，从而实现有目的、有计划及有益的指导。需要注意的是，首先必须从教学模式的外部侧面（教材的授受）和内部侧面（方法的学习）结合起来考虑教材设计问题，其次应从教授模式与学习模式两个角度深入研究教材的设计与教学问题。

二、教材对教学模式的作用

教学模式构成教学活动的外部条件，用以组织和形成教学行为，主要反映教师的参与程度与学生的独立水平，它作为教材展开教学依存条件，对教材的设计及呈示具有限定作用。相反，教材对教学模式也具有规定作用。基于这种关系，教材设计不应只按知识逻辑顺序形成章节，而应按教学的实际模式设计。因为教材不仅是教学手段，也包含教学目标与教学对象。按照一定目的而组织的教材内容，具有多种功能：（1）信息媒介与理解功能；（2）动机作用功能；（3）激励功能；（4）调节功能；（5）控制功能；（6）定向功能；（7）合理化功能；等等。教师和学生在教学中可以充分运用这些功能。

教材对教学模式中的教学组织形式有所影响。教材的内容在一定意义上决定了教学的组织形式。例如有些内容适合于班级集体授课，有些内容适合于小组教学，有些内容适合于个别教学。而且在不同教学组织形式的条件下，教材的效能发挥不尽相同。如在班级集体授课条件下，教材的作用最小，因为教师讲解成为此时此地教学活动的中心；而在家庭自学条件下，教材的作用最大，因为此时此地没有教师的直接指导，教材取而代之成为“沉默的教师”，这是学生独立自学的支持者。在函授条件下的教学活动中，教材的作用介于前二者之间，其作用发挥视具体的函授教学条件而定。

此外，教材对教学方法的影响也是十分明显的，二者亦存在密切的关系。M. H. 斯卡特金认为，在教材中应有这样或那样的教学程序或教学方法，教材中应当包括当前教学活动的多种教学方法模式和教学设计思想。赞科夫则认为，教材的基础应是教学方法系统，它应和教学手段一体化。教材之所以不同于一般科学著作，其中的教学方法系统是一大区别。

教学方法受教学大纲所规定的教材内容的影响。因为，每一学科都是按照该学科的逻辑体系设计的教材，教学方法必须适应教材内容的要求，才能充分表达和反映出教材内容的逻辑体系，才能被学生理解。同时，教材的表达形式亦能限定教学方法的选择与使用，例如教科书、挂图、视听教材等均要求适应的教学方法。当然，也包括对教学组织形式的不同要求，例如，教科书学习一般可以集中听教师讲解，或者个别阅读，而数字教材则可在多种时空条件下使用。

总之，教材的作用在于规定各门学科知识的范围、深度和顺序。在范围上，教材规定了学生在这门学科中所必须达到的知识和能力的广度，教材的深度则规定了学生在这门学科中所必须达到的知识深度和能力的质量水平；教材的顺序则是将规定了的知识广度和深度用学生所能理解的形式加以序列化，即将知识逻辑与学生心理逻辑相统一。如此才能充分体现教材的价值，并对教学模式的选择与使用起指导作用。在教学方法与教学过程其他成分的依存关系中，教材内容起着基本的、决定性的作用，因为方法乃是内容的运行形式。学科教材内容决定了一般教学模式在学科中的特殊形式，它不仅反映在所掌握的教材内容不同，也反映在智力操作与态度方面。另外，教材的难易、繁简、多寡也影响教学模式的选择与使用。

在教学模式综合化的大趋势下，教材亦出现系统化、配套化的趋势。自然，这两者均是教学效果优化的因变量，它们之间存在相互作用及相互联系的关系。站在教材设计的角度看各级各类的教材，同一教材的不同内容及表达形式，均要求相应的教学模式，才能达到教学最优化的结果。

教材设计者要呈现教材的教学模式系统，提示教师与学生进行教学活动的若干教学模式，便于师生在具体条件下选择利用。教师在钻研教材或加工教材时，就应设想多种教学模式，并从中选择最有效及最可能实施的教学模式，主要是教学组织形式与教学方法的选择。通常所谓的教师备课工作，主要是指教师备教材、备学生，在此基础上预测可能的多种教学模式，并根据实际情况，从中优选若干适宜的教学模式。另外，学生在教师指导下或独立学习教材的过程中，也要选择自己最适宜的方法学习教材，只有这样才能达到最优化的教学效果。总之，教师与学生不能成为现有教材的被动教学者，应当主动选择和创造最优化的教学策略。由于教学模式不可能具体细化，只有靠教学者在教材教学中去实际探索。

第二节　教材与教学过程

教学过程是师生双方按教学目标所进行的教学活动的程序，是以传授和掌握教材为中心的活动历程，体现了教学情境下特有的主客体关系。而教材反映教学过程的所有特点，既是教学过程的依据，又是教学过程的对象和手段。二者存在相互作用、相互联系的紧密关系。

一、教学过程对教材的影响

教学过程是根据预先制订的计划所确定的旨在传授与掌握教材的教育性活动的历程。教学过程体现了特有的教学主体与客体的相互关系，它是一种从教授与学习的教学论基本关系出发，在师生相互作用过程中促进学生智能发展的特殊过程。因此，教学过程是教学目标的呈现者和教学效果的实现者。教学过程的选择与实施是在一定教学系统中教材模式化的下一阶段开始的，而且教学过程是学生按各自不同的掌握水平向教学目标渐进的运动过程，教师应当重视教学过程的有关指标体系，借以确定教学过程的逻辑起点，并定位适宜的教材内容。所以，教学过程是一种教师的指导作用同学生的自主性活动与受导地位并存的特殊过程，这种主体地位与客体地位的复杂的特有关系与地位作用是教学过程固有的。教师的指导也只是为了学生的学习与活动才具有意义。也可以认为，这种教学过程是一种具有教学论意义上的通信与协作特色的活动过程，是一种唯有存在于教师与学生、教授与学习、媒介与掌握、指导与自主学习等对应关系中，并且前者完全是因为后者服务而具有存在价值的社会过程。

教学过程的构成因素，大体上可以划分出教授者与学习者、教学目标与教学内容、教学方法与手段、教学组织与教学效果等。教材自然包含在教学内容之中。因此，在设计教材时必须考虑到同其他构成要素的关系与联系，仅仅局限于教材与教材设计的小范围，反而有害于正确地处置教材。

教学所实施的教学论单位，是单元和课，其教学过程的动力性，是受教学的社会性、法则性及这些过程内在的原动力所制约的，并不受制于教材。因此，教学过程的规律性过程，依存于教学目标、教学内容、教学方法，以及同各种条件之间的关系中，故此，教材及教材设计要在与它的复杂的复合关系结构之中，去挖掘与开发教材的教育力及促进学生身心发展的能力。

由此可见，研究教学过程对于教材研制及作用非常重要，目的在于充分利用教材的潜能。教学过程是师生双方共同参与的教学活动，因此，其公式可以确定为：$P=M$（动机）$+A_{\phi}$（学生认知结构）$+A_{t}$（教师活动结构）。其中，引发学生学习动机是教学过程的初步，它要唤起学习者的兴趣，具体环节包括引发注意、期待、探索及行为实践。而 A_{ϕ} 是教学活动过程的关键，其算法化功能程序公式为：$A_{\phi}=O_{I}$（教学行为定向）$+U_{I}$（教学行为完成）$+K_{I}$（检查教学行为）$+$ Kop（校正教学行为），其活动规则如图 5-1 所示。

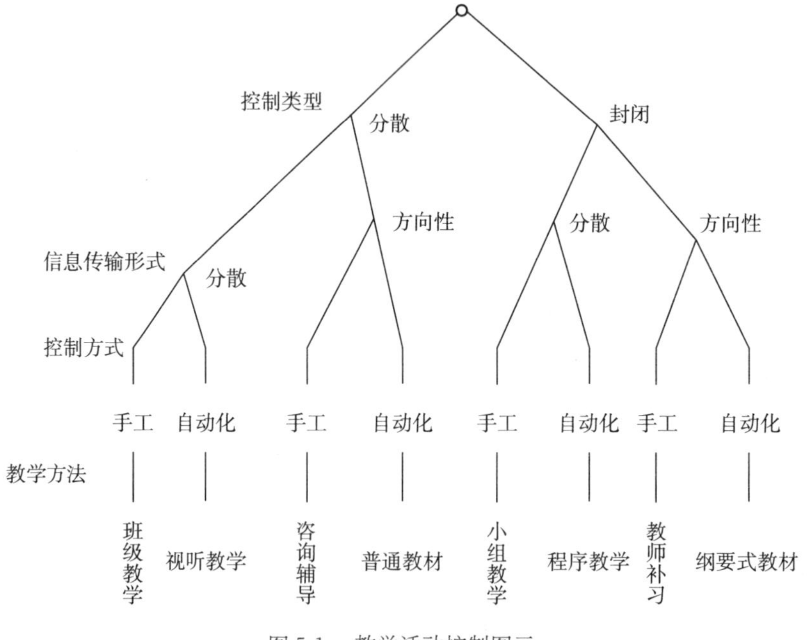

图 5-1　教学活动控制图示

由此可见，教师对教学活动的控制是教学过程的一大特点，但须借助教材对教具的支持和辅助来实现。随着教学过程的控制由分散向方向性转化并向自动化控制进步，既反映教师控制教学过程能力的逐步提高，也表明教材在其中的作用逐步增强。不过，学生掌握教材的速度及效果也依赖于各种因素，但主要取决于教学过程。这是因为，教学活动首先需要确定学生的认识起点，其次才能开展有针对性的和有效的教学。一般可以学生上次的学习成绩为依据。这样，教学过程与学生学习成绩具有某种相关关系（如图 5-2）。从图中可见，不同成绩水平的学生确定不同的教学过程的起点，而在不同起点水平上教学过程的终点目标不应一样，由此支持了教材设计应有弹性且有不同要求的论点，还可以判明教学过程与学生认识成效的关系。

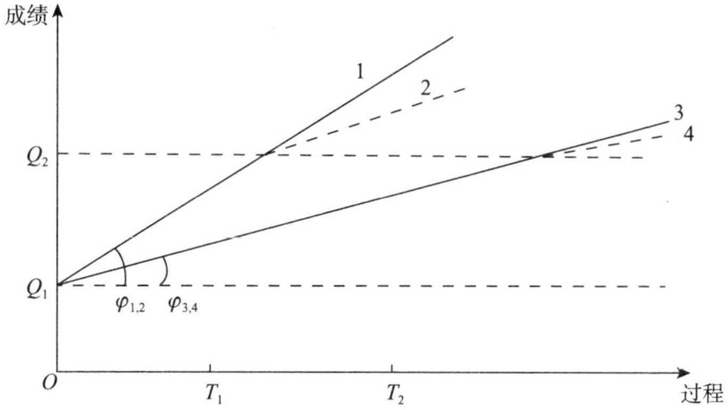

图 5-2　教学过程与学生学业成绩相关图

同时，应看到学生学业成绩既是确定教学过程的基点，也是选择、制作及教学教材的前提，还应注意学生学业成绩可为教材设计与教材教学提供反馈信息，由此可以检验其成效。另一方面，教材设计与教材教学不能仅满足于提高学生学业成绩，还应重视全面发展（如图 5-3 所示）。学生掌握教学内容的速度和效果依赖于多种因素，但主要取决于教学过程。$T=\frac{Q}{\text{tg}\phi}\cdot C$（$T$——教学过程，$Q$——教学过程中的教学成效，$C$——人类阅读速度）。

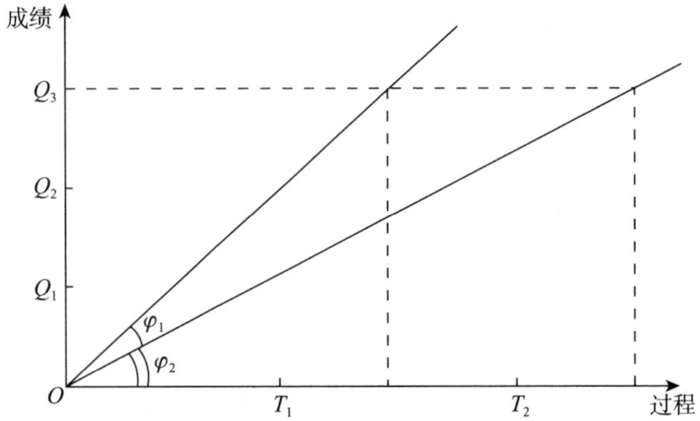

图 5-3　教学过程与学生认知成效的关系

A. H. 卢克在《记忆与控制论》（莫斯科，1966）中提出，人类认知信息速度为 25～100 个数学单位/页，但这个认知速度不等于掌握速度。而 X. 弗兰克则认为，人类信息加工速度为 0.06～0.08 个比特/页。其他人的研究结果也不大一致。有人研究了在不同教学情境中的阅读速度，结果表明，当 $K_2=0$ 时，$C=150$ 个单词/分钟；当 $K_2=0.1$ 时，$C=700$ 个单词/分钟（以上均为快速阅读条件下），而在不同教学情境中的学生阅读速度则相应地为：

学生认知活动条件	推断的掌握速度（比特/页）
教师讲解	0.1～0.2
按联想理论教学	0.5～1.0
按行为主义理论（程序教学）	1.5～3.0
按智力形成阶段理论	7.0～10.0

由此可知，在教学过程中，提高学生认知掌握速度是克服课业负担过重的基本因素，而利用先进的教学技术则会明显提高学生的认知理解速度。在传统教学情境下是 0.1 比特/页，在视听教学情境下则为 12.5 比特/页，即为前者的 125 倍。显然，教学过程越是完备，则学生

自学的比例越大；使用的中介媒体越是多样，则认知掌握速度越快。此外，呈现与学生现有知识经验有关的知识体系也能明显提高学生认知与掌握速度。

目前，对于学生阅读理解的研究正在发生转变，由注意结果转向注重过程研究，并重视研究影响学生阅读理解的诸因素（如学习材料及条件、教师作用和认知特点等）。因此，如何改善教材，使其与学生认知理解水平接轨并有所发展，是教材设计者、教师和学生共同的任务。

教学过程的功能在于促进学生的全面发展，其基本功能可从传授知识、形成技能、培养智能和发展个性四个方面来进行考察，这四个方面又是相互联系的统一整体。在这四个方面，教材均发挥着重要作用。因为在教学中，教师主要通过教材向学生传授系统知识和间接经验。学生对教材的掌握，是一个感性认识和理性认识相结合的过程，感知、理解、掌握、运用教材是学生学习的主要目的。

从信息观点去看教学过程，可以说明：(1) 教学过程是有序的、开放的信息系统；(2) 教学过程是"人—人"耦合系统；(3) 教学过程是一个合目的的可控过程。教学信息有多种形式，其中知识信息最为重要，而知识信息的主要信息源是教材。不过它只是一种按教学目的所组编起来的文化信息的静态结合，其中包括知识的意义信息、知识的逻辑结构信息及知识的符号信息等。这种静态信息必须经过教师和学生的加工、变换和发送等活动，运行于教学系统中，才能成为教学过程中的动态功能信息，教学信息等概念为对教学过程中教材内容的分量作估计或计算提供了可能。要是教材仅仅提供给学生事先已经知道且肯定发生的事件（$P=1$），那么它所容纳的意义信息量就只能为零（$I=-\log_2 P=0$）；如果告诉学生许多不常发生或概率较小的事件的确定情况，它就能提供较多的信息量。由此可见，教学过程既是师生双向活动的过程，又是一个多渠道的流通过程，更是一个信息增强的过程。教师输出信息要受教材知识信息本身的制约，学生的信息输出一般表现在三个方面：一是知识的原型，二是对知识的应用，三是应用的熟练程度。同一教材信息内容，一般可通过这三个方面来了解学生的信息输通程度。教师对教学信息的编码变换，是沟通教材和学生的主要手段，是教学信息传输畅通的先决条件。

为使教材信息更切合学生的现实水平，教师首先要对教材中的知识信息作常规的处理：(1)实现信息的确定性与不确定性的统一；(2)实现信息的高容量和简约性的统一；(3)实现信息的单一性与多维性的统一；(4)实现信息的适用性和范例性的统一。在教学过程中，只有使教师、学生及教材信息三个方面都处于动态平衡之中，始终保持信息流的畅通，才能使学生的有效输入有大幅度的增加。

二、教材对教学过程的作用

在教学过程中通过文字传递知识的做法，早在许多世纪以前就发生了，可只有在发明了印刷术并形成教科书之后，它才有实际意义，可以部分替代教师的职能，但教师依然在教学过程中占据中心地位。

随着教材体系越来越完善，教材越来越成熟，其教学功能表现得越来越充分，教师在教学过程中的垄断地位受到严重挑战，教材在教学过程中的作用及地位越来越明显。

至于各类教材在教学过程中占据何种地位，必须依据教学过程的性质来确定，还必须根据师生易教利学来考虑。这样就可以确定教师和学生在教学过程中的主要需要，确定在完成这些职能时可以利用的教材。

掌握了知识的结构，就能够统一地解决师生的活动形式问题，首先是在教学过程中掌握。教材实际上不应只是关于各门学科的知识，而应该把这些知识作为认识活动的因素包含在某些认识活动中。教学中新的认识活动形式越多，教学产生的效果也越好。有研究表明，在形成概念方面，一种方法是讲授概念（知识）和一种认识活动的形式——认识与概念有关的对象；另一种方法是讲授同一个概念，但不只是一个概念，而是认识活动（通过它来运用这个概念）的完整体系。而第二种方法可以保证更深入地掌握概念，获得更高的发展效果。由此可见，组织教学过程应该教给学生什么。在当前的教学实践中制定教学内容的严重缺点，就在于教学内容只局限于各门学科的知识。至于这些知识应该在活动中发挥怎样的作用，在教材中只是泛泛而论，并未在具体的内容中加以释明。因此，教材中应设计教学过程的步骤及程序，事先确定师生活动的方法，它不仅能使讲授的学科合乎逻辑，而且要使掌握过程合乎逻辑。

学生掌握知识的过程，始终是通过某些行动或活动运用知识的过程。那种认为应该先掌握知识，然后学习运用知识的观点是错误的。因为概念脱离开行动，脱离开活动，原则上是不可能获得知识的。因此，教学设计必须考虑适宜的教学过程。

一般地，学生掌握知识的过程阶段包括：(1) 引起学习动机。教材的第一个必要条件是，在引起学生注意、尝试或意识到之前，已经被教材吸引了，已经产生了可以运用学生自身拥有的最基本的知识、经验、技术去加以解决的课题与问题，并且，作业和推理的结果，最终能使学生感受到发现的惊异，在他面前展示事物的新的侧面。(2) 制定基本定向活动的图解。根据加里培林提出的掌握活动理论，掌握新的认识活动形式的过程（作为新知识的组成部分包括在活动里），是由许多具有本质特点的阶段组成的，这个阶段的特点决定了对师生活动的具体要求。在制定基本定向活动时，应说明活动的目的、内容及活动的条件和应该怎样进行这种活动的范例，使活动具体化的方式既取决于培养认识能力的活动的特点，也取决于制定基本定向内容的新的性质。教师活动的具体客观，有利于学生了解活动的逻辑性。在培养学生认识能力的阶段，首先要让学生以不同的方式培养认识能力的活动，由外在的实物的形式逐渐变成内在的、观念的形式。学生活动时，教师既要提出培养学生认识能力的活动的作业，又要检查校正学生完成的作业。

在上述教学过程中，教材可以发挥其特殊作用，因为教材是教学内容的体现者，还要组织以这些基本知识为目标的活动。所以，在一定意义上讲，要掌握教材的过程即是教学过程的基本精神。但是，教材不可能提供最适合的内容概念的一切条件，因为它不会估计到某些学生的准备对知识和技能达到什么程度，以及他们认识活动的个性特征如何。对这些因素的估计，要求按不同繁简程度讲授新教材，用不同形式使教材具体化。显然，在确定教材内容时很难全面考虑到上述要求，只能考虑到中等学生，这样势必会降低教学过程的效果。因此，通过教材设计教学过程，只能反映基本精神和基本模式，还应该由教师或者其他手段和教学方法来补充作为教学内容主要体现者的教材，使它们有可能调节教材的内容，以适合不同的学生。

使用教材还有助于教师了解学生。为了确定学生是否具有必要的准备性知识和技能，教师可以使用各种教材，主要借助各种教学参考书及作业，还可以使用教材来完成与确定教学内容有关的职能。教师首先应该引起学生接受启发性教材和参加启发性教材包括的活动的动机。活动中包括的知识，在很多情况下可以借助教材来实现。但依靠教材呈现教学过程不是万能的，因为教材并不能包容一切活动。 其次，通过教材的讲解活动不可能考虑到学生的特点，在培养学生认识能力的活动中进行讲解和演示时，教师还可以替代教材。而且学生必须有可能复习获得的知识及将要运用的知识，以及应该包括那些知识的活动，这些都应该以学生容易理解的形式写在教材中。这样可以大大提高教材在教学过程中的使用效果。最后，还可以使用教材向学生提出作业，可以在教学过程的各个阶段使用教材。

上述分析说明，实际上教材在教学过程的每个阶段都可以使用，因此，教材可全部或部分地实现教师的职能，它应解决两个问题：(1)在学科内容里，以多样的方式来反映它的本质；(2)用什么形式来进行教学。后者可以确定在掌握教材的相应章节时使用教材的广度。

如果教材在完成确定学科内容任务的同时，还要有讲授这门学科时培养认识能力的某些活动内容的任务，那么教材要包括必须掌握的全部内容，但教材本身实际上不能用来教学，因为它没有组织教学过程的职能，它只有在与教师和各种教学手段进行不同的结合，或者是学生自己能够进行掌握知识的过程时，才可以使用并发挥其作用。

所以，若要使教材具有确定教学过程的内容和组织教学过程的功能，那么教材就应该列入新的内容、可供所有新的活动形式给学生讲解和演示活动，以及为了掌握这些活动的形式所必要的作业目的。这样的教材接近于程序教材和计算机辅助教材。实际上，这种教材不仅反映了必须掌握的知识内容，而且也反映了掌握知识的过程。这种教材多少可以使教学过程做到因材施教，学生可以按照适合他的情况的速度学习。这种教材与教师或其他教学手段相结合，将会获得较好的教学效果。

如果教材几近完善，则可以发挥其在教学过程中的中心地位，担负着传递与交际通信的两种功能（如图 5-4 所示）。

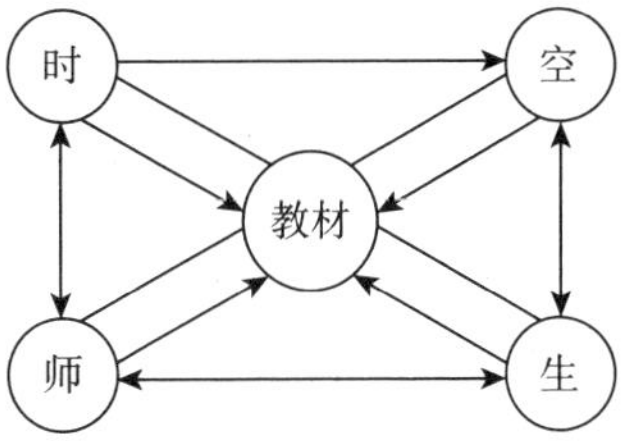

图 5-4　以教材为中心的教学过程模型

这样，教学三角形（教师、教材、学

生）加上“时间”和“空间”两个要素则构成以教材为中心，兼具传递与目的的教学过程模型。其特点是：（1）以兼具通信目的侧面与通信手段侧面的教材为中心，试图统一通信过程的两个侧面；（2）借助以教材为中心的分析，可以获得以教材为中心的教学技术体系。现代视听教材有助于提供丰富的感性经验，并据以形成概念，这是形成理性认识所必要的，而且它在理性认识、理性化技术具体化为实际技能的过程中发挥着桥梁作用，有助于学生意识行为和实践的学习。

教材设计者研究教学过程对于教材设计十分重要，可以以此加强教材的教学功能。依据教学过程的动机、活动与控制阶段，分别设计相应的教材内容，并注意研究设计教师和学生在教学过程中的活动，如教学条件、教学时间、教学速度、学生的掌握水平等问题。如此完善教材，最终必然是计算机辅助教材才最切合要求，最能显示教学过程的特点和要求。教材设计者应注意学习教育心理学，从中汲取营养建构最优化教材。

教材设计围绕着教学设计而进行，有助于提高教学的整体效果，但教材设计不等于教学设计，教材也不等于教学。当然，教材越是设计周密，越是接近教学，教师就越省时省力，易于借助教材已有的教学过程设计展开教学。但是，教材设计不可能穷尽一切教学过程，它只能提供某些典型的教学过程范式供教师参考。实际的教学过程实施，还必须依靠教师的主动活动。教师必须因地制宜，因材施教。即使是计算机辅助教材，也无法完全替代教师的作用，教师应当重视教授教材的教学过程再设计。

尽管教材中已设计教学过程的范式，教师在此基础上亦有所加工完善，但学生是学习的主人，是否适合自身的学习过程只有自己才能感觉到，因此学生不能放弃其主动性和创造权利，可以在教材及教师设计出的教学过程范式基础上进行再加工。

第三节　教材与教学环境

教学环境是构成教学活动的一个基本因素，它对学生的身心发展具有重要影响。布卢姆认为，教学环境是一种能够塑造和强化学生行为的重要力量。

就教学环境的含义而言，国内外学术界有不同认识，有人强调教学环境的物质因素，有人却强调教学环境的心理因素，也有人认为教学环境广阔无边，或等同于课堂环境。亦有学者将教学环境理解为学校教学活动所必需的诸客观条件和力量的综合，是由各种物质环境因素与社会环境因素构成的完整系统。①教学环境是构成教学活动的社会环境，一定的教学活动总要在一定的教学环境中进行并受其影响。直接作用于教学活动并对教学活动产生重大影响的环境大致有：（1）空气、温度、光线、声音、颜色、气味；（2）各种教学设施；（3）各种社会信息、大众传媒；（4）座位编排方式；（5）班级规模与学校规模；（6）各种人际关系；（7）校风与班风；（8）课堂教学气氛；（9）学校与班级中的各种外围组织；（10）学校中的各种仪式与规范等。

教学环境影响着教学活动，自然也影响以教材为依据的教学活动。同时，以教材为依据的教学活动也会反作用于教学环境。

一、教学环境对教材的影响

李秉德先生指出："任何教学活动都必须在一定的时空条件下进行。这一定的时空条件就是有形的和无形的特定的教学环境。"②而且从前文中的教学系统图中可见，教学环境对教学系统的其他要素均会

---

① 田慧生著：《教学环境论》，江西教育出版社 1996 年版，第 7—8 页。

② 李秉德：《对于教学论的回顾与前瞻》，《华东师范大学学报（教育科学版）》1989 年第 3 期。

产生直接或间接的影响。教学环境对教材的影响具有直接和间接两个方面，有时两者交织在一起。

1. 教学环境对教材的直接影响

首先，教学环境对教材的直接作用，主要表现在物理环境方面，如教室、图书馆、实验室等各种教学设施，是教学教材赖以进行的物质基础，是影响教材教学的重要因素，这些教学设施不仅通过自身的完善程度制约和影响着教材教学的内容和水平，而且以自身的一些外部特征给教材以不同的影响。它们所提供的教学活动的时空条件，将限制和影响各种教材的使用及功效的发挥。如视听教材、实验教材等必须配置以相应的教学时空条件才能进行，它们在传统的教学条件下无所作为。

其次，某些教学环境的心理部分也对教材产生直接的影响。如社会信息与大众传播媒介对教材设计与教学影响较大。因为来源广泛、内容与风格不同的社会信息必然会影响教材设计者与师生，影响他们对教材的设计与教学。学校环境并非一个封闭的系统，它向社会环境开放并不断与社会环境进行各种形式的交流，信息交流是二者交流的主要形式。教学设计者和师生作为信息的接受者，必然深受其影响。一方面，教学设计者必定在设计教材时，及时补充新的社会信息，反映时代精神与时代需要；另一方面，师生既在加工原有教材时，根据需要补充必要的社会信息，使其纳入教材内容中，又在自制教材时，反映社会信息的有关内容。师生及教材设计者对社会信息的接受及其倾向性，都会影响到教材教学的效果。此外，校风、班风、人际关系、课堂教学气氛等对教材教学也有直接影响。

2. 教学环境对教材的间接影响

从表面上看，教材环境只处于教材教学的外围，且表现为相对静止状态，但实际上，它却以特有的影响力干预着教学活动的进程，系统地影响着教学活动的各个环节和各个因素，最终影响着教学活动的效果。

教学环境可以影响教学系统的其他因素，从而间接地影响教材。例如，它可以通过影响教学活动的目标、教学活动的过程、教学活动的结果等方式影响教材的设计及教学。它也可以通过影响学生的学习过程，诸如智力发展水平、学习动机、学习活动、学习成绩、品德发展、身心健康等方面影响学生对教材的态度与学习行为。它还可以通过影响教师的身心发展影响教材的教授态度与教授行为。

二、教材对教学环境的反作用

教材作为教材系统的重要教学因素，对教学环境具有极大的反作用。具体表现在以下两个方面。

1. 教材对教学环境的直接作用

第一，教材是师生双方教学活动的基本依据，既是师生教学活动的主要内容，又是师生活动的基本工具和手段，因此，教材是教学系统中最为重要的教育源泉，而且与师生教学活动联系最为密切。师生尤其是学生受教材的影响最深刻、最全面。这是其他教育源泉无法替代的。实际上，新生一代的社会化主要在学校完成，他们主要在教材文化的熏陶中成长。

第二，教材文化是社会文化的集中反映，最为集中地体现一定社会统治阶级的价值观念和意识形态，它反映的是被充分认可的社会文化，而且这种社会文化表现为雅文化和精英文化，是对俗文化及下流文化的扬弃。同理，教材所传播的知识信息是对各种各样社会信息分析综合、集中选择的结果。

第三，教材信息既来源于社会信息，同时又对社会信息及所代表的社会文化具有引导和调控作用。它较为集中地反映社会信息的优良部分，宣扬科学、进步、文明、发展、人权、和平等有关人类生存和发展的宏旨问题，而反对侵略、野蛮、暴力、吸毒、色情污染等危害人类生存与发展的问题。教材文化既过滤了社会文化，同时又深化了教材文化，并培养和增强了学生抵御不良社会信息及其社会文化的能力。尽管各国教材信息及其教材文化各有不同，但毕竟有共同的部分，有共同的物质和精神生活准则与规范，这既出于人类共同生活的需要，又出于人类交流与合作的现实需要。教材文化及其促动和影响的优秀社会文化，将有助于人类的文明与进步，使文明征服野蛮，进步战胜落后，公正战胜狭隘，合作战胜对抗，交流战胜封闭，开放战胜保守，宽容战胜偏执，正义战胜邪恶，理性战胜感性。

无论如何，教材是师生教学活动的主要教学资源，社会信息及其社会文化只是教材信息及教材文化的补充材料。

第四，教材信息及教材文化还会影响到校风、班风及课堂教学气氛，有助于形成积极向上、鼓舞人心的教学环境。另外，教材信息及教材文化既可以成为学校各种社团组织活动的内容，也可以成为各种社团组织优化教学环境的手段。

第五，教材对学校教学时空条件提出了要求。例如，教科书要求班级教学制和普通教室；现代数字教材则要求班级教学制和个别教学制，要求专用教室和特殊教学条件，这样才能保证这类教材的教学效果。教材实践的经验表明，一定的教材受制于一定的教学环境，同时又促进教学环境的变革。教材的改进与教学必须同教学条件的改进同步进行。

2. 教材对教学环境的间接作用

教材对教学环境既有直接作用，同时又有间接作用；既有外在的影响，又有内在的影响；既有显性的作用，又有隐性的作用。由此可见，只看到教材对教学环境的直接作用是不够的，还必须看到教材对教学环境的间接作用。

既然是间接作用，其中必然涉及一些中介环节，必须依靠它们来完成转换作用，释放影响的能量。对于教材而言，能够将其影响间接投射到间接环境中去的，必然是主体的人，既可能是教材设计者，又可能是教师、学生或者各种社团组织。教材信息及其教材文化可以通过影响他们再作用于教学环境。

其中，教材信息及教材文化对学生影响最大，它既可以影响学生的知识经验、品德发展，又可以影响其技能和能力的形成，最终影响学生的身心健康发展，在个体社会化的过程中发挥着主导作用，并形成学生个体的世界观、人生观与方法论，影响学生现在乃至今后对各种社会信息的及社会文化的观点和倾向，也影响教学环境中的心理部分，如各种人际关系、课堂教学气氛等。

教材对教学环境的影响还可以通过教学活动间接地投射出来。教材与教学环境都要围绕着教学活动来展开。教学活动既受制于一定的教学环境，又以教材为基本依据展开活动，教学活动始于教学目标又指向教学结果。在此过程中，需要形成教材与教学环境的合力，如此才能维持和促进教学活动。所以，教学活动必然依赖于一定的教材与相适应的一定教学环境才能顺利实施，它可以反映教材对教学环境的必然要求。这种要求在教学活动的全过程中可以体现出来，既可表现在教学目标上，也可表现在教学过程和教学结果中，教材与教学环境的相互适应状况，可以通过教学活动的反馈环节亦即教学评价反映出来并可自动调节。

为保证教学的最优化，保证教材的实际教学效果，教材设计者在设计教材时必须充分考虑一定的教学环境的影响，注意使二者有机协调，达到最优配置，防止二者相互抵消，减损教材的教育影响。因此要求教材设计者在选择教材内容时，要充分全面反映社会信息及社会文化的优秀部分，并要及时反映具有时代气息的新信息、新观念。同时，教学设计还要考虑一定的教学设施条件，否则便有脱离教学实际的危险。

教师除认真钻研教材与教授教材之外，还要加工与自制教材，同时要考虑一定的教学环境建设，包括物理与心理环境两个部分。为发挥教材教授的功效，教师一方面要因地制宜地利用现有的各种教学设施条件；另一方面要调整校内及班内的人际关系与课堂教学气氛，以适应教材教授的需要。

学生在学习教材时，也要考虑教学环境因素，适时自控调整自身的心理环境，使自身处于身心愉悦的精神状态之中，同时尽量有效利用现有的教学设施去学习。

总之，教材建设与教学环境建设同样重要，在教材既定的条件下，需要各方面加强对教学环境的调适，其基本原则是整体协调、增强特性、利用优势、筛选转释和自控自理等。

第四节　教材与教学评价

教学评价既是结果评价，也是过程评价，而过程评价比结果评价更为重要，因为教学评价是针对教学系统而作出的。既然教材是教学系统中的一个要素，而且与其他教学因素关系密切，教材自然也成为教学评价的对象。因此，教学评价是对整个教学活动的评价，包括对师生教学教材的评价，而教材评价是针对教材本身及其教学因素显示性的评价，二者具有密切的关系。

一、教学评价对教材的影响

教学评价是对教学效果进行的价值判断，它广泛存在于各种实际的教学活动中，是教学工作不可缺少的基本环节。教学评价的主要对象是师生的教学过程及其结果。评价主体可以是学校、教师和学生。

教学评价具有渗透、反馈、定向、证明和教学等功能，这就决定了它在教学活动中的重要地位。没有教学评价，教学活动就难以进行，教学系统亦会因缺乏反馈机制而不完整。依据布卢姆的划分标准，即评价发挥的作用，将教学评价划分为总结性评价、形成性评价、诊断性评价，三者之比较见表 5-1。①

表 5-1　三种教学评价之比较

种类	总结性	形成性	诊断性
作用	评定学生成绩	确定学习效果	查明学习准备和不利因素
主要目的	证明学生已达到的水平，预言后继学习成功的可能性	改进学习过程，调整教学方案	合理安置学生，考虑区别对待
评价重点	结果	过程	素质
手段	考试	经常性测验、作业、日常观察	测验、学籍档案、观察记录分析
测试内容	课程目标的广泛性	教学单元目标样本	必要的知识技能，准备状态
试题难度	中等	依教学质量而定	较低
分数解释	常模参照	目标参照	常模与目标参照
时间	课程结束后	教学单元结束后	课程开始时
主要特点	回顾式	前瞻式	

总结性评价着眼于学生对教材内容的掌握，注重测量学生达到教

① 李秉德主编：《教学论》，人民教育出版社 2001 年版，第 328 页。

学目标的程度；形成性评价的主要目的在于改进学习任务的必备的主客观条件，包括设计相应的教材或指定教材中的相应内容；诊断性评价是在学习教材新内容前，查明学生对教材的准备程度，据此设计满足不同学生学习需要的教学方案。三种评价既可说明学生原有的身心发展水平，也可说明其现有的和未来的身心发展水平。它既可以为教材的设计者提供反馈，也可以为教师和学生提供反馈信息，还可以为今后的教材改革提供反馈信息。上一次教材教学的反馈信息可作为下一次教材改革的基础和出发点。在这个意义上讲，教学评价是教材改革成功与否的试金石，并且是下一次教材改革的指南。

由此可见，教学评价对于教学改革至关重要，而且教学评价可以为教材评价提供基本的原理，可以为教材评价提供基本的方法和技术。同时，从教学评价的角度审视教材，有助于教学系统的整体优化，有助于协调与教学系统其他教学因素的关系。

教学评价伴随着教学过程的始终，相对地表现为诊断性评价、形成性评价和总结性评价。教学评价的范围很广泛，包括教学目标、教学内容、教学方法、知识传授、能力培养、师生活动和教学效果等。从静态的教学因素与动态的教学环节两个维度进行评价，其中大多涉及教材内容、组织形式和呈现方式。从教师和学生两个方面，可以评价教师对教材内容的认识、组织、加工及传授水平，也可以评价学生对教材的掌握水平，包括教材内容的广度、密度与深度、速度。

二、教材评价对教学评价的反作用

教材评价是教学评价的有机组成部分，它对于教学活动具有重要意义。教材评价既包括对教材本身的评价，也包括对教材教学的评价，其中包括对教材试验的结果评价。教材评价的主体是多方面的，包括教师、学生、国家审定部门以及社会各界。

应当指出的是，教材既是师生教学的依据，同时又是师生教学的工具，因此，对教材的评价应视其是否体现了教材既是教学依据又是教学工具的性质，是否贯彻了教育方针提出的任务，是否能够有效地发挥它应有的作用。

（一）教材的审定评价

教材审定是国家教育行政部门对教材的鉴定评价，它不同于一般意义上的教材评价。各国教育行政部门根据一定的教材审定标准对送审教材进行的评审，其性质是一种鉴定或审查。这种定性评审方法，有利于使教材的审定限制在一个可行的范围内，即强调对教材的科学性、思想性、教学性、实用性以及其他潜在价值是否符合国家既定标准的检查，而不是对送审教材进行目标游离式的评价或评优。从这个意义上看，审定教材的目标与编写教材期望达到的目标有一定区别。编写教材自然以追求最优秀、最实用的教材为目的，审定并不给教材的优秀程度给出评价，其作用仅限于对教材是否合格的判断。由此可见，国家审定教材的意义，就在于保证本国的教育维持在一定水平上。

在教材评审的操作方法上，各国的具体标准有所不同，但也有共同的部分，主要针对教材的内容及形式两大方面。为使教材评价科学与客观，一般在审查委员会的聘任上，尽量反映社会各界的意见；在评价项目上保持一定的概括水平，以突出教材的本质属性，使教材评审有较强的适应性，规定过细反而限制教材编写者的创造性。评审教材也应全面收评，采取多渠道、多方式收评，既可来自审读教材、教材分析、试验报告，又可来自地方与学校的工作报告或调查研究等，以避免偏差。教材的评审应当主要依靠定性分析的方式，辅之以定量分析。因为采取量化分析比较困难，有些指标项目不宜分解，而且量化评审并非最优选择，有时亦无必要。从教材审定的性质和特点来看，定性分析方法应是主要的方法。

教材评审的科学性在很大程度上还要借助教材试验。因为教材试验结果的好坏是评审教材质量的最可靠、最有说服力的依据。一般教材试验大体上分为两类：一类是以修改并完善教材为主要目的，另一类是以评审教材为主要目的。由于教材试验存在许多干扰因素，因此其结果不能直接作为教材合格与否的依据，其作用仅限于给评审机构提供试验中反映出来的定性和定量两个方面的资料。在定性方面，通过座谈会、经验交流、个人专访与试验调查表等，总结师生对该教材的意见。在定量方面，可以通过师生对教材的满意程度及学生掌握该教材的水平等指标分析新教材合格与否。

总之，官方审定教材，是从客观上把握教材的合格与否，但评审应当全面系统。至于教材的评优分级，则是学校及教师运用教材要考虑的。

（二）学校及教师对教材的评价

在经官方审定合格的教材很多的情况下，如何选用最优秀的、最适用的教材，是学校及教师面临的一大问题。

自然，学校及教师评价教材必须在官方审定的基础上进行，并非对合格的众多教材进行评优定级。所采用的标准既要与审定标准接轨，也应更为细致，分清不同权重，所以必须采用定量分析方法。

选择适用与最优教材的标准可分内容与形式两个方面。

1. 内容方面：体现科学、规范、新颖、成熟的知识体系

（1）选材。①应配合教学目标与学科目标；②应适合社会需要与时代精神；③应符合学生程度与兴趣；④内容应充实而有体系；⑤有助于学生自学辅导；⑥保留弹性，以便教师辅导。（2）文字。①简明生动、切实，不空谈；②音节和谐，便于诵读；③富于暗示性，以便启发

学生思考；④层次井然，前后连贯，结构紧密，前后不矛盾；⑤教材中的要点，运用适当语句叙述清楚；⑥社会及自然学科叙述应增加学生阅读的兴趣。

2. 形式方面：组织形式选择学科化或项目化，呈现形式分纸质教材或数字教材

（1）大小：大 32 开本。（2）装订牢固。（3）纸张洁白无反光。（4）印刷：字迹清楚。（5）字体：大小适宜。（6）插图：正确生动、颜色鲜明，大小比例适中。（7）数字教材：与纸质教材相匹配。

教材的选用方式有三种：（1）教师选定；（2）校长选定；（3）合作选定。一般可以教师评价为主要标准。

表 5-2　教师评价表（教师填）

教材名称______　编写者______　收发单位______　出版日期______

评价项目	评分标准
1. 配合教学目标	5　4　3　2　1
2. 适应社会需要与时代精神	5　4　3　2　1
3. 适合学生程度与兴趣	5　4　3　2　1
4. 内存充实而有体系	5　4　3　2　1
5. 有助于学生自学辅导	5　4　3　2　1
6. 保留弹性以便教师增删	5　4　3　2　1
7. 文字简明、生动而不空泛	5　4　3　2　1
8. 富于暗示性以便启发学生思考	5　4　3　2　1
9. 层次井然，结构紧密	5　4　3　2　1
10. 课文要点叙述清楚	5　4　3　2　1
11. 文字流畅优美，增加学生学习兴趣	5　4　3　2　1
12. 教本大小适宜	5　4　3　2　1
13. 装订牢固	5　4　3　2　1
14. 纸张完好	5　4　3　2　1

续表

评价项目	评分标准
15. 印刷清晰	5 4 3 2 1
16. 字体大小适当	5 4 3 2 1
17. 插图鲜明	5 4 3 2 1
18. 价格适当	5 4 3 2 1
19. 编著者及出版单位知名度	5 4 3 2 1
20. 音节和谐便于诵读	5 4 3 2 1

在评价教材时，教师应从教材的实用性、教师的教材和学生的教材三个方面加以评价。

1. 教材的实用性

（1）教材编制的方法是否有实证性的支持？（2）教材是否采用先进而有效的编制方法？（3）教材是否有参与特殊班的需要？（4）教材是否与课程目标有关系？（5）教材是否有助于节省教师的时间？（6）教材的花费和其可用性是否平衡？（7）教材是否有性别角色或种族刻板的印象？

2. 教师的教材

（1）目标可否作工作分析？（2）教学计划和单元目标是否都明确容易实现？（3）教材是否提供了评价程序？（4）教材的规划是否涵盖了评价的计划与渗透？（5）是否供给有效的单元和测验的资料？（6）是否包括对教材策略的明确建议？（7）教学策略是否能适用于教学情境？（8）是否建议行为的获得和行为的类化的教学？（9）教学策略是否与计划的原则有关？

3. 学生的教材

（1）计划时是否使用工作作为增强物？（2）材料是否可被学生自动地使用？（3）计划是否包括增强物和回馈？（4）是否有不同而有效的

学习方法被使用？

在进行教材分析时，首先要着眼于学生主动地发展，并符合各科目的特点，而且各项指标要有量和质的规定，各科指标体系既要有程序性，又要保证重要指标的连续性，注意相关科目指标的横向联系。教材分析的标准是：（1）包含的基础知识类型及各类基础知识的比例和程度；（2）包含了几种基本技能的训练材料及其比例和达到程度；（3）培养学生的若干种能力及比例和程度要求；（4）包含的若干种思想教育因素是否符合本学科的特点；（5）教学是否适合学生的心理特点和知识基础；（6）根据简明实用原则，教材需要增删部分的内容；（7）根据科技发展和现代化建设发展的需要，教材需增删的内容；（8）从本地建设的需要出发，教材需要增删的部分；（9）为加强与相关学科的横向联系，教材需补充的内容；（10）为适合学生发展的个别差异，教材需补充的内容。在一般性教学分析的基础上，还可按各科的特点提出某些特殊问题，主要涉及教材目标、教材内容和关于学习活动的安排等方面。

教材评价也需要学生的参与，其指标项目如下。（1）教材目标：①很适当；②很难；③很容易。（2）教材内容：①有兴趣；②普通；③无兴趣。（3）教材对学生自学：①很有帮助；②有帮助；③无帮助。（4）教材阅读：①很顺口；②普通；③不顺口。（5）教材对学生的思考：①很有帮助；②有帮助；③无帮助。（6）教材纸张、大小、印刷：①适当；②普通；③不好。（7）教师对教材的补充：①经常性；②偶然；③无须。

如果根据教学的实际情况分析教材动态，则可从以下三个维度来进行评价。（1）教材的教学因素评价，可以从教学目标、教学内容、教学组织方法、教学过程四个维度进行分析。据此可将教材分化成 16 种教材，那么，第 1 种为最优教材，第 16 种为非教材（或称零教材），而第 2 至第 15 种教材则存在程度不同的缺陷。以此检验各类教材，发现在不同程度上存在凭直觉经验设计的低于教学要求的弊病。但第 1 至第 15 种教材总是在不同程度上利用了教学论原理，其效果总是优于零教材。其中教材之教学目标的确立是关键。图示请参见图 1-8。（2）教材内容的抽象水平（B）是教材评价的重要参数。教学论研究者将其分为四个层次：①$B=1$（处于现象学水平，反映事实的外部描述）；②$B=2$（分析—综合—预示）；③$B=3$（范式化水平）；④$B=4$（公理水平、科学水平）。其原因是：$K_{\mathrm{u}}=\dfrac{B_{\varnothing}}{B_T}$（$B_{\varnothing}$——教材中体现的知识抽象水平；$B_T$——学科中所达到的知识抽象水平）。由此，可以鉴定教材内容所达到的抽象水平是否符合教材要求的标准。（3）学生对教材的掌握水平评价。学生对教材的掌握可表现为五级水平，反映学生在学习教材时知识经验的不同增长状况。一般地，零掌握水平反映个体对当前教学活动的准备，其特点是依靠先前的知识经验解决问题；一级水平则反映个体运用学习获得的一定的知识能力解决问题；二级水平则是学习者无须借助外力帮助解决典型问题；三级水平则反映学习者在新教学情境下，能熟练地利用掌握的探究活动方式去解决非典型的问题（即在原材料不丰富、活动非标准化、无明显的算法程序条件下）；四级水平则反映学习者伴随获得客观的信息而从事各种创造性活动。也可以测试学生对教材的理解水平。维果茨基、鲁宾斯坦、列昂节夫、奥苏伯尔等人曾提出理解性认知的特性。布卡乌拉帕托夫认为至少存在三级理解学习水平，第一级水平（$y=1$）表明学习者只能利用本学科教材的学习去解决问题，第二级水平（$y=2$）表明学习者可以利用相关学科间的联系来解决问题，第三级水平（$y=3$）表明学习者能够综合运用跨学科知识解决问题。还可以利用这三级理解水平形成问题等级，并在一定的教学时间条件下，评价教材的教学适应性。在此基础上可以形成理解掌握系数公式：$K_{y_{学生}}=\frac{y_{学生}}{y_{班级}}$或$K_{y_{教材}}=\frac{y_{教材}}{y_{教学目标}}$（$y_{学生}$——按间距$y_1$、$y_2$、$y_3$等级评价学生的理解掌握水平；$y_{班级}$——按相同等级评价该班学生理解掌握教材的平均水平，或者反映学习者掌握教材的实际水平与教学目标要求之间的差距）。

在教材评价的方法与技术方面，可以从教学评价中借鉴。在评价方法上可以运用教材分析法（即为筛选分解指标而进行的教材分析的程序）、调查研究法（建立在教材分析基础之上，具有检验和深化教材分析的作用）、抽样测试法（既确定分解指标，又确定分解教材的最低标准）、比较研究法（纵向与横向比较，确定本教材在其中的地位）、理论研究法（针对分解教材指标中的难题，可分为单项研究法与整体研究法）。在评价技术方面，借助测验对学习所进行的知识能力检查，可以为形成教材评价提供重要反馈信息，因为所选择的测验内容一般占教材内容的75%以上。也可以采取问卷调查法，请专家与教师用等级分标定，并简述理由，在此基础上召开会议得出一致性结论，指出教材的优缺点并提出改进意见。但因其能见度较差，而且评价者往往分歧较大，难以形成一致意见。也有人提出运用模糊综合评价教学模型方法评价教材①，这在一定程度上弥补了传统教材评价技术的不足，因为它给出了量化的评价结果，对各指标优、良、中、差四级水平赋予具体数值，从而为教材建设提供了教学依据；其缺陷在于对各指标（符合课程计划及课程标准、科学性、教材体系结构、联系实际、教材特点及其价值等）只给出评价结论，未反映出专家对教材的具体修改意见。传统方法过度依赖经验权重，因此所得出的结论信度与效度令人怀疑，但这种

① 张治本：《评价中小学教材的一种方法》，《课程·教材·教法》1994年第3期。

方法也未能妥善解决这个难题。也有人提出教材实验中的评价方法①，其程序为：（1）确定评价目的；（2）确定评价目标；（3）根据评价目标设计指标体系；（4）数据和资料的收集、分析、处理。既可采用模糊评判法（个体使用），也可采用模糊综合评判法（群体采用）。

这样将教材本体评价与教学实验评价及教材教学评价三者相结合，共同构成完整统一的教材评价，其结果更接近于科学和客观。笔者设想，教材评价的参数越是简明扼要，越具可操作性，则其实用性越强。但为全面测评教材又必须制定较为繁琐的指标项目与权重，这个难题必须借助现代高科技来加以解决。同时，教材评价应注意：（1）统一性与灵活性相结合；（2）总结性与形成性、诊断性相结合；（3）宏观与微观相结合；（4）单本评价与整体评价相结合；（5）知识评价与能力评价相结合；（6）认知因素评价与非认知因素评价相结合；（7）实验评价与审定评价及教学评价相结合；（8）专家评价与师生评价相结合。

第五节　教材系统的结构化

以上从各个方面及各个角度探讨教材与其他教学要素的关系问题，终极目的是促进教材本身的系统结构化，即教材内部各要素应当构成紧密结合的统一结构体。

教材系统的结构化既建立在教学系统结构化的基础之上，又对其产生积极的影响。教材系统结构化包括微观层次与宏观层次两个部分，两者存在密切的关系。

① 张卫国：《谈教材实验中的评价问题》，《课程·教材·教法》1993年第4期。

一、微观教材结构化

微观层次教材结构化，是局限于一个教材单元范围内的作业，它是宏观层次教材结构化的基础。

将庞杂无序的教材内容划分成适当单位，便构成单元。其原义为具有高度统一性的教材内容的分节。它是一种综合体。一般而言，单元可划分为教材单元与经验单元。所谓教材单元，即指具有逻辑统一性的学科知识的教材及具有能力统一性的技能教材。所谓经验单元，是指具有广义经验活动的统一性的教材。它可以进一步分为问题单元、活动作业单元，这是以是否具备某种统一性的结构体为标准来划分的。单元是构成教材结构的基层组织，单元的种类不同，其认知的方式也不同，所要求的教学过程也不同。所以，单元的特性与教学过程关系紧密。

1. 知识单元及其教学策略

教材单元常以知识单元及方法单元的形式表现出来。在教育史上最先确立“单元”思想的，当推裴斯泰洛齐、赫尔巴特及其弟子。裴斯泰洛齐提出“要素教学论”，赫尔巴特确立的教学形式阶段理论（明了—联想—系统—方法），其弟子齐勒将其修正为五个阶段（分析—综合—联合—系统—方法），赖因又进一步作了修改（预备—提示—比较—总结—应用）。齐勒最为明确地将教学形式阶段与教材的统一结构相结合，它表明了一科教师向学生传授教材应遵循一定的顺序（学生认识顺序与教学顺序），在相应阶段所应采取的步骤的设想。这种方法单元是以某种方法学习的完整的统一体，它是具有知性逻辑统一性的教材单元的起源。它是将知识单元教学化的表现，其中隐含了相应的教学过程。

2. 问题单元及其教学策略

知识单元与方法单元是具备知性逻辑统一性的教材，是以形式教学阶段完成学习的教材结构体。同时还存在问题单元，通过问题解决，学习过程所完成的一系列学习活动的统一结构体即构成问题单元。这种认识多出自进步教育。他们认为学科教材过多分析而导致学生认识世界及自身的支离破碎，因此有必要形成完整的认识，而这种认识又是建立在个体经验基础之上的，经验的获得是因为探究问题，故此必须强调问题单元。

杜威在《我们怎样思维》中指出，问题解决过程同反省性思维的过程相一致，其程序是（设置问题情境—提出问题—设想解决方法—推断假设—验证假设）。据此所学习的教材，有别于知性逻辑教材。它具有作为学生在生活中面临的现实经验问题的统一性，所考虑的不是教材本身，而是把教材作为学生生长经验中相关的因素来考虑，目的是使教材心理化。

3. 作业单元及其教学策略

作业单元亦是教材组织的基层部分，它与问题单元一样，具有生活经验的统一性，但也存在较大的差异。它与设计教学法有着密切的关系，必须借助设计教学法的过程才能展开活动。

设计教学法在“尊重学生的主体活动的教学过程”方面，与问题解决法相通，但它比反省性思维更注重行为活动。克伯屈提出设计教学四阶段理论：确定目的—计划—实施—评价。作业单元教材的特点是：学生必须借助自身积极的实践活动，才能完成学习任务。传统教材尽管具有知识逻辑系统，但对学生而言，这种教材是没有任何统一性可言的，因此主张不按照学科体系编制出具有一种结构组织的教材来。

由此可见，知识单元、问题单元、作业单元作为各自拥有的有机统一性的教材结构体，具有不同的特性，所以学生认识教材的认知结构及指导认知过程的教学过程也相异。一般来讲，具有要素性知识与技能结构的教材，无论如何易于展开反复练习的注入式教学过程，具有概括性法则与原理的结构性教材，适于发现学习。实践性教材，则适于问题解决法或设计法。所以，教材应作为统一的结构体加以组织，依其统一性属于何种（知识、技能、经验）而显现出不同种类的教材的差异。教材的单元同各自相应的教学过程的理论有着密不可分的关系。所谓教材结构，主要是指处于一定教学过程之中的教材结构。

在现代的教学研究中，往往把教材结构化当作精选教材的一种努力，如日本学者广冈亮藏认为，教材结构就是具有作为教学内容的结构性的本质知识，或可表述为由中心观念与基本要素组成的教材组织。所谓中心观念，是“教材具有的核心，审视教材的视角”；所谓基本要素，则是“支撑教材的若干支柱”。那么教材结构就是支撑教学内容的主体。其功能在于：（1）理解透彻，故易于长期记忆；（2）结构化地掌握教材，具有迁移力，有助于对后继教材的理解；（3）有助于推进教学内容的现代化。而山口康助运用结构图提出的教材结构理论，更富于技术性，他提出单一地、主体地把握目标内容、方法的策略。依据教学内容的重要程度，图式化地表现“核、干（准干）、枝、叶”。

微观层次的教材结构理论从本质上看，它起源于古代的单元思想，当代的教材结构论则适时地以中心观念、基本要素、核、干、枝、叶等语义，提出了教材结构化准则，它对推动教学实践发挥了重要作用。

同时应看到，教材结构化实际上是反对进步主义教育而倾向于要素主义教育的，但也存在轻视学生认知结构和创造性思维的倾向。所以要从整个教学系统的高度去作出教材精选，否则便无法解决教材容量无限增长的问题。

二、宏观教材结构化

从宏观角度寻求教材结构化，是从整个教学内容的视野加以考虑的。这种思想从古到今呈现发展的趋势。

传统的分科课程存在明显缺陷，如脉络不明、知识不成体系，因此而开始探索经验课程，如相关课程、综合课程、核心课程、融合课程等。在这些经验课程中，整个教学内容的统一结构可以体现出来，它不仅追求学科内的学问知识的结构，而且追求学习者自身生活经验的统一结构，目的是摆脱分科课程框架的束缚。

在发达国家，不断出现宏观层次教材结构化的倾向，如美国以科学为中心的教材，强调基本概念与学科结构的学习，为此而注重发现学习和早期教育，培养学生独立发现的态度与能力，相应设置螺旋式课程。

宏观教材结构化努力的另一范例是德国的范例教学。1951 年的蒂宾根会议提出，为解决教材急剧膨胀、百科全书式的知识过剩化、量增而质降的弊端，必须选择真正的“基础”、“本质”的知识作为教学内容，将其作为范例，供学生发现学习。后依据“迁移原理”与“类推思维”，借助个别事例所获得的认识，扩大到类型的学习，而且要敢于跳跃、敢于彻底。斯滕泽尔（A. Stenzel）列述了范例方式的发展阶段：第一，范例性地阐明“个别事物”的阶段；第二，范例性地阐明“类”或“属”的阶段；第三，范例性地把握“法则性、范畴性关系”的阶段；第四，范例性地掌握“世界及生活关系的经验”的阶段。

赞科夫从“教学与发展”关系原理的研究中所提出的“理论知识起指导作用”和“使学生理解学习过程”的教学原则，是对宏观教材结构化的一种努力。

总之，必须摒弃百科全书式教材的倾向，精选基本性的教材是社会发展的必然要求，与此相配的教学策略是注重发现学习，注重学生自我活动和独立解决问题的态度。在教学内容现代化问题上，需要克服过分偏重教学与自然科学教材而轻视社会人文科学教材的倾向，还要防止只从学术体系编制教材的缺陷，以及保守思想的滋生与蔓延。

在进行教材结构化的问题上，首先应当肯定其积极意义，但不能满足于学科内的结构化，而应追求贯通所有学科及一切教育活动的结构化，重视分科又不全靠分科，拥有综合各门学科的核心课程，可以做到宏观与微观两个层次教材的结构优化。课程的轴心在于确立社会规范，车辐以内容学科、技能学科的教学为基础，二者处于互补关系，构成有机统一的教学过程。

第六章　教材管理论

管理起源于社会劳动的分工与协作。马克思对此有精辟论述："凡是有许多个人进行协作的劳动，过程的联系和统一都必然要表现在一个指挥的意志上，表现在各种与局部劳动无关而与工场全部活动有关的职能上，就像一个乐队要有一个指挥一样。这是一种生产劳动，是每一种结合的生产方式中必须进行的劳动。"①随着社会的发展，分工越来越精细，协作规模越来越大，层次越来越大，管理在社会劳动中成为一个相对独立部门，成为一种重要生产性资源，其作用越来越重要。有关的管理思想逐步从分散的经验上升到系统的理论，并对管理实践活动发挥着重要作用。

实践证明，管理质量在一定程度上决定着事业的发展水平和速度，教材建设作为一个系统，本身是社会活动的一部分，没有管理也就不能实现统一的行动，因而也就不可能实现任何既定的目标，教材管理因此而显得特别重要，必须从教材管理中要质量，求速度和效益。

第一节　教材管理的本质与特点

教材管理的作用发挥必须视其在多大程度上反映管理对象的特点和客观规律，而探索其本质与特点必须依赖对一般管理的本质和特点的探索。

---

① 《马克思恩格斯选集》第 2 卷，人民出版社 2012 年版，第 560 页。

一、管理的本质与特点

（一）管理的本质

管理的本质在当前仍是一个有争议的问题，反映了人们不同的认识。如"管理是一种经营活动"（泰勒：《科学管理》）；"管理是实行计划、组织、指挥、协调和控制"（法约尔：《工业管理和一般管理》；"管理就是对人的管理"（行为科学派）；"管理是一种系统，它是组织中协调各分系统的活动，并使之与环境相适应"（系统管理学派）；"管理是特定的一群人，他们的任务在于指导其他人的努力和活动，通向共同的目标"（约瑟夫·梅西）；"管理是由一个或更多的人来协调他人活动，以便收到个人单独活动所不能收到的效果而进行的各种活动"（唐纳利等：《管理学基础》）；"管理是为了实现既定的目标，组织和使用各种资源的过程"。也有人认为，管理就是领导；管理就是决策；管理是一种文化活动；管理的本质是放大所管理系统的功效，并产生子系统所不具备的新功效；等等。

尽管人们认识有分歧，但其中有许多共性：（1）管理活动总是由具有某种管理思想的管理主体实施的一种实践活动；（2）管理是一种目标控制，作为管理的出发点与归宿；（3）管理需要通过一定的手段对特定的对象施加影响，发挥其职责、功能和作用，主要表现为决策、计划、组织和控制；（4）管理在一定的组织系统中进行，具有一定的功能和效率。

以上可作为探讨管理本质的基础。而且从字面上理解，"管"包括双层含义：一是权威性、可控性，其主要表现是决策计划、发布指令；二是约束性、目标性，表现为通过各种手段与途径影响管理对象，达到管理目标。"理"有双重意义，一是合理性，二是条理性。

据此，并结合管理实践，可以深化对管理本质的认识：管理的本质是管理主体为实现既定的目标，遵循管理规律，依据管理原理，通过各种管理手段和方法，对各种管理资源进行决策、计划、组织、协调、控制，从而使系统的组织结构得以高速合理运转，达到最大功效的活动。尽管活动与过程密不可分，任务目标的实现必须依赖于一定的过程程序才能逐步实现，但对管理来说，其本质更倾向于结果与绩效。

（二）管理的特点

管理的特点是由其本质决定的，主要表现在以下七个方面。

1. 系统性。管理对象是一个系统，包括人、财、物、时间、信息，因此管理就是对某一系统的管理。

2. 目的性。目的是管理活动必要的前提，它具有导向、激励、标准、依据、凝聚作用。

3. 功能性。管理最基本的功能是决策、计划、组织和控制。

4. 结构性。表现为管理目标的结构性与管理机构的结构性。

5. 手段多样性。管理的实施必须借助机构权力、经济、人员、法律、信息等手段来进行直接和间接控制与影响。

6. 动态性。管理实践中总表现出决策计划、组织实施、检查监督、总结处理等环节的有机结合、有序运行、形成周期、渐次上升的动态活动过程。

7. 统一性。管理既是科学与艺术的有机统一，又是理论与实践、科学与技术的有机结合。

二、教材管理的本质与特点

从一般管理的本质与特点中可以演绎推论出教材管理的本质与特点，但教材管理工作有其特殊性，必须具体问题具体分析。

（一）教材管理的本质

教材建设是国家事权。教材是教育事业的重要组成部分，同时又是国家文化出版事业的一部分，二者的重合交叉便构成教材管理的范围和性质。

从教材管理的对象看，按教育层次分为初等教育、中等教育和高等教育教材；从中小学学科特性上可分为语文、数学、理化、史地等教材；从媒介上可分为纸质教材与数字教材；从其内部结构上可分为教科书、教学参考书、教学挂图等；从其适用范围上分为国家统一教材与乡土教材，通用语言教材与民族教材，常规教材与地方教材、盲文教材。从教材管理的主体看，可分为国家级、部委行业及省级教材管理机构与学校教材管理人员。其间有教育行政部门、出版社、发行部门，加上教材编写、研究及审定、评价机构，共同构成教材管理的网络化组织系统。

教材管理是一种全程管理，因此其管理内容包括教材研制、实验、审定、出版、发行、选用、供应等，如图 6-1 所示。其中，教材研制是最关键的环节，集中体现在教材编写中，它是教材管理的重点。

从教材的本性分析，它既是一种物质产品，同时又是一种精神产品；既不同于科学著作，又不同于大众读物，更不同于文学作品。它有严格的要求及精细的操作规程。它既有科学创造的成分，又有必要的重复；既有教学研究，又有心理学研究；既有科学求真，又有道德求善、艺术求美、技术求新的问题。因此，教材管理不应等同于一般出版物的管理，而应更加严格和规范。

- 教材管理内容
  - 教材研制
    - 计划与决策
    - 研究
    - 编写
    - 实验
  - 教材审定
    - 自我评价
    - 组合评价
    - 官方评价
  - 教材出版
    - 编辑加工
    - 装帧设计
    - 印刷校对
  - 教材发行
    - 定价
    - 发行
  - 教材选用
    - 教育行政部门
  - 教材供应
    - 采购
    - 供应

图 6-1　教材管理内容系统图

（二）教材管理的特点

教材管理的特点是由教材自身的特点所决定的，又是受教材管理的本质所制约的。

1. 教材工作的特殊性。教学性是教材的本质属性，教材不仅是科技的高度结合，而且是教学实践的经验总结。优秀的教材必须是二者的有机结合和高度统一。为此必须打破“能者搞科研，次者抓教学，不能者编教材”的陈旧观念，确立教材工作的重要价值。实践证明，单靠专家学者不一定能编写出适用的优秀教材（如美国 20 世纪 60 年代教材改革），相反，仅凭师生也编写不出优秀教材（如我国“文革”期间的教材改革），因此需要专家学者、师生及研究人员与编辑人员共同编写。并且要特别强调教学实践的重要性，因为教材是为师生教学而设计的，相关编写人员必须深入教学第一线，接触实际，了解情况，以加强教材研制的定向性和针对性。

2. 教材的科学性。由于教材的使用者是学校师生，更重要的是学生，他们是人类社会的继承者，涉及社会的延续与发展问题，必须传递人类最精华的知识经验。所以教材一般反映人类知识经验中有定论或基本成熟的结果，教材的内容首先要保证科学性，但也可适当反映科学前沿有分歧、有争议的问题。

3. 教材的规定性。教材的内容及形式有一定的系统规定性。具体而言，教材要受到知识链设计的制约，在教学上就是课程计划和课程标准的基本要求，它们是教材内容编写的指导思想和基本框架。教材表达常以教学单元的形式出现（前言、正文、提示、练习、答案、教学参考资料、实验操作等部分），在叙述方式上讲求切合教学对象的身心发展水平。

4. 教材的质量性。因为教材是学校培养人才保证教学的一项基本条件，教材质量直接影响教学质量，最终影响人才培养的质量，所以，教材质量要求是全面性的，既要求较高的内在质量与外在质量，还要符合经济实用的原则。

5. 教材的创造性。教材虽包含科学著作，充满创新性，但也绝不是将知识经验简单堆砌，而要依据教学性要求，将知识信息进行精选和编排，争取学科、教学性及学生身心发展三者的高度结合。

6. 教材编写的个体性与集体性。教材编写劳动的方式和性质，基本上是按计划进行的个体脑力劳动。表现在从收集资料到拟定提纲再到定稿的各个环节上，由于个人教学经验、学术水平、资料情况及文字表达水平的差异，使教材带有浓厚的个性色彩，在集体编写中虽实行协调合作，但依然为分工合作制。此外，主编的个人意志在编写过程中起重要作用。但另一方面，教材又是集体合作的产物，并不能完全以个人意志为转移，因此教材编写为集体创造。

7. 教材建设的长期性。教材建设从计划、决策、立项、审定到出版、试验、发行、使用，要经过几十道工序，并经历实践—修正—再实践—再完善的过程，才能逐步成熟，这一过程渐次上升，永无止境。

三、教材管理的特点

教材工作的特殊性决定了教材管理既具有一般管理的特性，同时也具有其专业特点。

（一）管理目标的系统性

教材管理的最终目标是建设有中国特色的、适应教育教学需要的、能够反映现代科技水平的现代教材体系。为达到此项总目标，在教材管理中必须分层次、分阶段地分解目标体系。首先，着重解决教材的有无问题，强调教材的系统配套，努力增加教材的品种数量，力争使所有开设的课程配有教材。在此基础上，着重提高教材的质量，这是教材管理的长期任务。这项任务比第一项任务更为艰难，时间周期更长。在管理工作中，坚持继承与创新相结合，修订再版与新编相结合。

（二）管理的重点性

在教材建设的过程中，涉及诸多环节，但其中最关键的是教材编写。只有通过编写，才能使无形的知识产品变为物化形态，才能使思维物转变为现实物，而后通过出版印制实现商品化和使用价值。教材的内在与外在质量的提高，主要取决于编制者的基本素质和能力。此外，在各种教材的管理中，教科书的管理又最为重要。

（三）管理方法的多样性

在一般管理活动中，最常用的管理方法是行政、法律、经济、咨询顾问及宣传教育等。这些方法在教材管理中也可以广泛运用，如用行政的方法制定教材建设的方针政策和法令法规，制定下达指令性教材建设计划；用法律手段保护教材研制者的版权；用经济补贴鼓励教材的出版；建立教材编审机构发挥咨询顾问及审定作用；用宣传教育的方法争取社会各方面对教材改革的支持。但基于教材工作的特殊性，这五种管理方法不应同等使用，既不可管得太死，也不能失于过宽，教材管理倾向于政策性指导，建立并充分发挥各种“杠杆”的调节作用，不宜用经济手段强行干预。实践经验表明，编审合一的教材管理不利于调动教材编写者的积极性与创造性。而教材审定制既能进行控制，保证质量，又能充分调动编写者的积极性。因此，大多数国家使用此制。

（四）管理的制度化

教材管理是教育管理的一个组成部分，其管理体制必须适应教育体制改革的需要，且教材建设的业务性和政策性较强，因此，教材管理体制应该是既能发挥专业指导作用又能发挥行政管理作用的体制。

（五）管理的科学性

教材建设本身是一个复杂的系统，有其自身的发展规律，但目前对此尚缺乏深刻研究，一些认识尚停留在低水平的经验管理的阶段。要提高教材管理的水平，实现科学管理，必须加强教材系统及其内在管理的深入研究。

第二节　教材的宏观管理

教材宏观管理是指政府有关部门根据教育发展的战略目标，按照教材建设本身的规律性，以政策法令、经济行政等手段组织和协调教材建设的动态管理过程。这种管理是有目标、有计划和有一定弹性的宏观控制过程，它代表着一个国家的教材管理制度与水平。

一、宏观管理的机制

教材管理工作的质量主要取决于教材管理系统的设计是否合理。一个设计质量低劣的管理系统，其实际工作的质量往往低于系统的设计质量。例如，我国现行教材管理系统可见图 6-2。

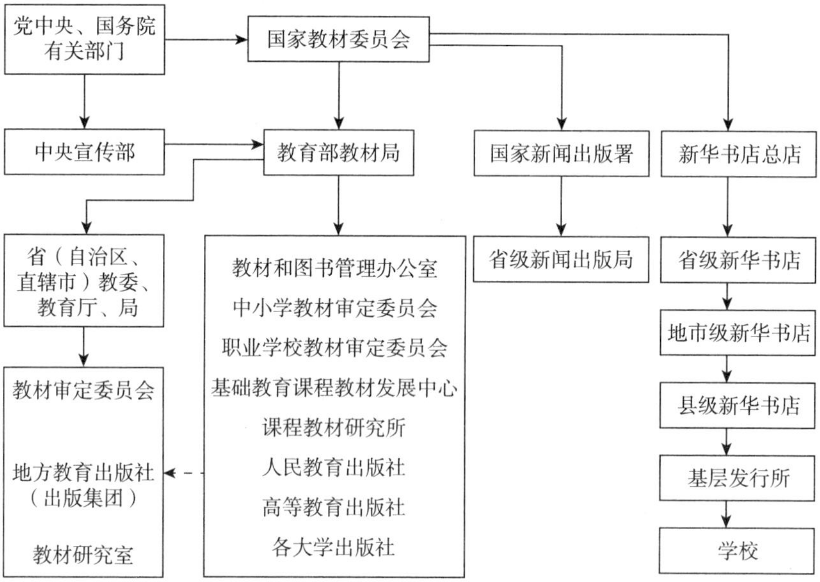

图 6-2　我国教材管理一般系统示意图

（实线箭头表示行政领导关系，虚线箭头表示业务指导关系）

这种教材管理体制的特点如下。

第一，党中央、国务院是大中小学教材管理工作的中枢，为最高权威决策管理中心，中宣部和教育部是其具体主管部门，其中中宣部负责教材的思想意识形态管理，教育部负责业务领导。教育部教材局行使国家教材委员会办公室职能。国家新闻出版署对教材出版、印刷负有领导责任，新华书店负责教材发行，文化和旅游部负责整顿文化市场问题，国家发展和改革委员会、财政部、国家市场监督管理总局负责监督教材定价及供应问题，国家监察委员会负责监督教材发行问题，国家邮政局、交通运输部负责教材运输行政工作。

第二，教育部教材局、基础教育课程教材发展中心负责协调、组织和规划设计全国中小学教材建设事宜，中小学教材审定委员会及其各科教材审查委员会为教材审定机构，课程教材研究所与人民教育出版社为中央级专业教材研究编写和编辑出版机构，兼有全国中小学教材建设的研究、编写、出版、资料中心的职能。

第三，省级教委（教育厅、教育局）为各省份范围内教材业务主管部门，其下设的教材审定委员会负责审定本地自编的教材，其所属的教材研究所（室）负责教材研究工作，省级教育出版社负责出版本地自编的教材，省级新华书店主要负责本地的教材发行工作。

二、宏观管理的基本原理

教材管理的基本原理是从一般管理的原理中演绎而来的，在具体工作中必须考虑到教材工作的实际方能推行。从“三论”的角度分析，其基本原理如下。

（一）系统原理

教材建设作为学校教育的一个子系统，必须受大系统规律的制约，必须适应于大系统改革的要求。教材管理必须适应在社会主义市场经济条件下形成的学校教育大系统。因此，在社会及学校教育改革的前提下，必须调查研究，综观全局，作出全局性的教材建设规划，并制定相应的政策、法令法规，以此作为控制与管理的依据和出发点。与其相应的原则有两条。

（1）整分合原则。高效管理必然是在全局规划下的合理分工，在分工基础上的有效综合，关键在于正确认识和协调系统内部的各种有机联系。教材管理又是分层次和学科的，根据“木桶原理”，教材体系的高质量必须依赖于每一层次教材及每一学科教材的高质量，因此可将此原则概括为把握整体、科学分解、合理分工、有效综合。(2) 相对封闭原则。任何一个管理系统必须构成一个连续封闭的回路，以便形成有效的管理运动，使人、财、物、时间、信息合理地流通，借以提高管理效能，实现预定的目标。这种封闭是相对的。它表现在：管理机构的封闭，由部门决策中心、执行机构、监督机构及反馈机构等组成；管理法令的封闭，表现为应有的执行法、监督法、反馈法、仲裁法等构成法网；管理者的封闭，形成管理系统内部各个层次管理人员明确的相互关系及各自的职、权、责、利；管理信息的封闭，即信息收集、分析、加工筛选及适用；管理过程的封闭，即实施“全程管理”，包括计划、实施、检查、处理等环节。为此需对管理效果进行评估并不断地进行调整优化。

（二）人本原理

人是万物之灵，是教材管理的诸要素中的核心。人对其他要素起决定性作用，其他要素离不开人的作用，因此必须以人为本，充分调动人的积极性，借以实现“人尽其才，各尽所能”，提高管理功效。与此相适应的原则有三条。(1) 能级原则。即科学的管理体制，领导制度、组织机构系统、恰当的人员安排、资源配置及权限划分，关键在于充分调动每一能级中每个人的工作积极性。(2) 动力原则。其实质在于以各种动力满足人的各种需要，充分调动人的积极性，确保人在管理中的核心地位。它既是管理的能源，又是一种制约因素，在很大程度上影响着能级原则和行为原则，最终影响着人本原理的贯彻。动力一般分为物质、精神、信息三种形式，它们之间是相互作用和相互联系的。(3) 行为原则。重点在于优化各级各类教材管理人员的行为总体水准，既要提高其职业道德行为水平，又要提高其技术行为的水平，从而形成系统内部的有效合力。

（三）动态原理

动态原理的实质在于教材管理及其过程的本质特性是其动态性，因此要求管理者应充分注意系统内外的情况变化而调整管理策略及行为。与其相应的管理原则有两条。（1）弹性原则。指教材管理必须保持各方的可调解的伸缩性、灵活性、适应性，以及时适应客观事物各种可能的变化，保证实现既定的管理目标。（2）反馈原则。反馈、信息、控制密不可分。在教材管理实践中，控制离不开反馈，反馈离不开信息，没有信息无从反馈，没有反馈无法控制。

（四）效益原理

指教材管理力求最大限度地放大其管理系统的功效，创造出尽可能大的价值，获取尽可能高的效益，实现管理目标。效益＝正确目标×效率。它要求遵循价值原则与择优原则。前者指以尽可能少的资源消费产生最大的实现效用，后者指从中选取最合理的最经济的方法。对教材而言，教材建设的每个过程及步骤，均要求达到最优控制和最优管理，为此选用优化的管理系统方案。

三、宏观管理的控制行为

遵循教材管理的原理及其相应原则，从控制论的角度分析，教材宏观管理系统（如图 6-3）所表现出的控制行为可分为方向控制、动力控制、质量控制及信息控制四个方面，与其对应有不同的控制手段，重点是质量控制。实线表示强控制，虚线表示弱控制。

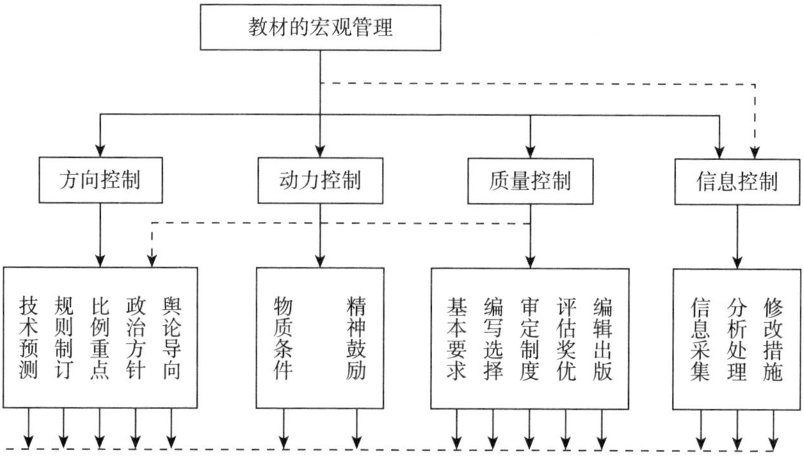

图 6-3　教材宏观管理示意图

（一）方向控制

控制是使某项活动朝控制者的意愿方向发展，因此其基本属性是具有目的性，而对其中具有方向性、全面性的因素的控制则称为方向控制。教材体现国家意志。教材管理的方向控制在于统揽全局，根据不同时期社会经济文化教育的发展，提出教材建设的方针和任务，作出教材建设规划，制定相应的政策。

不同的发展阶段需要适时进行不同的方向控制，如新中国成立之初及“文革”结束伊始，首先解决教材的有无问题。1981 年提出“大力提高质量，进一步扩大品种，逐步编写或修订出一套质量较高的、符合教学大纲要求的教材和相当数量不同风格特点的教材和教学参考书”，1987 年提出“积极扩大教材种类，大力提高教材质量，努力搞活教材工作”，“进一步促进教材的配套和多样化；努力使教材内容适应教学改革的需要，面向社会主义现代化建设的实际，反映现代科学技术发展的新水平”，并使“教材管理从经验管理转到现代化管理的基础上”。今后的目标是使教材的数量、质量、品种满足教材需要，建设有中国特色的教材体系，教材达到国际同行业先进水平。这些具有政策方向的引导性质，是一种较好的宏观控制。方向控制能较好地体现国家的需要，因为一定的教材体系总是反映一定的社会经济、政治、科学文化、伦理道德等观点与意识形态。

进行正确的方向控制离不开科学的预测，预测内容包括：（1）若干年内教育事业的发展目标；（2）社会对基础教育的基本要求；（3）科学技术的发展趋势及对基础教育的影响；（4）对各级各类教材的具体设计；（5）应明确发展的重点及各方面的比例，首先规划使用面广泛、影响大的主干课程的教材，处理好基本教材与辅助教材、新编与再版教材、学科教材与活动课程教材、文字教材与数字教材、通用教材与乡土教材及民族教材的关系。

正确的政策和舆论对教材建设既起导向作用，又起保证作用，也是方向控制的重要手段。

（二）动力控制

教材规划需要通过一定的组织机构和具体的人的活动去实现，必须借助动力控制才能实现既定的管理目标。物质动力和精神动力是两种起激励作用的主要动力。竞争亦是一种动力控制。国家在教材建设上投入财力、物力是必要的基础，还必须重视人力的作用，必须发挥各方面参与教材建设的积极性。

（三）质量控制

因为教材质量始终是教材建设中的核心，教材质量的分析及其系统控制和评估，对提高教材质量具有重要意义，所以质量控制是教材管理的重点。对教材质量进行系统控制，即从教材建设的全过程中对众多的质量因素实施有效控制。这要求教材管理系统有灵敏的信息反馈，具有信息系统的功能。教材的质量评估是系统控制的必要环节，是质量控制中不可缺少的反馈信息来源。

教材的宏观质量主要指教材体系和教材系列的质量，它要受政治、经济、科技、文化、政策等因素和知识网络、知识链设计、知识环设计等因素制约。其中，政治、经济、科技、文化为其属性的外在因素，其余则属内在因素。知识网络是国家教育规划下对知识结构的总体布局：一是教育层次形成一个纵向的知识结构体系，二是各学科形成横向的知识分布结构体系，两者结合构成总体的知识网络。知识链设计则指一定学科纵向知识结构的设计，必须兼顾科学系统性和教学适用性。与之相配套，必然要有对应的教材系列。知识环设计则指知识链中的某个环节的设计，即设计某一课程的知识结构，属于微观控制的内容，同时也是受宏观控制的知识网络中的分支。总之，教材宏观质量控制实质上就是教材总体结构优化问题，当外在因素一定的情形下，内在因素则举足轻重。

教材质量的微观方面意指教材的具体操作，其因素有四个：编写、审定、编辑、印刷。教材质量控制可以通过教学基本要求、编写、审定、出版和评估奖优等手段来加以实施（见图 6-4）。其中，教学基本要求是编写教材和进行教学质量评估的依据，亦是知识环设计的核心部分；编写是其中的决定性因素，为此要求限定编写者的基本素质，引入竞争机制，实行招标择优，强化主编责任制。审定是质量控制的关卡，出版和印刷是质量控制的内容，评估奖优是教材管理系统反馈信息的主要来源之一。为此需要确定评估指标体系及评分标准，建立定期评估制度和教材评奖制度。

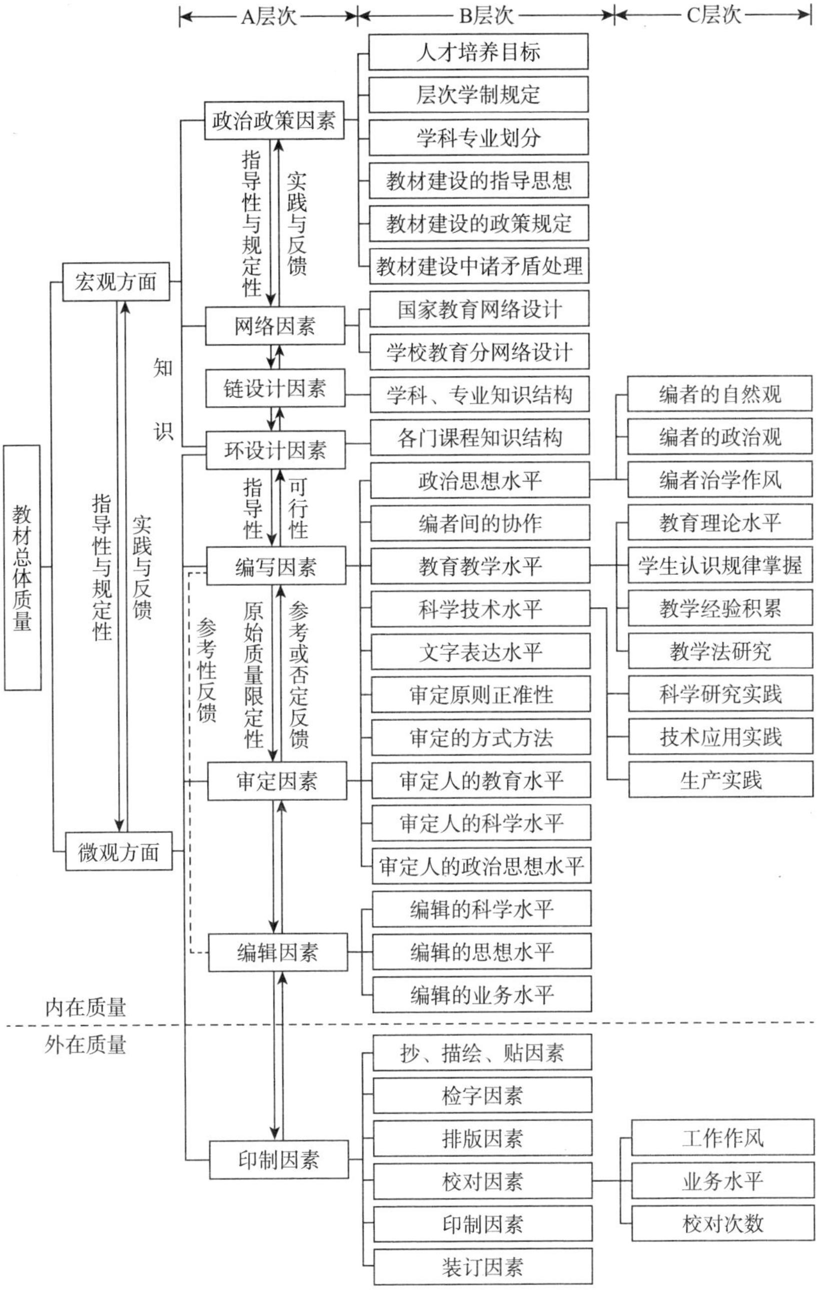

图 6-4　教材质量系统控制示意图

（四）信息控制

高效的教材管理系统必须具有现代管理系统的共性：充分依靠信息及信息反馈，并形成封闭，从而实现信息控制。

教材的信息控制（如图 6-5）要求信息通道畅通，反应灵敏，反应内容全面。因此，教材管理手段不能只依赖于行政部门的反馈，必须增加信息反馈途径，真正形成畅通的反馈回路。其次，要求具有灵敏的图感觉、准确高效的信息分析和及时有力的修正行为。教材管理系统最好的敏感反应元件应当是接受者，从中可得到最及时、最有直接感受的原始信息，为此需要改善信息的反馈系统。信息控制的范围是广泛的，除质量之外，还设计教材的数量、品种、供应、销路、经济效益、社会效益等，追求最佳的综合效果。

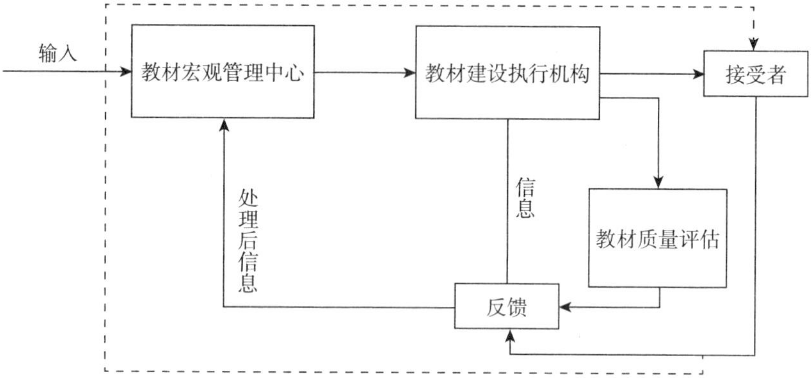

图 6-5　教材信息系统控制示意图

四、宏观管理的策略

教材管理的工作是由教育行政部门和业务管理机构共同承担的，后者在管理工作中占有十分重要的地位，因为最好的政策是靠人去贯彻执行的，且只有在实际工作中得到体现才能发挥其作用，否则只能纸上谈兵。

在教材的编写出版工作中，业务管理尤为重要，这主要因为：(1) 教材出版时间要求严，必须课前到手，人手一册；(2) 教材编审出版质量要求高，要求体现国家编写出版标准；(3) 教材编审出版过程的工序环节多，工作方式差别大，地点分散，各工序和各责任人员需要密切配合。

因此在这个关键环节的管理中必须讲求科学的管理方法。常用跟踪管理法和定点管理法。

所谓跟踪管理法，即对教材出版计划中列选的每一本教材指定专人从选题开始，到编写出版、发行使用和质量评定的全过程进行跟踪管理。教材管理人员由于跟踪编审出版全过程，能够做到及时发现问题并正确处理。这种教材管理机构有编审领导小组、编委会和教育部、中宣部、国家教材委员会等。所谓定点管理法，即对影响教材编审出版质量和周期的环节或工序进行专门管理。如对教材编写规划、按时完成及教材出版、印刷、发行等重要环节，教材管理人员进行深入研究并加以解决。在定点管理中，“点”的确定往往是根据跟踪管理的需要，而“点”上问题的解决，能使教材编审出版工作畅通无阻，保证跟踪管理顺利进行。

从世界的情形看，加强教材的宏观管理是大趋势，它要求实行合理规划，稳弹性管理，完善政策法规，实施一定的教材补贴，绝不能放弃对教材管理的国家监督责任。如此，才能避免宏观管理过宽或过严的弊端，才能防止“教材大战”、意识形态错误、教材品种单一等问题，才能达到教材经济效益与社会效益的统一。

第三节　教材的微观管理

教材宏观管理的各项控制手段最终要落实在基层，即学校的教材管理中去。相对于在总体目标、方针政策等方面起决策作用的宏观管理而言，学校的教材管理是一种微观管理。微观管理着重于具体执行，保证总体目标、方针政策等在基层实施，学校的教材建设工作又是全国教材建设的基础，而宏观管理则保证微观管理的实施。微观管理可借鉴宏观管理的原理及策略，二者相辅相成。

长期以来，我国实行严格而固定的国家课程教材宏观集中管理制度。微观管理主要是组织教材的供应，保证课前到手，人手一册。随着教材管理体制的改革，教材选用权下放，鼓励编写地方课程教材、校本课程教材和实验教材，因此，教材的微观管理显得日益重要。

教材建设是学校十分重要的基本建设，与师资建设及实验室、图书馆建设同等重要。其教材建设的目标是建立一套有中国特色的、具有世界先进水平的、科学性与思想性高度结合的、具有适合我国国情的先进性和教学适用性的教材系列，以满足学校教学的需要。教材建设要以改革的精神，努力提高质量，向多样化发展。学习和借鉴国外先进教材的优点，最终建成具有中国特色、国际水平的教材体系。

为实现这一目标，必须加强教材管理，而且必须在思想上加以重视，在理论上加以提高。教材管理的主要任务和内容大致有以下几个方面。

1. 贯彻落实党和国家有关教材建设的各项方针政策，并研究制定本校的具体规定和办法

为适应教材建设的需要，落实教材建设规划，学校必须认真落实各项方针政策，支持和鼓励教师尤其是高校教师编写教材。国家有关教材建设的各项方针政策是宏观控制的重要内容，它是从实现教育的战略目标出发而设计的，要有利于调动广大教师从事教材建设的积极性和自觉性，吸引各家大师编写教材。学校教材管理的内容是根据宏观控制

的内容，结合本校的实际情况，逐步建立起教材编写工作程序和制度，实现教材建设有效的微观控制。(1)参照组织科研工作的制度，建立教材编写制度。教材规划制定之后，与编写教师签订合同，明确任务和要求，解决必要的编写条件和经费，检查和评估成果。(2)教师编写教材既是一项教学工作，也是一项科研工作，需要付出长期的艰辛劳动和智力贡献，应纳入教学工作量，学校为此应制定具体的教学工作量折算办法。(3)教师编写的多种教材和讲义，应有其适当的学术地位，对于经过使用证明确有较高质量和特色的，应作为教学科研成果，经有关专家评审后，可以作为评定职称的依据。(4)制定合理的教材稿酬分配制度，以鼓励教师编写教材的积极性。(5)进行定期的教材评估制度，对质量较高、具有特色的教材予以奖励。经实验证明是优秀的教材，学校可向地方及国家教育行政部门推荐，参加各种优秀教材评奖，优秀的讲义可以向有关部门推荐出版。(6)鼓励教师进行教材研究工作，所撰写的研究论文在刊物上发表，或对教材建设工作有推动作用的应作为研究成果，经有关专家评审后作为评定职称的依据。(7)应考虑适当地将竞争机制引入教材的选题和编写工作中，以调动各有关方面的积极性，保证教材质量。

2. 学校教材建设规划的制定和实施

制定教材规划前，学校领导需要了解学校的教育教学情况及现有教材的质和量的情况，以便掌握学校对当前教材的需求，并预测教材建设的发展方向。除了近期教材规划之外，还要制定中期和长期的教材规划，以满足学校发展的需要。

规划的落实需要采取切实有效的措施。应根据总的规划编制本年度的教材计划，把教材编写任务作为教学或科研任务落实到教师，并进行必要的编写者资格审查，对年度教材计划的执行情况进行检查。

3. 提高教材质量和扩大教材品种

教材建设微观管理的重点是教材的质和量，特别是质重于量，因为它直接反映学校的教学水平。名牌学校应发挥自身优势，编写出一批具有特色和风格的教材以扩大其优势。教材管理的一切工作都要着重于这一基本点，应从各方面予以保持和保证，主要指的是内在条件和外在条件两个方面。内在条件是指教材编写者的素质和水平，学校领导对此应先摸底后选择组织，有条件的学校可以制定出衡量编写者教学、科研等水平的一些基本条件。外部条件指一定的工作条件和必要的物质条件，也包括一些优惠政策或政策倾斜。

随着教学改革的深化，扩大每种不同类型的教材编写是一项迫切任务，除传统的语文、数学教材改革之外，现代教材可以扩大到乡土教材建设及其他学科教材的建设，从而拓宽教材改革的规模。此外，学校还要鼓励不同学术观点、不同特色网络及不同改革试验的教师编写教材，既可鼓励编教科书，也可鼓励编写教学参考书及数字教材等，争取使讲义提升为教材。

4. 开展教材实验工作

教材实验是教材改革的重要基础，又是检验教材质量的重要手段，还是理论与实践的结合点。对教材编写者来说，教材实验是检验其成果质量的试金石。为此，学校要认真组织教材实验，提供各项实验条件，将专家检验、理论检验与实践检验相结合。

5. 重视教材建设研究工作

教材研究是教材建设的重要方面，它有利于提高教材质量和管理水平。

教材研究的内容一般分为两个方面：一是对教材本身内容的研究，包括教材的系统性、科学性、思想性、教学性、适用性等的内容，在此基础上研究教学方法的问题；二是对教材建设的政策、管理内容和方法等的研究，包括学校现行各项有关教材建设政策、措施的利弊及改进建议，教材合理配套形成系列，教材质量评估标准和方法，教材管理的现代化，教材改革的方向等。为此，学校一方面要组织教材教法研究室，另一方面要鼓励广大教师共同参与。

6. 加强教材管理机构建设

学校领导应有人具体分管教材建设工作，在校长领导下，统管全校教材建设管理工作，明确职权责利，逐步运用计算机管理及建立教材信息库，促进教材管理的现代化和科学化。

7. 抓好教材的选用工作

争取选用最优教材。随着教材管理体制改革的深化，教材的选用权适当下放给地方教育行政部门及有条件的学校。如此，增加了学校管理的内容，校长及教师根据本地区、本民族及本校的实际情况，在国家审定的教材选用书目中，选择最合适的教材为己所用。

8. 做好教材供应工作

必须做到“课前到书”。教材是师生教学的依据，是实现教育教学目标的有效途径，因此教材的及时供应对教学效果影响很大。因此，学校领导应组织专人负责教材的预订和外购计划，力争早安排早动手抓落实，自编教材的更要抓紧编写、完稿、付印、供应的每一道程序，保证及时准确地给师生供应教材。学校领导要加强本校的教材管理部门，督促检查；而教材管理部门（者）则应及时广泛了解全国各种教材出版的信息，向校领导及任课教师提供有关的信息资料，并做好优秀教材或讲义的推介、宣传工作。

9. 加强校办印刷厂、电教室建设

印刷厂、电教室是学校管理的“硬件”，是搞好教材建设关键性的物质保证。教材的编写，从最初的讲义、教案到教材雏形及较成熟的教材都必须依赖它们。学校应有计划地改进印刷技术，提高印刷能力和质量。有条件的学校加强电脑配备，以供师生使用。

10. 加强国外教材管理的信息交流与合作

教材建设的实践证明，引进与合理吸收国外先进教材是提高本国教材质量的一条捷径。新中国成立初期及改革开放初期都曾经做过尝试，并取得显著成效。另一方面，加强与国外同行的信息交流与合作，有利于提高教材建设的质量和水平。例如，人民教育出版社在编写九年义务教育教材时，曾与英国、日本等国共同编制中学英语和日语教材，增强了教材的科学性及实用性。此外，校际教材的交流是一种较为经济和简便易行的方法，有条件的学校应支持条件较差学校的教材建设。

11. 建立健全教材建设及管理体制

首先是建立健全教材建设的编写制度；其次是建立健全教材建设的奖励制度，包括教材建设在评职晋级中的作用，以及教材稿酬制度、教材评奖制度、实验制度、研究制度等；再次是努力使这些制度配套，形成校内竞相进行教材改革的优良气氛，并使教学改革与之相适应。

第四节　教材的管理过程

教材建设是一项系统工程，为此需要从策划、编写、编辑、审定、实验、修订、出版、印刷、定价、选用等过程实行追踪式与定点式相结合的管理，其间需要宏观管理与微观管理有机配合。

一、编写过程管理

教材一般实行多人合作编写形式，也有个人编写的情况，两种形式的编写过程不尽相同。

（一）编写教材的一般过程

1. 准备阶段。多人合作编写首先确立主编或统稿人，在编写者个人准备的基础上，由主编或统稿人召集会议，集体研究课程计划及课程标准，目的是提高认识和统一思想。而后拟定并通过教材编写提纲，对编写任务进行具体分工，交流有关资料，确立编写进度要求。个人编写准备由个人完成，由讲义经过教学实践逐步完善。

2. 初稿编写阶段。编写初稿是教材编写过程的中心环节，所花费的时间和工作质量与个人准备状况及学术水平、文字表达水平、承担任务的难易度等多种因素有关，需要主编协调和整体把关检验，及时修正编写提纲。

3. 初稿审校修改阶段。一方面是编写者对其承担的初稿进行认真的审校修改；另一方面是彼此交流初稿，交叉审校。主编尤其要注意书稿中难以发现的脱节、重复、错误、矛盾及不合理之处，而后由作者再次认真修改。

4. 誊清和描图阶段。一是要建立多个编写者的统一规范；二是要符合出版社的要求，做到齐、清、定。

5. 审查阶段。审定是保证教材质量的重要环节，一般由教育部门或教材主管部门约请审稿人承担，重点审查书籍中内容有无重复、脱节，取材详略、深浅、表达风格及规范等问题。一般多人合作书稿审定难于个人书稿。

（二）教材编写过程的一般分析

1. 两种教材编写形式的编写过程基本相同，但每一阶段所包含的工作内容略有差异。合作编写有利于集中群众智慧，发挥各自所长，只要组织得当，可以缩短编写时间，提高编写质量，但从整体上讲，它并不省功，因为增加了协调、审校及整理等工作，因此主编负责制至关重要。

2. 多人合作编写，无论是自由结合抑或统编，参编人员不宜太多，注重优势互补，团队合作。

3. 多人合作编写的必要条件：（1）意义重大、难度较高的教材；（2）要有合作的基础；（3）教材体系和内容取舍认识上的一致性。

4. 教材编写时间长、工作量大，这一复杂劳动尤其是自编教材业余劳动更应获得社会的承认。一要尊重教材编写者的劳动，二要进行物质奖励，三要进行精神鼓励，四要纳入教学工作量及科研成果范畴。

二、编辑过程管理

编辑工作是指出版机构从事组稿、审读、编选、加工整理书稿的工作，它是定稿付印前的重要环节，它贯穿于出版工作的全过程，并涉及各个方面，亦是出版工作中影响全局的中心环节。

教材编辑工作主要包括选题、组稿、审稿、编辑加工和编后工作五个阶段，每一阶段本身又包含许多内容。（此处从略）

三、审稿过程的管理

在教材编审出版工作（如图 6-6）中，审稿是必不可少的一个重要环节，它既要对书稿政治内容和学术（艺术）质量作出基本评价，又要对拟采用的书稿提出具体的修改意见。教材主管部门常据此决定书稿取舍，而编者又可据此修改。

审稿是一项政策性和业务性很强的工作，是多头的工作。对出版社来说，其审稿工作一般由责任编辑初审，编辑室主任复审，总编辑终

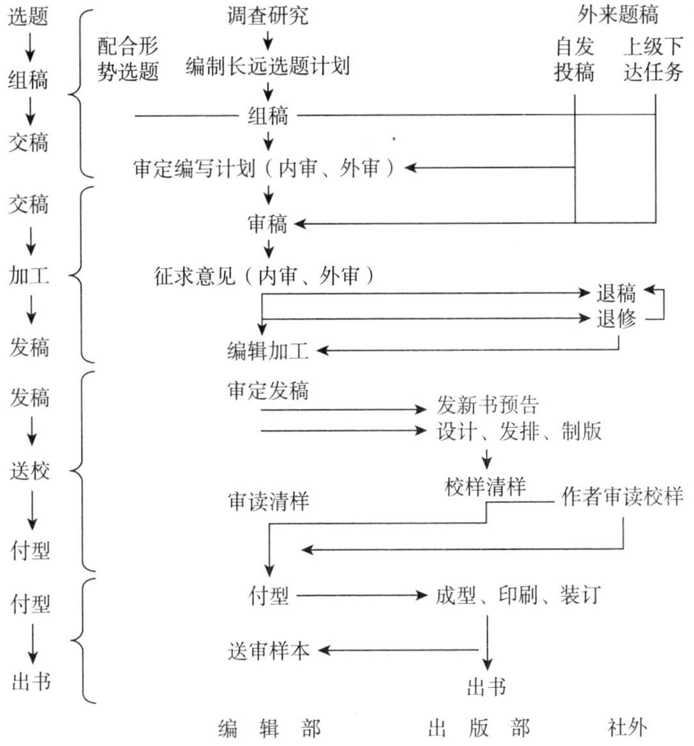

图 6-6　教材编审工作示意图

审，重大问题（方针、政策及原则性问题）向上级请示。其中，责任编辑是审稿的主要责任者，对书稿质量负有全面责任。我国教材审稿制度在 1954 年开始确定，规定每一本教材在出版之前，必须在政治上、科学上、教学原则上、文字上进行审查。（1）稿件必须经各编辑室反复进行讨论、审查和修改，经室主任仔细审阅修改后，定名为初稿。（2）初稿交专家作科学上的审查，再予修改，定名为二稿，负责科学审查的专家即为校订人，除支付一定报酬外，并在书上署名以负其责。（3）邀请优秀教师和专家对二稿进行讨论，如认为可用，依据讨论结果再加修改，必要时再由专家复审，定名为定稿。（4）将定稿分别进行政治、文字及保密方面的审查，然后交教育部批准，定名为批准稿。（5）出版方面进行严格的技术审查，做到排印正确，形式美观，装订坚实耐用。（6）新教材编写前后广泛征求意见并在少数学校试教。1960年对此又作了改革，建立三审制度，即编辑部内的正副总编辑初审，教育部的专门审查组复审，教育部主管副部长最后批准。重大问题请示中央。为各方吸取群众意见，教材初稿可以委托省市组织教师审查或由教育部召开教材研究会议进行审查。审查中突出抓政治性问题，并对科学性及程度深浅加以注意。审查后进行集体讨论，有争议问题咨询专家，由领导作结论。1982年，人民教育出版社拟定《关于中小学教材编审工作责任制的规定（试行草案）》，明确了责任编辑、编辑室正副主任、总编辑及责任副总编辑的三级审定制度。1986年，改革了编审合一的体制，成立了国家中小学教材审定委员会作为教材审定的最高权威机构，制定了有关章程。目前，又成立了国家教材委员会和教育部教材局。这样，形成了二级教材审定体制。实践证明，二者之间的双向保密是完全必要的，尤其是在竞编选用教材的体制下。

一般而论，出版社与国家教材委员会的审定角度不同，出版社重业务组织，后者重在全面和宏观。出版社一般注重：（1）齐、清、定的要求；（2）符合出版的有关规定（文稿、书写、标点符号、名词、计量、数字、公式、图表、注释、引文、参考文献、索引及其他）；（3）符合课程计划及课程标准。借鉴参照审定规则：（1）审定全国中小学各学科教学大纲和教材；（2）指导各学科教材审查委员会的工作（3）指导优秀中小学教材的评选工作，审定内容包括教材内容、教材体系、教材文字与插图、音像教材与教学挂图、教材中的练习和作业等。二者均要从教材反映的科技水平、教学水平、政治思想水平及语言文字水平等方面审查，出版社审稿是质量保证的基础。

四、审稿后编辑工作管理

审稿后的编辑工作包括编辑加工与编后工作，二者分界线是“审批发稿”，工作流程见图 6-6。编辑加工是审稿和装帧设计的一道工序，编辑需要对全部书稿进行复审，既是审稿工作的继续，又是其细化和深化，是保证书稿质量的重要环节，体现教材“文责自负，编辑把关”的原则。编后工作则指从装帧设计到正式出版的全部编辑工作，它包括出版付印阶段和出书后阶段，前者包括装帧设计、审读校样和审定发行样书三部分，后者主要包括读者需求工作、重印和修订再版工作三部分。前者重在核实、堵漏及整容，后者是包装、宣传与交流。

五、出版印刷过程管理

出版印刷是教材建设的最后一道工序，它的质量在很大程度上决定教材的整体水平。其中，出版质量很大程度上取决于印刷质量，而印刷质量既取决于编辑质量，也取决于其自身的技术力量和物质条件。因此实现全程管理，必须对出版社及印刷厂的合作进行控制。

对教材的要求有其特殊性：（1）在学期开学前必须保证供应，时间紧，要求高；（2）数量大，品种多，供应数十亿册，牵涉大中小学学科专业门类众多的教材系列，其中有教科书、教学参考书、教案选、配套电子音像产品和数字教育产品等；（3）利润微薄，工作量大。因此对教材的出版、印刷、制作、运输、物流提出了高要求。

我国教材出版印刷制度建立于新中国成立初期。为改变 1950 年春季各地教学用书版本不一、供应紊乱的状况，确立由人民教育出版社提供纸型，全国各地分区营造印刷，1952 年成立了教科书出版委员会，以教育行政部门为主，包括教育行政部门、出版行政部门、出版单位及发行单位四个方面。1959 年成立课本出版小组，1981 年成立教材办公室，在全国范围内协调教材出版工作。长期以来，由于实行统编通用教材体制，一般由人民教育出版社负责编写出版，向各省（自治区、直辖市）出版社（教育出版社）提供纸型（现已发展为电子传版），再由各省（自治区、直辖市）印刷厂承印。在教材竞编选用体制下，教材出版印刷体制有新变化，它由各教材编写单位委托出版单位负责经营。大学和职业学校教材基本上由高等教育出版社、大学出版社和行业出版社出版发行。

要提高我国教材印制水平，必须从出版社及印刷厂两个环节来加强管理，关键在于解决经济效益与社会效益及教育效益之间的冲突。国家要对教材印制予以适当的补贴，出版社及印刷厂也应以社会效益及教育效益为重，以保本微利为原则。国家应严格控制教材出版及印刷单位的规格与标准，防止不合格的出版与印刷单位参与教材印制。实行特种出版许可证制度，进行经常性检查、考核。

同时要建立一系列教材印制的规章制度。一方面要继承我国教材印制管理的优良传统，另一方面要学习外国教材印刷的先进经验，鼓励与支持出版及印刷单位的技术革新，增强监督反馈机制，对教材的印制提出明确标准。

六、教材的实验管理

教材实验是教材建设的一个重要环节，是使教材编写能够接触实际并受实践检验的重要步骤，选择部分地区和学校进行教材的整体实验，是检验教材教学目标，理论付诸实践，修正错误，提高教材质量的重要机制。

教材实验已是世界教材建设的通例，一般要求直接抽样，在几个有代表性的地区和学校实验，要求严格遵循实验规范与条件，不得降低或增加改变实验条件，如派遣优秀师资、选择优秀学生、延长课时、教学条件特殊化等。

教材实验是教材建设的重要环节，亦应成为教材管理的正常工作。首先是成立领导机构。在统编通用教材体制下，国家教委 1989 年下发《关于九年制义务教育课程教材试验工作的通知》，明确教材实验领导由教委主管副主任领导，具体工作由中小学教材审定委员会办公室负责：首先，各省（自治区、直辖市）教委亦由主管副主任领导，省级中小学教材审查委员会办公室负责，也可成立教材实验领导小组，学校成立实验领导小组。其次是保证实验经费，由各级教育行政部门提供。再次是控制实验规模，不超过 200 个教学班。具体工作是确定实验区和学校确立实验教材；制订实验方案和计划；建立评估教材质量的科研小组；培训师资及干部；指示实验工作，总结实验成果；提出修改意见；总结教材实验经验；写出实验报告，交全国中小学教材审定委员会，作为教材审定的一条必备要求。

七、教材的审定管理

教材审定是国家对教材宏观控制的重要手段，亦是“微观搞活、宏观控制”政策的一部分。世界各国的教材管理多采用审定策略。它既能够贯彻国家的意志，体现国家所需要的教育教学目标，统一规范全国中小学教材质量和水平，又能够适应各地区、各民族及各学校的教学实际，满足其不同需要。有利于调动各方面从事教材建设的积极性，丰富教材品种，可以在比较、鉴别和竞赛中促进教材事业的繁荣和教材质量的提高。

1987 年，国家教委颁布的《全国中小学教材审定委员会工作章程》规定教材审定委员会的主要职责是：（1）审定全国中小学各学科教学大纲和教材；（2）指导各学科教材审查委员会的工作；（3）指导优秀中小学教材的评选工作。审定原则是：（1）符合国家的有关法律、法规和政策；（2）体现三个面向的要求，贯彻为社会主义现代化建设服务的方针；（3）符合中小学教育培养目标的要求，为培养全面发展的四有社会主义公民及各级各类社会主义建设人才奠定基础；（4）符合国家教委颁布的教学计划和课程标准；（5）从我国经济文化发展不平衡的实际出发，从各地区可能达到的办学条件和师资条件出发，难易适度；（6）符合儿童和青少年身心发展的规律，符合教育规律，教学内容总量要适当。

当时制定的《中小学教材审定标准》具有可操作性。

1. 教材内容。（1）体现基础教育的性质、任务和学科的教学目标。（2）符合教学计划、教学大纲所规定的各项要求。（3）具有思想性。（4）具有科学性。（5）符合我国国情，体现时代精神。（6）要从学生所熟悉的环境和事物出发，做到理论和实际相联系。

2. 教材体系。（1）符合儿童、青少年身心发展规律。（2）要使学生的认识规律和学科的知识结构结合起来，安排教学内容的顺序、层次和逻辑关系，建立本学科的教学结构。（3）有利于实现各学科的教学目标。（4）注重本学科各部分内容间及与其他学科内容间的联系。

3. 教材的文字、插图。（1）语言文字要简练、规范，内容要生动活泼、富有启发性，要注意不同年龄阶段学生的语言特点。不要使用方言土语。（2）照片、地图、插图和图表要和教材内容紧密配合，地图按国家有关规定送审。（3）引文、摘录要准确。（4）名称、名词、术语均应采取国际统一名称或国家统一规定的名称。（5）标题、字母、符号均需统一，符合规范。（6）计量单位采用国际单位制和国家统一规定的计量单位。

4. 音像教材与教学挂图。(1)画面构图合理、主题突出，所表现的内容无科学性错误。(2)音像、图画所表现的内容要富有教育性，给予学生美的感受。(3)要注意教学实效，音像、图画要具有启发性、趣味性，培养学生的思维能力。(4)音像教材要符合国家教委电教局颁发的技术质量标准。

5. 教材中的练习和作业。(1)配合教学安排作业和练习，内容体现教学目的和要求，分量要适当，不要加重学生负担。(2)作业和练习安排要有层次，适应不同程度学生的需要。(3)作业和练习的内容、形式要多样。(4)作业和练习要联系学生的实际，引用的事例、数字要准确。

同时，规定了教材审定程序:(1)学科审查委员会对送审的本学科的教学大纲和教材进行审查。(2)审定委员会审定各学科审查委员会提交的教学大纲、教材审查报告。(3)中小学教材实行编审责任制。(4)审定委员会审定的教学大纲和教材，报国家教育委员会主管副主任签字批准出版印行，并在封面上标明“全国中小学教材审定委员会审定”字样，列入中小学教材推荐用书目录，供各地学校选用。并制定了《中小学教材送审办法》，共八项:(1)凡符合《全国中小学教材审定委员会工作章程》第四章关于审定原则的要求，经过试教，取得较好效果的教材，可以送审。(2)编写教材的单位和个人，要在送审教材的同时提出教材送审报告和教材试用总结。(3)送审的教材必须首先经所在省(自治区、直辖市)教育部门或重点高等院校组织审查。审查通过后，由省(自治区、直辖市)教育委员会(教育厅、教育局)或重点高等院校写出推荐报告，送全国中小学教材审定委员会办公室。(4)审定委员会审定合格的教材，如编者需要修改，再版时，需按本办法重新送审，并说明修改理由和原则。(5)国家颁布新的教学计划和课程标准，原经审定委员会审定合格的教材，须按新颁布的教学计划和教学大纲重新修订，并按本办法重新送审。(6) 推荐单位或送审单位必须在每年 2 月底前，将送审教材及有关报告送交审定委员会办公室。审定委员会办公室将教材及有关报告于 3 月底前送审查委员，同时对审查教材和有关报告进行调查研究，做好审查会议准备工作。(7) 送审教材注意事项。(8) 属下列情况之一者，不予审查：第一，同已审定出版的同科教材在内容、体系、编写形式上相似，又无显著特点；第二，内容粗制滥造，政策性、思想性、科学性错误较多者；第三，侵犯他人版权者。

中等职业学校教材审定办法与中小学大体相同。高校教材审定由学校专门机构审定。由此可见，我国教材审定制借鉴了国外通用惯例，并在很大程度上结合国情，因此较为成熟和实用。

八、选用过程管理

教材选用制度与教材审定制度是配套设立的。在国家统一要求、统一审定的前提下，不同风格、不同水平的教材可供各地区、各民族及各学校选用，以适合自己的教育教学实际需要。

在教材编审分离、实行审定制后，扩大了地方及学校对教材选用的权力，规定经全国中小学教材审定委员会审定的全国通用中小学教材，列入教育部批准推荐的中小学教材及教师用书目录；经省级中小学教材审查机构审查的教材，列入省级教育行政部门批准推荐的中小学教材目录，供学校选用，市、县级教育行政部门对学校选择教科书予以指导。教材推荐介绍可由教材编写单位与教育行政部门共同负责，由学校校长和教师根据本校的实际情况选用。

学校选用教材，地方教育行政部门予以指导，这是教材改革的必然要求。因此，一方面须下放教材选用权力，增强适用性；另一方面学校要提高选用教材的能力，着实提高教学质量。

九、发行供应管理

教材的发行供应是教材建设系统的最后工序，它意味着经过长期智力创造的教材将要发挥其作用，将同师生见面。因此，教材的发行及供应亦是教材管理的重要环节。

长期以来，我国实行教材统一定价，教育行政部门提供用书费、教具，出版社出版印刷，新华书店负责发行供给，一般采取“信用预订，预印预发，先运后返，先山区后平川”、“按时定量，课前到书，人手一册”的工作原则，新华书店在系统内实行“统一发行，分区负责”、分地结算盈亏为原则。其指导思想是“满足需要，方便学校，按时准确”。在管理体制上，总店负责宏观控制，省级店是教材发行的枢纽站，销货店是教材发行的基层环节。省店的工作业务是征订—审核—调剂—储备—发货通报—收货—制票—包装—发运—财务结算，销售店的工作业务是征订—收货—查询—仓储—发行—销售—售后服务—调剂—货款结算—库存管理。同时，教材长期实行低价政策，亏损部分由国家补贴，教材定价标准一般比其他类图书低30%左右，但由于量大，基本持平，“保本微利”。

在目前教材选用新体制下，教材发行供应适应社会主义市场经济体制改革的需要，教育行政部门、出版单位及发行单位、运输部门新关系逐步确立，这就要求必须处理好经济效益与社会效益的关系，明确教材既是商品又非纯商品的二重属性，实行指令与指导相结合，行政手段与法律、政策手段相结合，建立健全新时期的教材发行供应体制，扩大教材销售网络，健全教材供应信息系统，使教材能货畅其流、物尽其用。

第五节　教材的管理队伍

管理水平的高低，主要取决于管理人员的素质状况，这是教材管理科学化及现代化的必要前提条件。

所谓人的素质，是先天遗传和后天社会化的合金，它不仅包括人的性格、毅力、兴趣、风度，还包括思想品德、知识才能等，即个人所具备的一切主体因素条件。管理是管人又管物的活动，因此管理者的素质要求非常重要。

首先，管理者的素质是由管理本身的职能所要求的。一般而言，管理具有五种职能，即预测和计划、判断和决策、组织和指挥、监督和控制、教育和激励等五种，因此对管理者提出多项基本素质要求。其次，管理者的素质是变化的，受到时代和生产力发展的作用。再次，管理对象不同，对管理人员的素质要求也不同，教材管理的政策性与业务性较强。

基于此，教材管理者应具备以下基本素质条件。

1. 要有职业道德和服务意识。管理人员在事业上的主动进取精神及良好的工作作风和道德品质，是做好教材管理工作必要的素质条件，必须认识到本职工作的价值，端正为教学服务的思想。

2. 必须具备多方面的知识结构。因为教材管理工作千头万绪，非常复杂，涉及面广泛，因此管理人员必须具备科学管理的知识、教育教学的知识、专业知识及编辑出版发行等方面的业务知识，才能实行内行管理。

3. 必须具备一定的组织管理能力。教材工作是一项由许多要素或部门组成的复杂的系统工程，不但涉及学校，还涉及教育行政、出版、印刷及发行等部门，而且教材从编写到出版发行直至使用要经过几十道工序。为使系统各要素按照一定规律有效地运转，必须先有周密的计划及强有力的组织指挥。因此要求教材管理干部具备相应的组织管理能力，如善于洞察和判断、勇于决策的能力，善于计划、协调和组织指挥的能力，善于表达和做思想教育工作的激励能力，善于随机应变的能力，善于交流与合作的能力等。

4. 对不同层次的教材管理者应有不同的具体要求。从事宏观管理和微观管理的人员，在素质要求上应当有区别，前者主要是研究制定教材建设的方针政策及有关法规，提出教材建设的长期目标及远景规划。因此要求其管理者必须具有较高的政策理论水平和决策能力。微观管理者主要是贯彻上级有关教材建设的方针政策和有关规定，组织实施上级的教材规划任务和本校教材建设的计划，做好教材的选用、采购和供应工作，主要职能是执行、组织和保证服务工作。因此对微观管理者要求具有较强的组织纪律观念及组织协调能力，要善于做思想工作和处理人际关系，还要具有为教学主动服务、认真负责的奉献精神。

5. 形成教材管理队伍的合理素质结构，达到优势互补。需要配备相应的教材管理人员，形成特定结构，协调一致，形成合力。

6. 改善现有教材管理队伍的素质结构。这是由传统经验式管理向科学化管理迈进的基本途径，提高的主要方法是边工作、边学习、边研究，在实践中提高，在理论上提高，在学习中提高。既要提高其文化知识水平，又要加强业务知识学习和培训工作，还要改进管理技术，掌握现代化的管理手段，改变传统手工作业式管理，做好教材管理人员的培训工作。

7. 加强教材管理工作的科学研究。这是教材管理科学化及提高教材管理者管理水平的必要方法。发达国家均设立教材的科研机构，拥有一批专职研究人员，专门研究教材管理的规律、策略与方法，以及人、财、物各种管理资源的配置与优化组合，建立管理信息数据平台，为宏观与微观教材管理人员决策提供科学依据和政策建议，以提高其管理水平。

第七章　教材改革论

新中国成立以来，党和国家十分重视教材建设，历届党和国家领导人都非常关心教材建设。2017年7月，国务院成立了国家教材委员会，专门负责教材建设的领导工作，教育部直接承担教材的具体组织工作，由一名副部长具体分管；设立国家与省级教材编（审）领导机构，建立教材管理制度，包括教材的编写、审定、出版、发行、供应及选用制度；设立人民教育出版社、高等教育出版社及省级教育出版社（或其他专业出版社），专门负责教材的编写出版；新华书店系统负责教材发行工作，地方省级教育行政部门和高校负责教材选用的管理。

70年来，我国教材稳步发展。在各方面的努力下，先后编写出版了十多套统编通用教材，若干实验教材、乡土教材、民族文字教材及视听教材。目前，在教材建设上投入了巨大的人力、物力和财力，形成了一套行之有效的教材管理制度。

我国每年供应30多亿册教材，是世界上最大的教材生产国和消费国，教材的研制水平在世界上名列前茅，以重视基础知识和基本技能训练而闻名，有的教材开始走向世界。教材基本满足了教育教学需要，为国家培养出大批优秀人才。

同时，我国教材建设也积累了许多历史经验，如坚持党对教材工作的正确领导，把握教材建设的政治方向；遵循学生发展和教育教学规律；坚持专业地发展；坚持改革创新；坚持社会参与，形成合力；等等。需要认真总结，以供借鉴。在建设教育强国的今天，为培养新时代人才，必须不断深化改革，沿着中国特色、体现世界水平的社会主义教材道路健康发展。

第一节　我国教材的改革历程

中华人民共和国成立以来，教材建设既取得了世人瞩目的成绩，也有过许多教训，但总的发展趋势是好的，改革发展始终是教材建设的主旋律，主要表现在教材建设体制、编审基本指导思想、教材建设实情及教材研究等方面。

一、教材建设体制的沿革

体制的建立与健全是教材建设的基本保证，这是教材发展进步的社会基础。我国历经多次变革与磨合，基本形成适合本国国情的教材建设体制。

（一）教材编审机构

新中国的教材编审机构是在解放区的基础上形成的，1949 年 4 月，华北人民政府教育部成立了教科书编审委员会，着手审订老解放区和国统区的教材。东北人民政府教育部也组织力量着手编译苏联的中学数学和自然科学教材。同年 10 月，中央人民政府出版总署设编审局；集中了老解放区和原开明书店的部分编辑人员为骨干，开始编审中学文史地教材。1950 年 12 月 1 日，出版总署和教育部决定共建人民教育出版社，出版总署副署长叶圣陶兼任社长、总编辑，教育部视导司司长柳湜兼任副社长、副总编辑。人教社实行双重领导，以教育部为主，出版总署为辅，有关方针、任务、计划及日常行政工作均受教育部直接领导，有关出版方面的一些业务受出版总署领导。人教社是我国中小学教材的主要编写机构，“文革”期间，该社的教材编辑出版业务全部停顿，1972 年 7 月恢复重建，1977 年 9 月再度工作，至今，人教社仍是我国中小学教材建设的主力军。1954 年 5 月 18 日成立的高等教育出版社，是出版高等教育、职业技术教育和成人教育教材的综合出版社。

为加强党和国家对教材建设的领导力量，中宣部负责教材的意识形态控制，业务组织领导由教育部负责，具体操作由人教社、高教社等出版社负责。1953 年 5 月，中央决定成立语文和历史教学问题两个委员会，负责研究和决定这两个学科的教材和教学问题，教育部负责业务。1959 年 3 月，教育部党组发出《关于编写普通中小学和师范学校教材的意见》，确定：（1）由教育部副部长叶圣陶负责教材编辑工作，由副部长董纯才负责教学大纲和教科书的制订及编审工作；（2）成立普通中小学教材审核委员会，并建立审查制度；（3）人教社由戴伯韬主管教材编辑工作。1960 年 10 月，教育部成立中小学教材编审领导小组，由人教社副社长兼总编辑戴伯韬任组长，组员有辛安亭、肖敬若、彭文、刘松涛，小组在张磐石和董纯才指导下工作。1962 年 5 月，教育部党组调整了教材编审领导小组成员，戴伯韬仍任组长，组员中辛安亭离职，增加了李之乾、吴伯箫、张凌光，小组仍接受张磐石与董纯才的直接领导。1963 年改由张磐石任组长。1977 年，经教育部党组批准，成立中小学教材编审领导小组，由教育部副部长浦通修任组长，组员有浦通修、戴伯韬、叶立群和张玺恩。1983 年，教育部中小学教材办公室成立。1985 年 1 月 11 日，国家教委颁发《全国中小学教材审定委员会工作条例（试行）》；1986 年 9 月 22 日，全国中小学教材审定委员会成立，由国家教委副主任、党组书记何东昌兼任主任委员，沈可琦、顾明远、邢家鲤、柳斌、王明达任副主任委员，审定委员共 20 人，各学科审查委员 114 人（见图 7-1）。其下设立各学科教材审查委员会和常设办事机构即国家教委中小学教材审定委员办公室。各地相继成立省级教材管理机构。

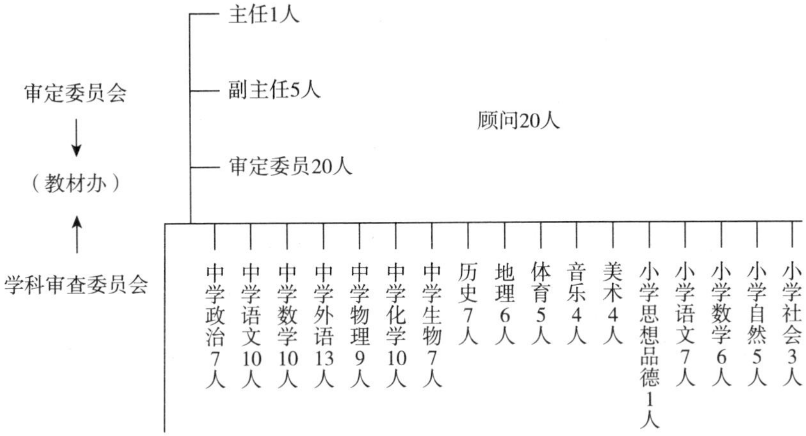

图 7-1　全国中小学教材审定委员会内部结构

（二）教材编审制度

教材编审工作复杂，必须建立一套行之有效的工作制度，并在实践中逐步完善。

1．1952 年拟订的教材编辑工作计划

为保证教材编订工作的顺利进行，加强内部的联系，1952 年人教社制定了《编辑施工计划暂行办法》，其中规定由责任编辑草拟、编辑室讨论、室主任核转主管副总编辑批准的制度。

2．1954 年制定的编审制度

加强编辑制度，包括聘请专家参加工作、吸收优秀教师的意见、完善工作制度、教材内容加强科际联系、采取以直线式前进为主与螺旋式上升为辅相结合的编写策略等；另一方面，执行严格的审查制度，教材在出版前必须在政治、科学、教学原则及文字上进行审查，必须经过初稿、二稿、定稿、批准稿等环节。在出版方面，还要进行技术审查，征求各方意见，并在一些学校进行实验。

3．1960 年建立的教材编审制度

在编辑工作中，人教社要求编辑人员必须依据领导批准的编辑方针和要点编写，采取集体讨论、分工负责的工作方法，注意全局观念。在审查上实行三审制度（初审、复审、终审），突出政治审查，注意科学性及教学性等。

4. 1982 年制定的教材编审制度

人教社重新制订《关于中小学教材编审工作责任制的规定（试行草案）》，对总编辑、副总编辑、编辑室正副主任、责任编辑、美术编辑及绘图员和助理编辑均有明确要求，并确定专家与群众相结合的编写路线。

5. 1985 年制定的教材编审制度

教育部颁发《全国中小学教材审定委员会工作条例（试行）》，确定新时期教材编审制度，其要点是：改革现行教材编审合一制度，实行编审分开，在统一基本要求、统一审定的前提下，逐步实现教材的多种网络，教材的编写与选用实行竞争机制，编审人员必须具有专业资格，审定制度民主化，审定前必须进行试教并有试验报告。教材编写必须征求各方意见。

（三）教材出版发行制度

教材的选用一般由教育部指定，每年春秋两季教学用书的决定，由教育部、出版总署联合发布。各地教育行政部门据此确定本地区中小学的教材，人教社和各地出版单位据此编印有关教材，新华书店据此布置预订工作。这种办法从 1950 年秋季一直实行到 1990 年。

1950 年 7 月，教育部和出版总署联合发布了《关于 1950 年秋季中小学教科用书的决定》，同年 12 月又联合发布《关于 1951 年春季教科书的售价及生产供应办法的决定》；1951 年 3 月人教社和新华书店联合召开第一次全国教科书出版工作会议和课本发行会议，确定了“信用预定、预印预发、先远后近，先山区后平川”等发行原则；1951 年 10

月，又联合发布《关于改进1952年春季教科书供应工作的决定》，贯彻统一发行、分区负责的原则；1952年11月，教育部和出版总署根据第二次全国教科书出版会议提出的“以教育行政部门为主，成立教科书出版发行委员会”的建议，联合发布《关于成立教科书出版委员会的指示》并附发《教科书出版发行委员会组织条例（草案）》，它由教育行政部门、出版行政部门、出版单位、发行单位四方面组成；1954年12月，教育部、文化部联合发出《关于课本分地造货办法的决定》，规定分地造货以“分地计划印数，分地造货，分地经营，统一定价，分地结算盈亏”为原则，制定了“课本分地造货发行供应地区表”，还确定了人教社与各地方出版社的业务指导关系。

1958年，教育部停发教学用书表，人教社根据教育部颁发的指导性教学计划和教学大纲，编辑出版通用的教材，并印发目录供各地选用，出版发行体制基本延续。1959年，国务院第二办公室之下设立课本出版工作小组，负责规划和监督课本的编印工作，各地也成立相应机构。1977年，教育部和国家出版事业管理局联合召开全国教材出版工作会议。1978年4月，国务院批转了会议报告，恢复“文革”前的教材出版发行办法。1979年2月，第二次全国教材出版发行工作会议召开。1982年3月，国家出版事业管理局成立了教材办公室，负责管理、检查各类教材的出版发行工作，协助安排调剂印刷生产力量，以及协调各有关方面的联系，保证各类教材的及时供应。1986年6月，国家教委与国家出版局下达《关于中小学教学改革试验教材出版、印刷、发行问题的通知》，强调从社会效益出发和保本微利的原则。

（四）教材的选用制度

在教材国定制体制下，我国教材使用基本上采取国家教育行政部门统一指定制，这是在全国统编通用教材前提下的必然选择。

这种状况首先在义务教育教材上有所改观，1992 年 11 月，国家教委发布《关于九年义务教育小学、初级中学教材选用工作的原则》，实行选用权下放，组织地方和学校选用教材，规定小学各科教材一般由县级教育行政部门负责选用，初中各类教材可由省或地（市）一级教育行政部门负责选用，对有条件的小学和初中可赋予选用教材的权力。选用教材必须是经国家和省（自治区、直辖市）内教材审定委员会审查通过，列入全国本省（自治区、直辖市）内中小学教学用书目录的，分别在审定范围内使用。选用教材可以多样化。同时指示省（自治区、直辖市）内教育行政部门提供有关教学用书目录，并公布审查意见。教材编写出版单位应作客观介绍并在教材征订前送样书。教材选用要注意吸收教研部门及教师的意见。

（五）教材的定价政策

我国教材长期实行低价政策。同一版本的教材在全国范围内统一定价，出版单位因印制条件不同而产生的亏损由国家补贴。

1950 年 7 月，教育部和出版总署联合发出的《关于 1950 年秋季教科书减低并划一售价及供应办法的决定》规定：“各地售予学校及学生的书价，一律按照书面标明的货币价格计算，不得根据任何理由加成本加价出售。”同年 12 月，教育部和出版总署又发布《关于 1951 年春季教科书的售价及生产供应办法的决定》；1951 年 10 月，出版总署发布《关于 1952 年春季教科书定价办法的指示》；1952 年 10 月，教育部和出版总署发布《关于 1953 年春季中小学教科用书的决定》；等等，规定教材盈亏由人民教育出版社及新华书店统一掌握调剂。2001 年出台《中小学教材价格管理办法》，2012 年国家发改委、新闻出版总署、教育部下发了《关于中小学循环使用教材价格政策的通知》，确定适当调价政策。

由此，我国中小学教材长期实行“保本微利”的政策，其定价标准，比一般图书低30%左右。自2007年起，逐步推行义务教育免费教科书政策。

教材管理体制的建立与健全，标志着它既有中国特色，又与世界教材建设体制逐步接轨。实践证明，它在我国教材建设中起了保驾护航作用。

二、教材编写指导思想的演进

教材建设事关青少年的身心健康发展问题，必须结合社会、学科和学生的需要与特点，确定明确的编写指导思想，即编写学校教材应采取的立场、观点与方法。

我国长期坚持四项基本原则，用历史唯物主义和辩证唯物主义的观点看待社会和自然发展；坚持理论联系实际，重视基础知识和基本能力的教学，坚持教劳结合。这是我国教材编写指导思想的基本内核，其外层在不同时期有不同的表现。

(一) 1949—1952年

1. 中国人民政治协商会议《共同纲领》规定的“肃清封建的、买办的、法西斯主义的思想，发展为人民服务的思想为主要任务”的文化教育方针，即为新中国最早的教材建设指导思想。

2. 1951年，教育部在第一次全国中等教育会议上指出了“各科教材必须保持完整的科学性和贯彻爱国主义的精神，必须研究中国参考苏联，以苏联的中学教科书为蓝本，编写完全适合于中国需要的新教科书”的编辑方针。

3. 1952年，教育部在《关于编订中小学教学大纲中若干原则问题》中提出教材编写的方针："第一，以马克思列宁主义毛泽东思想教育青年和儿童一代，并把资产阶级思想体系和封建的、买办的、法西斯主义的思想残余从我们的教学大纲、教科书和教学法中清除出去。第二，在教学大纲中，应当划定教材的知识范围、容量和进度，给学生以系统的、巩固的科学文化基础知识，打下他们参加国家建设或升入中等专业学校与高等学校的基础。"

（二）1953—1957 年

为贯彻中央政治局教育工作会议精神及教育部有关指示，人教社于 1954 年 6 月提出编写教材的新思想：（1）贯彻社会主义思想，采用系统的基本科学知识，注意吸收先进的科学成果；（2）以马克思列宁主义的立场、观点、方法来解释各种问题；（3）贯彻理论与实际结合的原则、教育与生产劳动相结合的原则，把科学原理、法则、定律与我国工农业建设、革命斗争结合起来；（4）符合教学原则，适合各科教学目的与学生年龄特征；（5）吸取苏联的先进经验。同时，研究了各科教材的编辑方针、原则、体系等问题。教育部批准上述编辑方针，指出："今后编辑教材，应按照中央所指示的，'我们学校应以社会主义思想，以马克思列宁主义思想教育学生'的方针和政务院《关于改进和发展中等教育的指示》中规定的关于编辑教材的原则，来从事工作；并应注意吸取苏联的先进经验和成果，同时还要检查现有的教材，总结我国自己的编辑经验（包括老解放区和旧中国的经验），用以改进我们的编辑工作。"

（三）1958—1960 年

1958 年 1 月教育部发出《关于编写中小学、师范学校乡土教材的通知》，提出了编写乡土教材的原则：（1）必须符合"培养成为有社会主义觉悟的有文化的劳动者"的教育方针和必须符合各该科教学的目的、要求。因此，选材要注意质量，必须真实可靠，富有教育意义。（2）必须适合学生的年龄特征和接受能力，对各年级应当有不同的要求，各科之间应有分工，避免不必要的重复。分量不能太多，以免造成学生的过重负担。（3）着重以初中的农业基础知识，小学的农业常识、历史、地理，中学的文学和小学的语文等科为主。（4）选材范围，中学应以省、市为重点，小学应当以县、市或专区为重点。

1959 年提出编辑民族教材的原则，译用或采用全国通用的教材，另外自编本民族语文教材和民族学校汉语教材及民族补充教材，教材的编译必须以党和国家的教育方针为指导思想，在教材的政治内容上要用社会主义、共产主义和爱国主义的思想教育学生。

1960 年 10 月，教育部党组在《关于适应教学改革，改编教材的报告》中提出编写十年制中小学教材的方针：（1）编辑教材，必须以毛泽东思想为指针，用辩证唯物主义和历史唯物主义的观点和方法解释自然界现象和社会现象及社会历史。坚决贯彻党的总路线和教育方针。培养学生的共产主义世界观和共产主义道德品质，注意清除资产阶级思想。加强反帝教育。大力宣传劳动是人类生活的第一需要，农业是国民经济的基础，参加农业劳动是光荣的和勤俭建国的精神。宣传要向着消灭工农差别、城乡差别、体脑差别的目标而努力。在编辑自然科学方面还要贯彻百家争鸣的方针。注意贯彻执行国家的保密制度。（2）应授给学生适合其接受能力的现代文化科学的基本知识。文化科学知识的教育必须和政治斗争相结合，和生产建设相结合，和实际相结合，纠正脱离政治、脱离生产、脱离实际的倾向。（3）应符合教学改革的要求。新编的十年制教材在程度上要求达到现行十二年制的水平。要克服少慢差费的现象，力戒繁琐，避免不必要的重复，删除陈腐落后的知识内容，建立适合学生程度的合理的学科体系。（4）应根据总的编辑方针，结合各科的特点，制定各门学科的具体的编辑方针、体系和内容要点。（5）应在党的领导下，走群众路线，克服专家路线的错误。编辑工作要做到领导与群众相结合、行政部门和专业机关相结合。

（四）1961—1965 年

1961 年，人民教育出版社提出重编十二年制中小学教材的指导思想："力求根据党的教育方针，结合我国教育的优良传统和当前社会主义建设的实际，合理地吸取外国（包括社会主义国家和资本主义国家）的对我有用的东西。希望在中小学教材编辑工作中，摸索出一条具体的贯彻执行毛主席教育思想的道路。"据此，"注意加强语文、外语、数学主要几门课程，适当提高了难度；注意用马列主义的立场、观点、方法阐述社会现象和自然现象，力求避免片面强调联系实际而削弱基本知识的缺点；注意了基础知识的充实和基本训练的加强，适当反映了科学技术的新成就；注意了切合当前的教学实际"。

（五）1966—1976 年

"文革"期间，以前出版的通用教材被视为"封资修大杂烩"而遭禁用，其教材编写指导思想受到批评。1967 年 10 月，中央发布《关于大、中、小学复课闹革命的通知》，其中提出编写教材的指导思想是：（1）彻底否定旧教材，充分反映"文化大革命"的成果；（2）彻底否定统编通用教材，鼓励各地自编教材；（3）彻底否定学科教材体系，重点突出政治性和实用性。

（六）1977—1985 年

为拨乱反正，尽快编出质量较高的教材，参加全国中小学教材编写工作会议的各科教材编写组确定了新编教材的指导思想：贯彻执行党的路线、方针、政策，为实现我国四个现代化培养又红又专的人才打好基础。在教材中要彻底清除"四人帮"的流毒和影响。在编写工作中应做到四点。(1)正确体现政治与业务的关系。教材内容要体现无产阶级的政治方向；编写教材要以辩证唯物主义和历史唯物主义为指导，以马克思主义哲学为指导，而不能代替各科教材的具体内容；教材内容要有利于对学生进行思想政治教育，但思想政治教育是通过各科教材的具体内容进行的，而不是脱离各科教材的具体内容空发议论，牵强附会。(2)正确体现理论和实际的关系。注意通过对具体事例的阐述或观察、实验，使学生理解和掌握理论；使学生知道理论在实际中的应用，培养学生具有运用所学理论去解决一些实际问题的能力；不能脱离基础知识讲实际应用和生产技术细节。(3)十分注意加强和精选基础知识。基础知识应当是学习现代科学技术和参加现代化生产必须具备的；精选传统内容，适当充实先进的科学知识。(4)为了加强基础，必须重视基本技能的训练。通过基础知识的学习、基本技能的训练，启迪学生的智力，培养学生的能力。

(七)1986—1994年

1986年形成教材改革的指导思想是："坚持从我国经济文化建设很不平衡的实际出发，从今后若干年内可能达到的办学条件和集资条件出发，面向今后两个文明建设，把教育的实际效果放在第一位，有利于人才的培养和成长提高是进行教材改革的基本指导思想。"①

因此在教材编写中坚持：(1)教材要按照不同学科的特点，贯彻教育目的，深刻地渗透正确的教育性和思想性；(2)教材的内容既要注重基础知识和加强基本技能的训练，又要考虑到今后社会发展的需要，恰当渗透先进的科学思想，为学生今后学习新知识奠定基础；(3)在强调教材的科学性和面向世界、面向未来时，不能脱离我国经济、文化的现

---

① 何东昌：《在全国中小学教材审定委员会成立大会上的讲话》，《课程·教材·教法》1986年第11期。

实水平和教育现状，还必须注意基本教材对大多数学校和大多数学生的适用性；（4）教材的编写要符合教育教学规律，符合少年儿童的知识水平、生理和心理发展的特点，教材主要为学生编写，应当适合于学生自学；（5）要注意各门教材的相互关联和配合，达到使受教育者在德、智、体、美、劳全面发展的目的。国家教委提出修订教学大纲的要求是：适当降低教学内容的难度，减轻学生的学习负担，教学要求要明确具体。

上述教材编写指导思想的变革，可见其逐渐摆脱片面性，向着全面系统科学和讲求实际方向发展的历史轨迹。

三、教材建设概述

新中国成立以来，我国教材建设稳步发展，经历了几个不同的历史时期，为中小学作出了重要贡献。

（一）教材建设的初创期（1949—1952 年）

新中国成立后，中小学急需新教材，当时所选择的建设道路是编订老解放区和国统区的教材及采用苏联的教材。此后，确定了自编教材的政策。1951 年政务院文教委员会批准《1951 年出版工作计划大纲》，规定“人民教育出版社开始重编中小学课本，于本年内建立全国中小学课本由国家统一供应的基础”。据此，人教社重编和修订了老解放区和国统区比较通用的旧课本及苏联的编译本，终于在 1951 年形成第一套全国十二年制中小学统编通用教材，同年秋季开始使用。

（二）教材建设的起步期（1953—1957 年）

根据毛泽东关于编写社会主义教材的指示，教育部指令人教社借鉴苏联经验，独立编写教材。这套教材从 1954 年着手编写，1956 年完成并交付使用，它包括教学大纲 30 种 30 册，教科书 41 种 97 册，教学参考书 23 种 69 册。这是第二套统编通用十二年制中小学教材。

这套教材从内容上看，“为社会主义政治服务的思想比较以前明确了。大部分教材能初步运用马列主义的立场、观点，阐述自然现象和社会现象。大部分教材注意吸收最新的科学成就。各科教材都注意到给予学生系统的基本知识”（见人教社 1960 年 2 月《十年工作总结》）。1961 年 10 月，教育部在报中央文教小组的《编写中小学教材的概况和对今后工作的意见》中认为这套教材“一般反映，新编的课本比 1953 年以前的课本好，有进步。无论在科学性、系统性或思想性方面都加强了。同时编出了教学大纲和教学参考书，对教师教学有一定帮助”。但它也有缺点，诸如学习苏联与结合我国实际不够，在使用中，不少地区反映“要求高，分量重，内容深”、“教与学都过分紧张”。为此，教育部颁发《关于精简小学语文、历史、地理教材的通知》和《关于中学历史、地理、物理、生物等科教科书的精简办法》，所提出的精简原则是：不打破学科系统，精简过难的、次要的、头绪过多的教材。但结果实际上删减了反映科学新成就与联系生产实际的内容。

（三）教材建设的曲折发展期（1958—1965 年）

在“教育大革命”的热潮中，教育界提倡缩短学制，减少教学中的少慢差费现象。为此，中共中央、国务院于 1958 年颁布《关于教育事业管理权力下放问题的规定》，主张提高教材的难度，指令教育部门和中央主管部门编制通用的教材，并鼓励各地自编教材。

从 9 月开始，各地采取增、删、补的办法，对通用教材进行修改。在此基础上，开始自编教材，有 18 个省和师范院校编写了全套或部分九年制、十年制中小学教材，并投入使用，遂使全国中小学教材使用出现混乱失控局面。1961 年 10 月，教育部在报中央文教小组的报告中认为，各地自编教材的问题是：“程度偏高，内容偏重，在结合实际和政治方面有片面性，有些学科在改变学科体系方面也有缺点。”

为拨乱反正，1960 年 10 月，教育部党组在向中央文教小组提交的《关于适应教学改革，改编教材的报告》中提出：“为了适应教学改革的需要，我们研究了十二年制中小学教材存在的问题，着手组织力量编辑一套十年制新教材（包括课本和教学参考书）。”①这套教材（未编历史、地理、生物）于 1961 年编成，包括课本 26 种 77 册，教学参考书 22 种 72 册，秋季开始试用。这是第三套全国统编通用教材。

教育部认为这套教材“力求避免贴政治标签的缺点，注意了用马克思主义的立场、观点、方法阐述自然现象和社会现象；力求避免片面强调联系实际、削弱基本知识的缺点，注意了基本知识和基本训练的加强；力求去掉少慢差费，适当反映了科学技术的新成就；力求避免程度过深、难教难学的毛病，注意了深浅安排适当，切合当前的教学实际”②。但由于编写的时间比较仓促，教材质量较为粗糙。文史教材依然存在形式主义和贴政治标签的缺陷；数理教材则超量，难以教学，基础知识被削弱，系统性较差，社会及教育界意见较大。

因此，1961 年 10 月，中央文教小组指示教育部，重编一套质量较好的十二年制中小学教材。教育部据此指示人教社于 1962 年夏初开始编写。初稿于同年秋季在少数学校试教。定稿后，次年秋季各科教材的第一册正式发行。这是第四套十二年制中小学统编通用教材。但教材只出版了一部分，计有教学大纲 14 种 14 册，课本和教学指导书 19 种 46 册。

教材正式使用后不久，一些地区反映内容深、分量重，教学困难。为此，教育部于 1964 年 5 月发出《关于精简中小学各科教材的通知》，

---

①② 《中国教育年鉴》编辑部编：《中国教育年鉴（1949—1981）》，中国大百科全书出版社 1984 年版，第 482 页。

并指示人教社进行修改。修改本于1965年4月问世。各地普遍反映，修改本精简的方向对头，思想性加强了，在联系工农业生产实际方面有较大改进，贯彻了“少而精”原则，减轻了学生课业负担。但由于中宣部一再指示暂不使用，因此第四套统编通用教材的修改本并没有在全国学校正式使用过。

（四）教材建设的滑坡倒退期（1966—1976年）

1966年6月13日，中共中央、国务院批转教育部党组《关于1966—1967学年度中学政治、语文、历史教材处理意见的请示报告》，指出：“目前中学所用教材，没有以毛泽东思想挂帅，没有突出无产阶级政治，违背了毛主席关于阶级和阶级斗争的学说，违背了党的教育方针，不能再用。小学语文、历史教材问题也很多，教育部也应该重新编写中小学各科教材。”这项指示因教育部不久被夺权而未能贯彻执行。

1967年10月，中央发出《关于大、中、小学复课闹革命的通知》，提倡各地自编自审自用教材。受其影响，京、沪等地教育部门于1968年组织力量编写暂用教材，次年开始发行使用。没有自编教材的地区多采用京沪版教材，直至1978年。

十年动乱期间编写出版的教材，由于受极左思想和错误路线的影响，实行干部、教师、学生三结合编写教材，基础知识被严重削弱，内容体系混乱，质量水平下降。在标榜“破旧立新”政策下，一方面批判中小学旧教材，“语文，封、资、修样样有；算术，鸡兔同笼，脱离实际；历史，帝王将相，地方家谱。真是乌七八糟，五毒俱全”①。因此，要全盘否定和废弃。还大破旧教材的私（宣扬资产阶级世界观，成名成家读书唯名）、空（严重脱离实际，内容空洞，不合需要）、繁（繁

① 《光明日报》1969年3月3日。

琐难记又无用，学生越学越糊涂）。①另一方面则编辑中小学新教材，除选“毛泽东著作”和“毛主席语录”外，还结合当时斗争形势编写教材，紧密为“三大革命”（阶级斗争、生产斗争、科学实验）实践服务。文科教材片面强调突出政治，有的地区把中国历史改成儒法斗争史。例如，上海市中小学教材编写组于 1967 年 8 月编辑、上海革命教育出版社 9 月出版的小学语文课本第一册，计 32 课，其内容分为 6 个单元：（1）政治口号（6 课）；（2）歌颂毛主席口号（7 课）；（3）毛主席语录（12 课）；（4）打倒内外敌人（3 课）；（5）为人民服务（2 课）；（6）做文化革命尖兵（2 课）。1974 年 3 月，国务院科教组甚至发出通知，把“白卷英雄”张铁生的答卷及《辽宁日报》、《人民日报》为其所加的编者按语编入中学教材，还将《论语》、《神童传》、《三字经》、《女儿经》等作为批判材料节选或批注编入教材。数理教材既机械强调政治性，又片面突出实用性，大多采用“典型产品基础知识”，物理教材结合三机一泵（拖拉机、柴油机、电动机、水泵），化学教材着重强调土壤、化肥、农药，生物教材主要呈示三大作物（稻、麦、棉）一头猪，数学教材中会计、测量、视图知识占较大比重。教材并没有因此达到“少而精”的要求，而是“少而粗”、“少而松”。

（五）教材建设的恢复发展期（1977—1985 年）

十年动乱结束后，中小学急需新教材。邓小平主持科学和教育工作，要求 1978 年秋季新生入学前能够使用新教材。教育部指示人教社编写全国统编通用的十年制中小学教材。这套教材包括教学大纲 15 种 15 册，教科书 32 种 106 册，教学参考书 27 种 90 册。1978 年，新教材投入使用，初步扭转了十多年来各地使用教材内容谬误、程度不一、教

---

① 《人民日报》1969 年 5 月 8 日。

学要求参差的混乱问题。这是第五套全国统编通用教材。

新教材在使用中收到许多反馈意见，人教社依据学制改革的变化状况及修订后的教学计划的要求，对教材进行了较大的修订或改编，于 1982 年秋投入使用。同时着手编制十二年制教材，根据新的教学计划，分别在 1981 年和 1984 年相继编写出新教材，到 1986 年正式形成第六套全国统编通用教材。

这一阶段也是地方自编实验教材的旺盛期，中小学乡土教材、视听教材和民族教材均有明显的发展。

（六）教材建设的改革时期（1986—1994 年）

根据改革开放的要求，国家教委委托人教社、北京市教育局、北师大等单位负责修订教学大纲，1986 年 11 月，经全国中小学教材审定委员会审查通过，由人教社负责重新编写或修订新教材，逐步形成第七套全国统编通用中小学教材（见表 7-1）。这套教材从 1988 年秋季开始使用。

表 7-1　全国统编通用中小学教材一览表

教材序列	第一套	第二套	第三套	第四套	第五套	第六套	第七套
编写时间	1951	1954	1960	1961	1977	1981	1986
出版时间	1951	1956	1961	1963	1978	1986	1988
学制（年）	12	12	10	12	10	12	12

1986 年后，国家教委对中小学教材建设进行重大改革，改革“一纲一本”的统编通用教材，实行“一纲多本”的教材建设体制，由此进入统编通用教材与竞编选用教材的转轨时期，标志着我国教材建设进入变革时期。

国家教委于 1988 年 8 月 11 日颁发《九年制义务教育教材编写规划方案》，要求根据不同学制、地区和学校形成多种义务教育教材。受国家教委委托，人教社编制了面向大多数地区和学校的六三制和五四制教材，四川编写了面向内地的六三制教材，上海编写了面向发达城市地区的六三制教材，浙江省编写了面向发达农村地区的六三制教材，广东等省编写了六三制沿海版教材，北师大编写了五四制教材，八所高师编写了要求较高的六三制教材，河北省编写了农村小学复式教材。

同时，各地自编实验教材纳入义务教育范畴，1989 年全国就出现了 23 套中小学语文和数学实验教材，其中有多种教材通过审定。此外，乡土教材、小学劳动课教材、中学劳动技术课教材以及供本地区使用的补充教材，由各地组织编写并由省级中小学教材审定委员会审查通过，逐步形成与普通教材相配套的教材体系。在修改高中教材的同时，国家教委还着手新高中教材建设。

民族教材多年来发展迅速。作为民族教育的基本建设，经历过新中国成立初的借用期、翻译期和翻译、编译、自编相结合的时期，终于寻求到建设民族教材的适宜模式。根据我国少数民族分布与居住的特点，有效地使用有限的人力和物力，国家在实践中确定了有关省份之间横向联合，合作编译出版民族教材的体制，分别成立了以内蒙古为首的八省份蒙古文教材协作组、以吉林牵头的东三省朝鲜文教材协作组、以西藏为首的五省份教材协作组，各民族省份也成立了民族教育编写出版机构，1986 年之后成立了民族教材审定委员会，逐渐使民族教材走上了稳定发展轨道（见表 7-2）。

表 7-2　全国少数民族文字出版的教科书及发展指数

项目 年度	种数				印刷指数			
	合计	百分比（%）	其中新出数	百分比（%）	印数	百分比（%）	印张	百分比（%）
1952	230	100	193	100	380	100	975	100

续表

年度＼项目	种数				印刷指数			
	合计	百分比（%）	其中新出数	百分比（%）	印数	百分比（%）	印张	百分比（%）
1957	509	221.3	341	176.7	359	199.7	3 180	326.2
1962	550	239.1	256	132.6	640	168.4	2 820	289.2
1965	787	342.3	561	290.7	1 150	302.6	4 404	451.7
1970	75	32.6	35	18.1	316	83.2	1 144	117.3
1975	358	155.7	246	127.5	939	247.1	3 481	357.0
1978	537	233.5	340	176.2	1 629	428.3	6 829	700.4
1980	808	351.3	414	214.5	1 958	515.3	9 718	996.2
1981	803	349.1	436	225.9	1 692	445.3	8 998	922.9
1982	974	423.5	317	267.9	2 170	571.1	10 820	1 009.7
1983	975	423.9	420	217.6	2 020	531.6	10 499	1 076.8
1984	946	411.3	464	240.4	2 198	578.4	11 145	1 143.1
1985	1081	473.9	525	272.0	2 316	612.1	11 884.6	1 218.9
1986	1 263	549.1	515	266.8	2 561	673.9	12 685.8	1 301.1

资料来源：

谢启晃编著：《中国民族教育史纲》，广西教育出版社 1989 年版，第 197—198 页。

1990 年，全国已有内蒙古、新疆、广西、西藏、青海、甘肃、四川、云南、辽宁、吉林等 10 个省份成立了民族文字教材编译出版机构，全国有 1 万多人从事民族教材的编写、出版和研究工作，每年编译出版 10 多种民族文字的教材 1 800 多种，总印数在 5 000 万～8 000 万册，初步解决了民族地区中小学的教学需要。

视听教材是教材建设的重要组成部分，它是教材建设现代化的重要标志，在中小学教学中发挥着越来越重要的作用。我国从 1978 年开始进行视听教材的建设，将其作为与文字教材相配套的部分。截至

1992 年 8 月，国家教委共审核了 176 部试用视听教材，其覆盖学科、载体与制作区见表 7-3、表 7-4 和表 7-5。

表 7-3　中小学视听教材的学科分布统计

学科	小学思想品德	语文	小学自然	数学	物理	化学	生物	历史	地理	英语	音乐	美术	初中劳动	幼儿教育	体育	政治	其他
数量（部）	6	32	7	23	18	7	25	12	7	7	1	19	4	4	1	2	1
百分比（%）	3.41	18.18	3.98	13.07	10.23	3.98	14.2	6.82	3.98	3.98	0.57	10.8	2.27	2.27	0.57	1.14	0.57

表 7-4　中小学视听教材载体分布统计

载体	幻灯片、投影片	录像带	录音带	多载体
数量（部）	63	65	10	38
百分比（%）	35.8	36.93	5.68	21.59

表 7-5　中小学视听教材制作区分布统计

制作区	中央电教馆	京	津	冀	晋	内蒙古	辽	吉	黑	沪	苏	浙	皖	闽
数量（部）	4	20	20	8	15	1	12	8	11	7	1	2	1	20

制作区	赣	鲁	豫	鄂	湘	粤	海	桂	川	黔	滇	藏	陕	甘	宁	新	人教社
数量（部）	4	8	3	7	12	3	2	7	9	1	4	1	3	1	2	2	7

资料来源：

表 7-3、表 7-4 和表 7-5 来源于吴亚康的《我国电教教材现状与分析》，《电化教育研究》1993 年第 1 期。

四、教材研究的进步

教材的编写研究是教材建设工作相互联系的两个方面，前者为后者提供素材并展现其成果和水平，后者则为前者提供科学基础并昭示其改进方向。

由于教材建设是一项复杂而长期的系统工程，因此开展科研是编好教材的基础。教材又有教学性、科学性、思想性、实用性、艺术性、技术性等多项要求，因此并非“拣到篮子里的就是菜”，而且“量多非增益”，必须加强教材的研究工作。

由于长期受传统思维及政治因素影响，教材研究长期处于分散自发的原始状态。而且研究方法也较为落后，习惯于描述性定性研究，进行多方位的调查研究及有限的教材试验，吸收教学专家分写教材。这种研究成果对于编审合一的教材建设体制作用有限，实践证明，它已不合时宜。为此，教育部于 1983 年在人民教育出版社成立了课程教材研究所，人教社的编辑人员同时也是课程教材研究所的研究人员，人教社成为名副其实的全国中小学教材的研究、编写、资料和出版中心，率先实行研编一体化。1992 年 9 月 1 日，国家教委基础教育课程教材研究中心成立（1995 年并入中央教育科学研究所），其前身为国家教委中小学教材审查办公室，强化了全国中小学教材的研究工作。此外，中央教育科学研究所（中国教育科学研究院）及省（自治区、直辖市）教科院所与高等师范院校也有人研究教材问题。

高校教材与中小学教材有所不同，大体经历了三个阶段。从新中国成立到 50 年代，教材建设的特点是以引进为主，理、工、农、医使用苏联、美国、英国教材，有少量自编的文史类教材。1958—1966 年为创业阶段，以自编教材为主。1977 年后为规范发展阶段，自“七五”起制定教材建设五年规划，扶持规划教材，打造精品教材。

职教教材在改革开放后步入正轨，实行国家和省两级规范分类管理，自“八五”起制定五年规划，扶持规划教材，建立国家职业技术教育教材审定委员会。

为适应新世纪初开展的基础教育新课程改革的需要，1997 年设立了教育部基础教育课程教材发展中心，从事教材研究、开发和评价工作。

在邓小平“三个面向”精神指示下，教材研究人员在调查研究国内外教材改革动向，总结我国建设教材的经验教训，探索建设有中国特色的先进教材理论、原则与途径上取得显著成绩，主要表现在以下三方面。

1. 创办了《课程·教材·教法》（人教社 1981 年主办）、《学科教育》（国家教委基础教育课程教材研究中心与北师大教科所合办）、《教学研究报》（中央教科所与辽宁鞍山铁东区教科所合办，1993 年）、《教与学》（人教社 1993 年主办）等报刊，加上《人民教育》、《中国教育学刊》、《教育研究》及各省内教育刊物、《中国教育报》及地方性教育报刊，还有首都师范大学石鸥主编的《教科书评论》（2013 年至今），形成教材研究的阵地与传播网络。

2. 主办了许多国内外教材专题研讨会。如在 1990 年，课程教材研究所与国家教委中小学教材审查办公室、中国教育国际交流协会联合在上海举办“课程发展与社会进步国际研讨会”，有澳、英、日、美、德、韩等国家的教材研究工作者参加，交流了各自教材建设的经验。1994 年，“课程教材改革与 21 世纪人才培养”国际研讨会在上海举行。课程教材研究所多次牵头主办全国的教材研讨会，如 1994 年 5 月，与景山学校、青浦县（今上海市青浦区）教委等单位联合举办“21 世纪中小学教育模式的实验研究”，其中探讨了改进教材问题；9 月在吉林召开“全国基础教育课程教材”研讨会，集中讨论编制高中新教材问题。

3. 承担了一系列教材研究课题。1961—1965 年，教材研究人员整理分析了自清朝废科举以来各科教材的建设情况，完成了《六十年来我国中小学语文教学情况之比较》、《解放后中小学教学与我国解放前以及一些外国中小学数学教学情况的比较》、《回顾六十年来中学英语和教材》。20 世纪 80 年代后，进行了“中小学学制、课程教材、教法改革”、“普通教育课程内容和结构研究”、“普通教育整体改革”，“中小学课程改革”、“普通高中课程计划问题研究”、“中小学课程教材研究与实验”等课题研究。此外，还有许多有价值的调查研究，如人教社与中国教育学会及其分支机构数学教学研究会、物理教学研究会等联合做的社会调查。同时还有许多理论研究成果，如《课程教材十年》、《课程发展与社会进步》、《普通教育改革》、《教育学文集·课程与教材》、《课程学》、《教材建设浅论》、《现代学科教育学论析》、《课程论》、《百年中国教科书图说》、《中国教科书发展史丛书》、《新中国中小学教材建设史（1949—2000）研究丛书》（18 卷）等著作，涌现出叶圣陶、辛安亭、叶立群、张志公、陈侠、熊承涤、吕达、潘仲茗、施良方、钟启泉、廖哲勋等课程教材研究专家及诸多具体学科教材研究专家。

第二节　我国教材的调查研究

改革开放以来，我国教材始终在改革中求发展，不断与社会发展及教学的实际需要相适应，基本形成门类比较齐全、品种相对丰富、学段衔接的教材体系。

一、教材改革的动因

新中国成立以来，我国编写出版的教材，基本适应社会发展的需要和教育教学的需要，为国家造就出大批政治、经济、文化和科技人才，为各行各业培养了亿万合格的劳动者和接班人，推动了社会的全面发展，教材文化影响并塑造了社会的每一个人。

但随着社会的发展，尤其是改革开放以来，计划经济向社会主义市场经济体制转轨，中央高度集权管理体制向中央与地方合作管理体制过渡，迎接国际全面竞争和培养21世纪人才，社会对教育不断推出新的多项要求，加上各地区、各民族不同水平与层次的发展状况，因此加强了教材改革的必然性，也加快了教材改革的节奏。

外部压力促进了教材内部的改革。在计划经济与中央集权管理体制下产生的统编通用教材在实践中暴露出许多缺陷，其主要问题在于：（1）不适合当前社会发展的现实需要；（2）脱离各地区、各民族社会发展的实际；（3）脱离学生实际需要，缺乏教学性；（4）不适合国家发展义务教育的精神，单纯为升学目标而设计，合格教育变成淘汰教育；（5）教材体系以学科教材为主，形式单一，缺乏弹性，不利于自学；（6）教材内容陈旧落后、重复，落伍于时代；（7）教材建设实施编审合一，缺乏科学性；（8）教材建设一家独办，既无竞争又无活力；（9）教材研究、编写与使用脱节；（10）统编通用“一纲一本”教材不合于世界教材建设大势。

因此，统编通用教材尽管为新中国基础教育发挥了重要作用，但在新形势下，其历史使命已经完成，必然采用“一纲多本”的竞编选用体制，在统一要求前提下实行多样化。职业学校教材存在与新技术、新工艺、新规范发展不同步的问题，教材内容及呈现形式需要及时更新。普通高校教材的科学性和前沿性需要提高。

二、统编通用教材的调查与分析

全国统编通用教材影响深远，意义重大，因此，从第五套至第七套通用教材基本上都是经过调查研究，从小面积实验到大面积推广的过程，其间经过多次修改和完善。

以第五套教材为例，在编写前，研究了1963年出版的教材，分析了十年动乱期间出版的教材，研究了发达国家的教材，收集了社会多方面的反映，遵循邓小平“编写教材要走群众路线，要征求教师意见”的指示，将教材初稿发给全国各地组织教师讨论，到十几个城市举办1 600多场座谈会；学校试用后亦召开座谈会；教育部自1979年9月至1982年年底，分别按学科召开教材座谈会，总结经验，多次修改。

在此基础上形成的统编通用教材，因为凝聚了全国专业人员的辛勤劳动，是集体智慧的结晶，是各方面通力合作的产物，总体来说，质量较高，体系完整，结构合理，师生反映较好，社会各方面普遍感到满意。

第五套通用教材拨乱反正，清除了动乱期间出版教材中许多谬误的内容，改正了在政治与业务、理论与实际等问题上一些不适当的处理方法，注意到对基础知识的选择、智力的启迪和能力的培养，对于转变动乱期间教学混乱的状况，恢复正常的教学秩序，统一并提高全国教学水平发挥了重要的作用。但这套教材在实践中暴露出诸多缺陷，数理教材对安排传统内容与先进科学知识研究不够，对十年动乱给中小学教育造成的危害估计不足，所编制的教材存在“洋跃进”的倾向，超越了我国中小学教育的现实水平。教材试用以后，多数地区、学校和师生反映教材内容“深、难、重”，难以完成教学任务。此外，文科教材依然受极左思想影响，在反映学科本质、现代社会生活及真实社会历史上存在诸多不足。而且中学五年难以完成教学任务，小学五年毕业后不能升学的学生，年龄太小不利于就业。

第六套通用教材主要是为十二年学制而编写的。它在一定程度上避免了第五套教材的不足，比较重视基础知识和基本技能的训练，逐步清除了文科教材中极左思潮的影响，体现了学科教材本身的意义，教材的整体水平较高。但在试用中也有许多意见，依然没有克服以往多套通用教材的弊端，即不适应各地发展不平衡的现实。数理教材更多地考虑升学需要，教学内容中存在偏深偏难的现象。初中作为一个独立的教育阶段，历史、地理等学科教材知识体系不够完善。教材本身知识的衔接和各科教材之间的相互配合不够，存在重复与相互脱节的现象，有些教材缺乏启发性、趣味性，可读性差，不利于学生自学等。

鉴于前两套教材在实践中的反映，尤其是感到 1978 年制订的《全日制十年制中小学教学各科教学大纲》没有全面修订，既不能适应新形势发展的需要，也不能切实指导中小学教学，用一种过旧的教学大纲指导两种学制的教材显然不合格，必须加以改革。1987 年春，国家教委颁布新教学大纲，它是在现行多数教材的主要内容和体系不作大的变动的前提下，按照适当降低难度，减轻学生过重的学习负担，教学要求尽量明确具体等要求进行调整。人教社据此对不同教材进行了不同的修订和完善。因此，这套教材在一定程度上克服了前两套教材的不足。就变动较大的语文、俄语、历史、地理、代数、物理、化学等学科教材而言，的确是根据社会各方面的反馈意见进行了修改：数理教材适当降低了难度；外语教材内容酌情增减；初中史地教材适当引入世界史地的内容，保证了初中史地教材内容与体系的完整性。这套教材在实践中受到各方面的好评，被公认为最成熟的统编通用教材。但人们也看到它的根本缺陷和局限性，它无法满足不同地区、民族、学校的需要，“一纲一本”无论多么完善也是众口难调。

实践证明，除了意识形态属性强的语文、政治、历史等学科教材之外，“一纲一本”的统编通用教材已走入死胡同，必须选择“一纲多本”的教材发展模式。

三、义务教育教材的调查与分析

1986 年 4 月,《中华人民共和国义务教育法》颁布，决定在 20 世纪末分地区与阶段在全国实施九年制义务教育，因此特别需要建设“一纲多套”义务教育教材体系。《九年制义务教育教材编写规划方案》提出了教材编写的工作目标，即根据现有的条件，设想用四五年时间逐步完成以下四种不同类型教材的编写工作：教材内容的要求和程度达到教学大纲的规定，面向全国大多数地区，适合一般水平的学校使用六三制和五四制两类教材；适当高于教学大纲的规定，主要面向文化发达地区和办学条件较好的教材；基本上达到教学大纲的规定，面向经济文化基础比较薄弱的边远地区、农牧地区和山区以及教学设备较差学校使用的教材。每个类型可以编写不同风格、不同特色的教材，既可有成套的教材，也可有单科教材。同时，积极创造条件，组织编写适应小学复式班教学要求的教材，适应对外全面开放的经济特区及国外华侨学校需要的中小学教材，适应少数民族中小学需要的民族文字教材。

国家教委据此规划组织编写了适应不同学制、不同地区、不同教学水平需要的“八套半”教材。一些单位与个人也自发编制了义务教育实验教材。上述教材有的通过中小学教材审定委员会的审查，认定为义务教育教材，有的尚待改进。

（一）人教社版义务教育教材

根据国家教委规划，人教社编写了义务教育六三制和五四制两套教材，亦可供五三制学校使用。它包括小学、初中 22 个学科，共 338 种教材。

参编义务教育教材工作由人教社成立的社编审委员会统一领导，各学科均成立了编写组，实行主编负责制，注意吸收有教学经验的教师和教学研究人员参加编写工作，先后有人教社的专职编辑200余人及全国有经验的教师及学科专家200余人参加，聘请顾问38人，历时七年编成。这是人教社成立以来编写的第八套教材。在“继承、开拓、创新”的思想指导下，总结研究了前七套教材编写的经验，调查分析了我国社会经济发展对人才的需求和学校实际教学情况，借鉴国外经验，根据实施义务教育的要求，力求编写出一套有中国特色的社会主义新教材，主要解决教与学、智育与德育、学科特点及儿童认知特点、理论与实践、知识与能力、提高质量与减轻课业负担、共同要求与因材施教等关系问题。

1. 教材的自我评价

（1）教材编写的指导思想：①以马列主义、毛泽东思想为指导，贯彻教育方针，体现“三个面向”及教育为社会主义现代化建设服务的战略思想；②体现义务教育的性质、任务和要求，为提高民族素质，为每个公民的发展打基础；③面向全国大多数地区、大多数学校，按照教学大纲的要求，着眼于大面积提高教育质量，培养社会主义建设者和接班人。

（2）教材的总体设计思想：目的在于编写以教科书为基础的系列化教材，形成教科书、教师教学用书、挂图、幻灯片、投影片、实验手册、课外读物、课外习题集、录音带、录像带等配套教材。教科书中体现了全国统一的教学要求，有利于使全体学生打下共同的、最必要的、扎实的基础，配套教材有些品种如挂图等，是为了帮助教师教好、学生学好教科书。有些品种如课外读物等，供条件较好的学校使用，以加深或拓宽学生的知识领域。这种设计是为了适应不同地区和学校师资、学生基础、办学条件的不同，以及学生的爱好和特长的不同，有利于因地、因校制宜和因材施教。要求各学科教材符合上述系列教材的设计思想，从本学科的特点出发，为提高民族素质奠定良好基础，要特别注意不同年龄阶段学生的生理和心理特点，努力建立知识的逻辑结构与学生的认知规律相结合的学科体系，正确处理思想政治教育、知识教育、能力培养三者相互依存的关系，加强理论联系实际，注意统一性与灵活性的结合，以及学科知识间的纵横联系。

（3）教材的主要特点是：①重视思想政治教育和品德教育，寓思想教育于学科教育之中；②正确处理知识的逻辑顺序和学生生理、心理发展顺序的关系，建立合理的教材结构；③在传授知识的同时，重视发展学生的智力和培养能力，重视基础知识的传授；④重视理论联系实际，在基础教育中引入职业教育因素，学校教师讲授乡土教材，补充联系当地实际的内容，使基础教育更好地为当地社会主义建设服务；⑤注意教材内容难易适度，分量适当，富有弹性，使统一性与灵活性相结合；⑥图文并茂，生动活泼，富有可读性、启发性、趣味性。

2. 教材审定评价

人教社于 1988 年编写出教材初稿，第一册于 1989 年秋季在部分学校实验，次年秋全面实验。1992 年 4 月通过全国中小学教材审定委员会的审查。审查委员会对教材总体评价是好的，认为新教材体现了教育方针，符合教学大纲的精神，比当时所用统编教材有较大创新。主要问题是有些学科内容偏多、师生课业负担过重，要求在修订的基础上发行使用。

3. 教材的社会评价

人教社坚持自我评价与社会评价相结合，从 1990 年秋起在全国 28 个省份数十万学生中进行了大规模的实验，获得普遍欢迎。在抽样调查中，由人教社统一制作调查表格，统一命题学期末的考试试卷，由样本班的师生及家长、校领导每学期填表，利用计算机进行处理。

从学生成绩看，小学各科成绩很高，语文教学的平均分在 90 分以上，初中各科成绩总体上比小学略低，最高的是数学（平均分在 82.5 分，多数在 70 分左右），大多数学生达到要求。

从选定的一、二年级 100 个样本班调查结果看，这套教材是受欢迎的，具体表现在北京市崇文区（现并入东城区）、湖北省宜昌市的实验报告中。各地一致认为，新教材具有明确的指导思想，在原有教材的基础上改革创新，具有广泛的适应性，既适合于城镇厂矿，也基本适合于农村，普遍反映教材编写总体上是比较成功的，基本符合义务教育教学课程计划和各科课程标准的要求，比较充分地吸收了教育改革的一些重要成果（见表 7-6、表 7-7）。

表 7-6　教师对教材若干项目评价综合统计

评价项目	评价综合统计
符合义务教育培养目标	认为符合的占 80%～90%
符合大纲规定的内容要求	认为符合的占 90%
符合大纲规定的能力要求	认为符合的为 80%～90%
	文科为 80%～90%
注意进行思想教育	认为注意的
	理科为 60%～70%
联系生产和生活实际	认为做得好的为 70%～80%
符合认知规律，激发学生积极性	认为做得较好的占 70%
作业内容体现教学目标要求	认为做得较好的占 70%
与其他学科的联系	认为做得较好的占 50%

资料来源：

人民教育出版社课程教材研究所：《人教版九年义务教育教材的试验与研究》，《课程·教材·教法》1993 年第 10 期。

表 7-7　师生对几项重要指标评价的综合统计

评价项目 评价者	对教材的喜爱程度	学生负担情况	教材的难易程度
教师	喜欢的占 70%以上，不喜欢的很少	认为负担一般的占 60%，认为负担稍重者不超过 20%	认为难易程度一般的为 65%～70%；认为稍难的，中学不超过 20%，小学不超过 10%
学生	喜欢的占 80%左右，不喜欢的很少	认为负担一般的占 60%，认为负担稍重者不超过 20%	认为难易程度一般的为 65%；认为稍难的，中学不超过 20%，小学不超过 10%

资料来源：

人民教育出版社课程教材研究所：《人教版九年义务教育教材的试验与研究》，《课程·教材·教法》1993 年第 10 期。

（二）北师大版义务教育教材

根据国家教委规划，北京师范大学组织编写了义务教育五四制教材，包括小学 8 科，初中 13 科，共有课本 15 册，教学参考书 150 册和其他教材。

这套教材是集体智慧的结晶，是以往学制教材实验的延续，是教材的理论与实践相结合的产物。编写队伍由各学科教学论专家、学者、教师、编辑组成，山东省教研室组织教材审查队伍，二者分工合作，相互制约，相互促进。教材自 1990 年起，由北京师范大学出版社、山东教育出版社、青岛出版社、黑龙江教育出版社、黑龙江美术出版社和辽宁美术出版社联合出版。

这套教材不搞兼顾，面向五四制学校的大多数学生，其主要特点为：突出学制的优越性，重视思想教育、国情教育、全面发展教育；在增强基础知识的同时，突出能力的培养及科学方法教育，增加观察、实验的内容和分析问题的思路与方法；强调实用性，密切联系生活，联系社会；注意加强各学科之间的联系和相互配合，发挥教材集体的优越性，为培养社会主义的合格公民奠定良好的基础。这套教材先后在山东、江西、黑龙江、河北、河南等实验区进行实验。1992 年，小学及初中一年级教材通过国家教委中小学教材审定委员会审查，1993 年秋投入使用。

（三）沿海版义务教育教材

这套六三制教材由广东、福建、海南和华南师范大学联合编写，主要面向沿海开放地区中小学校。

教材在总体设想上，确定以素质教育为中心，以向时代和社会开放的内容结构形式，力求打破传统教材以学科创设为中心的封闭体系。

教材的主要特点如下：（1）教材内容的更新和编排体系的调整。它以先进教育思想为指导，着眼于素质的提高，力求知识内容与当代社会生活、儿童少年生活相互联系，形成一种相对开放的结构形式。（2）课程功能设计综合化。教材借鉴国外先进理论与方法，总结多年来的教学经验，对知识内容进行了整分联合和教法上的加工处理，使之既便于教学过程中的实际操作，又能够指导教学向发展素质的方向转变，初步体现教材改革对推动教育教学改革的重要作用。一方面，把思想品德教育和学科教学融为一体；另一方面，教材在编写过程中融入了先进的教育思想，吸收了教法改革的成功经验，通过设计各种各样的活动模式，使教学既能减轻负担，又能提高质量，还适于教学模式的变化，便于教材“易教易学”和“乐教乐学”。（3）鲜明的时代色彩和沿海色彩。一方面注意反映沿海风土人情，另一方面大胆借鉴海外教材研制的先进理论方法。此外，教材印刷精美，质量上乘。

（四）内地版义务教育教材

这套教材是受国家教委委托，由四川省教委与西南师范大学合编的。教材编写组由250多名中小学教师、教育科研人员及高师专家组成，从1988年3月开始历时四年多完成全套教材22个学科的编写任务。

1. 教材的自我评价

（1）编写指导思想。①从“三个面向”的战略思想出发，认真贯彻全面发展的方针，着眼于提高民族素质，坚持面向全体学生，为培养社会主义建设者和接班人奠定基础。②从不同学科特点出发，努力渗透教育性和思想性，重视近代史教育和国情教育。③从内地经济文化教育发展的实际和今后若干年内可能达到的水平出发，精选教材内容，构建教材体系，保证教学内容的科学性和先进性；注意教学要求适度，课业负担适当，增强教材对内地广大农村和城镇大多数学校的适应性，把教学的实际效果放在第一位。④贯彻理论联系实际的原则，注意教材内容与生产实际、社会实际、生活实际的联系，注意结合基础知识、基本训练以及实验等实践活动培养学生能力，开发学生智力，使知识与能力相统一。⑤力求符合教育教学规律，符合不同年龄阶段学生的生理和心理特点；适应学生的知识水平和接受能力，使学科的结构和学生的认知规律相结合，具有可读性、启发性和趣味性。⑥注意系列教材的整体性，处理好本学科不同年级教学内容的相互衔接和与其他学科内容的横向联系。①

（2）教材主要特色。①结合学科特点，教材注意渗透思想政治教育。②教材编排体系合理，有所创新，注意按照由浅入深、由易到难、由简单到复杂、由具体到抽象的原则编排教学内容，使讲授知识和培养能力构成循序渐进、螺旋上升的体系。③教学内容编写得当，利教利学，设计有启发性导语、题头画、学习要求、读后指导、自我小结等，

---

① 九年义务教育教材（内地版）编委会办公室编：《九年义务教育内地版教材简介》，1993年。

教材编写形式活泼，图文并茂，趣味性、可读性强。④教材难易和分量适度，有利于减轻学生过重负担，注意选材精审，内容充实，难易和分量恰如其分，达纲保底不封顶，注意教材重点适当，坡度均匀，攻克教材难点，帮助师生解决困难，教材具有弹性，便于因材施教。⑤教材定价低廉，适合广大内地农村及城镇的经济承受能力。

2. 教材的审定评价

1992 年 4 月，内地版教材一年级起始学科的第一、二册，送国家教委中小学教材审定委员会审查，获得好评，原则上同意在修改的基础上出版发行，作为义务教育选用教材。

3. 教材的社会评价

内地版教材先后三轮在四川、贵州、云南等省的 5 000 多所中小学、30 余万名学生中开展教学实验。大量信息表明，内地版教材质量较高，教学效果显著，符合内地学校实际，受到广大师生欢迎。试教师生普遍认为，这套教材观念新、体系新、形式新，面向农村，着眼于民族素质的提高，体现了改革规律。学科知识结构和学生知识规律相符合，寓教法学法于教材之中，根据内地农村城镇学校实际确定教材起点，坡度缓，难点分散，降低了学习难度，又达到大纲要求。一些学科精心设计的"导语"、"学习要求"、"想一想"、"读后指导"、"自我小结"、"旁批"等栏目，有利于启发学生思维，激发学习兴趣。强调实践环节，在实践活动中培养学生能力。在教学设备和场地设施要求上，既有规范要求，又可因陋就简，就地取材，切合内地农村城镇学校办学条件的实际，而且书价合理，有利于减轻农村学生家长的经济负担。四川洪雅县的教材实验充分表明了这种反映。

（五）上海市编义务教育教材

改革开放以来，上海经济不断飞跃发展，同时愈发感觉到进行基础教育教材改革的必要性和迫切性。从1988年5月开始，成立中小学教材改革委员会，组织有400多人的教材编写队伍和100多人的教材审查队伍。1991年编写出教材的初稿，包括必修课程教材19种22套共281册，选修课程教材100余册。

1. 教材的自我评价

（1）教材改革的目标。可以概括为“两个改变”和“三个突破”：改变以升学为中心的教材体系，改变统得过死、学得过死的教育教学状况；要在减轻负担、提高质量方面有所突破，在加强基础、培养能力方面有所突破，在提高素质、发展个性方面有所突破。

（2）教材的设计思想。吸取以往教材改革在“社会”、“学科”两个极端来回振荡的教训，力求以“社会”、“学科”、“学生”三者作为新教材体系的起点，即以全面提高学生的整体素质为核心，以社会的需求、学科的体系、学生的发展为基点。因此而形成的教材编写指导思想是：①贯彻“三个面向”，教育必须为社会主义现代化服务，教育必须同生产劳动相结合，培养德智体全面发展的建设者和接班人的教育方针。体现经济文化比较发达地区和办学条件较好的学校的水平。②体现中小学教育的基础性，面向全体学生，加强基础，培养能力，发展智力。③以社会的需求、学科的体系和学生的发展为基点，以提高学生素质为核心，重视学生合理个性的健康发展。④坚持正确的政治方向，贯彻德育为首、五育并举的精神。⑤学科教材的内容，力求广度和难度适当，重视与社会实践、生产劳动的结合，加强应用性、实践性和人文性。

（3）教材编写的原则：①精选原则；②结构化原则；③相关性原则。力求处理好知识性与教育性的关系、基础性与先进性的关系、理论性与实践性的关系、科学性与可读性的关系。

2. 教材的审定评价

课程改革方案于1991年3月向国家教委汇报，得到了肯定。课程标准于同年10月经国家教委中小学教材审定委员会初审通过，并允许教材在部分中小学的起始年级试点。1993年秋，上海全部小学全面试行新教材，同意其他省市的小学选用该教材。

3. 教材的社会评价

发达地区版教材经过两轮的教学实验，受到实验学校的好评。一致认为，新教材能较好地适应经济文化发达地区改革开放的需要，符合“两个改变”和“三个突破”的总体改革目标。具体而言，该教材的特点是：（1）重视加强德育；（2）学生基础扎实，负担有所减轻；（3）学生的实践、动手、操作能力有所加强；（4）各科教材重视反映发达地区改革开放的实际。

（六）浙江省编义务教育教材

这套教材面向发达地区农村中小学。教材改革始于1988年，教材编委会共有教研员、中小学教师、大专院校教师及编辑160多人，并聘请一批学科专家担任学科编委会顾问或审稿工作，直接分编人员达300余人。1991年7月，各学科教材第一册及部分学科教材第二册出版，1993年使用。

1. 教材的自我评价

从实际出发，全面贯彻国家的教育方针，使受教育者在德、智、体、美诸方面都得到发展，为培养21世纪需要的一代公民和劳动者，提高民族素质奠定基础，这是教材编写的总体指导思想。在编写中，坚持：（1）义务教育教材应体现国民基础教育的性质，符合全体适龄青少年，尤其是广大农村青少年身心发展的需要，以适合农村社会发展对未来公民和劳动者的需要和提高整个中华民族的素质为目的；（2）加强和完善德育；(3) 坚持教劳结合；(4) 符合少年儿童身心发展的水平和特点；(5) 增强义务教育教材的地方性和弹性；(6) 考虑教材发展的连续性及中小学近期内的实际办学条件；(7) 试编社会学科与自然学科的结合教材；(8) 加强手工劳动和技术教育教材的编写。

2. 教材的审定评价

从 1989 年秋至 1991 年 8 月，《浙江省义务教育试行教学计划》与 15 门学科的教学指导纲要研制成功，并在 1991 年 10 月通过全国中小学教材审定委员会的审定，允许其教材在修改完善的基础上于 1993 年秋试教使用。

3. 教材的社会评价

社会各方反映，该教材具有如下特点：(1) 面向农村，增强了教材的地方性，表现在编制了农业技术基础课教材及乡土教材等其他补充教材；(2) 扩展教材中有关“双基”的内容，包括构成各门学科逻辑基础的知识技能的内容与适应现代生产劳动和社会生活内容的交合部；(3) 建立义务教育的教学目标体系，包括总的培养目标及中小学阶段各自的培养目标、不同科目教材的培养目标、一个教学单元或课题的目标，涉及认知领域、技能领域和情感领域；(4) 编制综合课教材，如编写小学常识科教材和初中自然科及社会科教材；(5) 教材具有灵活性，兼顾基本与提高两种要求；(6) 教材中注意弘扬民族优秀文化传统。

总之，各种版本的义务教育教材，从准备设计到调查研究、编写机构与队伍、课程计划、课程标准，再到教材、教材实验与评价、宣传推广与总结，均符合教材建设的科学发展模式。

四、实验教材的调查与分析

各科实验教材在我国教材建设史上具有重要地位，有力地推动了教材发展，有的在全国范围内形成影响。现举几例以说明各类实验教材的发展状况。

（一）小学语文实验教材

小学语文实验教材是教材改革与实验的重点工程，在此方面的成绩较为突出。1978 年以后小学语文教材改革出现蓬勃发展的景象，影响较大的有北京景山学校的实验教材、辽宁黑山北关和中央教科所合编的集中识字教材、黑龙江“注音识字，提前读写”教材、广东潮州市六联小学丁有宽编写的读写结合实验教材等。

1. 集中识字实验教材。它是按照中央教科所教改实验小组制定和编辑的《五年制小学语文教学（实验用）大纲（草案）》和《小学实验课程语文》实施的。根据教材内容，一、二年级以集中识字为主，三至五年级以读写教学为主（其中三年级侧重于大量阅读，四年级侧重于读写结合，五年级侧重于读写训练）。在教学结构和教学策略上，强调字、词、句、段、篇和听、说、读、写、书训练有序，循序渐进；强调以教师为主体，教师的主导作用必须体现在充分发挥学生主观能动性的过程中；强调既要减轻学生课业负担，又要提高教学质量；在学生牢固掌握语文基础知识和基本技能的同时，提高能力，发展智力，并养成良好的学习习惯，使用集中识字教材的学校达数千所，使用学生近 40 万人，自 1958 年历时 30 多年，遍及全国 28 个省份，获得良好的社会反映，并且引起国外学者的注意。

集中识字教材之所以成效显著，解决了小学语文教学的老大难问题，就在于：（1）贯彻了认识字为教学重点的原则；（2）“先识字，后读书”的战略部署，分散了难点，循序渐进，便于学生接受；（3）便于按形、音、义特点进行分类，能比较充分地利用以字的构字规律来组织教材，利于学生识记；（4）便于让学生掌握识字规律，让学生掌握主动权，便于调动其积极性，培养学习兴趣，并有利于发展学生智力；(5) 简单易学，便于一般学校甚至是农村学校教师掌握使用；(6) 提高了阅读教学的质量，也为写作教学的提前创造了条件。

集中识字教材充分利用汉字的结构规律，充分调动儿童的积极性，提高了汉字教学的效率，达到两年内识字 2 500 个左右，比当时的普通学校快了一倍，而学生负担不重，对其他学科成绩也有较大促进作用，因此引起中宣部和教育部的重视，被树为典型，在全国广为宣传。1980 年 5 月，中央教科所在锦州市和黑山县召开全国集中识字经验交流会，扩大实验规模。

2. “注音识字，提前读写”教材。它是黑龙江 1982 年开始编写实验的，国家教委基教司、语文出版社和九省市参与了教材编写，使用范围扩大到整个大陆地区，已有两万多个班级、100 多万学生参加实验，无论在北方地区、南方地区，或者是实施双语教学的少数民族地区都不同程度地取得明显的效果。这项实验的意义在于：有效地扩大了学生的视野，发展了学生的思维能力，以注音训练和思维训练为重点，既顺利完成教学任务，又使听、说、读、写能力得以协调发展，大大提高了学生的思维能力和语言能力的同时还为语言文字改革工作奠定了基础，推广了普通话。

3. 丁有宽主编的读写结合一纲两制（五年制和六年制）教材颇具影响。这两套教材 1986 年形成《小学语文读写结合总实验教材》体系，已被国家教委中小学教材审定委员会审查通过，被列为义务教育单科教材。

该实验教材在全国 26 个省份的 647 个实验点试用，使用学生近 20 万人，并在全国 30 所有代表性的学校进行重点实验。实验情况反映较好。如广州市白云区永泰小学实验成绩显著，在沿海地区影响较大。

其他教材，如部件识字教材、分散识字教材、巡回识字教材、意义归属识字教材、计算机辅助教材的实验反映也较好，有一定影响。

（二）小学数学实验教材

在这一领域，全国有着许多有影响成系统的教材改革与实验，其中有中央教科所教改实验组、景山学校、人教社、杭州师院教育科学研究室与杭州市上城区三算结合研究组、中科院心理所、华中师大姜乐仁等编写的小学数学实验教材，它们风格不同，各有特色。

1. 北师大教育系与景山学校合编的五年制小学实验教材。景山学校自 1978 年开始实验，第一轮五年实验结束后，教材实验规模继续扩大，先后有江西、湖南、吉林、广东、河南、广西等 15 个省份的 200 多个教学班参与教材实验。从学生学业成绩及能力提高状况等指标来看，实验效果良好。

2. 中央教科所编的小学数学教材，由北京育英学校自 1980 年开始实验，到 1985 年结束第一轮实验，结果反映良好。实验班除在五年内学完六年制统编通用教材的全部教学内容外，还增学了许多初中代数与几何知识，提高了学生分析问题与解决问题的能力、自学能力以及实际操作能力，培养了学生学习数学的自觉性与兴趣。

3. 中科院心理所“儿童数学思维发展”课程组编制的《现代小学数学》教材，以发展小学生的数学能力为主。实验自 1981 年起在辽宁黑山北关的实验学校开始，1985 年扩大到全国 28 个省份的 4 000 多个教学班，持续多年，取得了显著成绩。

4. 人教社 1984 年主编的小学数学实验教材在全国影响很大，天津、广东等地的实验报告均反映良好。

（三）中学语文实验教材

在此方面较有影响的主要有人教社、中央教科所教改实验组、北师大中文系、北师大附中、华东师大附中等单位及个人编写的初中语文教材。

1. 人教社编写的初中语文实验教材，自 1982 年秋在全国 29 个省份的 130 多所学校的 250 个教学班级进行第一轮试教。自 1983 年秋起，又在全国范围内的 100 多所学校的 2 000 多个教学班级进行第二轮实验。实验效果显著。

2. 颜振遥主编的《初中语文自学辅导教学实验教材》自 1981 年开始编写，从 1983 年开始进行了 11 年的前期实验，先后在四川、云南、广东、福建、海南、河南、北京、上海、辽宁、吉林等省份开展，各类学校参加实验。实验效果显著，获得了社会的好评。师生反映，这套教材保证了师生省时和主动，训练了学生手脑的结合及使用工具书的能力，减轻了课业负担，活跃了课外活动，提高了教学效率、自学能力、学业成绩及教师水平，解放了教学思想。在 1992 年 12 月四川冕宁中学召开的经验交流会上，各方认为它较好地解决了教学过程中师生关系问题及班级授课与因材施教中的矛盾问题，培养了学生的自学能力，提高了教学效率，体例简明，便于操作，易于推广。同年，经国家教委中小学教材审定委员会审查通过，该教材被列为九年义务教育选用教材。

此外，广西教育学院、陕西师大附中等单位编制的初中语文教材也较有影响。

（四）中学数学实验教材

在此方面较有影响的教材有人教社、中央教科所、上海市、国家教委基教司、中科院心理所、北师大、北师院（今首都师大）及景山学校合编的教材。它们各有特色和市场。

1.《中学数学实验教材》是国家教委基教司中学数学实验教材研究组集体讨论和分工编写的，它是根据美国加州大学伯克莱分校项武义教授的设想和编写初稿而编写成的。其中初中代数第一册被审定为九年义务教育教材。1989 年 9 月至 1992 年 7 月，组织了高中第一轮教材实验。教材实验在全国范围内展开，各地均取得明显效果。以河南省为例，实验学校反映，初中实验教材突出由算术到代数、由实验几何到论证几何的两大转折是成功的，学生领会了代数的基本精神，把理论学习作为获得知识的重要手段，打破了传统教学中只注重记忆和模仿的教学模式，在培养学生数学能力方面取得较好结果。教材中新增的内容对于知识的衔接具有重要作用。高中教学贯彻了“通性通法”精神，以“精简适用、返璞归真、顺理成章、深入浅出”为指导思想。师生一致反映该教材知识面广、开拓思路、科学性强，易于激发学习兴趣，有利于培养能力，在条件较好的学校适用，但也存在教学量大、难教、不利于自学等缺陷。

2. 初中数学自学辅导实验教材由中科院心理所卢仲衡主编，从 20 世纪 60 年代开始断断续续开展，遍及全国各地，实验学生达数十万人，效果显著。师生反映“三本”（教本、学本、答案本）比一本（教本）好，寓教法和学法于教材中，便于自学。

第三节　我国教材的分析点评

一、关于统编通用教材建设

统编通用教材是我国长期计划经济体制和高度中央集权相结合的必然产物。从历史的角度看，当时采用统编通用、国办国营、编审合一的体制是有利的，其最大优势在于以下七个方面。第一，有利于通过行政手段，汇集全国最优秀的教材编写者、研究者及教师与学科专家，最有效最经济地通过组织手段，为教材建设提供充足的人力、物力和财力资源。第二，有利于形成系统的教材编写、出版、发行及管理体制，实行统一定价，保证全国各地中小学“课前到书，人手一册”，从而大大提高了教材的使用效率，保障了正常的教育教学。第三，有利于形成教材的“编制—实验—评价”机制，集中全国之力最终有助于提高教材的质量，形成一套高水平的教材体系。第四，便于进行大规模的教师培训和教材教法研究，有利于广大教师理解和掌握教材编写者的意图，也容易进行横向比较和经验交流。第五，有利于快速、及时、有效地达成国家政府制定的教育教学目标，同时也便于进行控制和干预，使教材建设工作有计划地按既定程序开展，有效地防止“教材大战”的混乱状况。第六，有利于教材建设工作的历史继承性，有利于保证教材建设在稳定中求发展，在继承中得创新。第七，有利于学生转学、考试升学。实践反复证明，我国中小学教材正是在此条件下才保持了高水准的，并且能够不断地改进和完善。

在统编通用教材建设体制的长期作用下，我国具有代表性的中小学教材以其高质量和高水平而著称于世，并在实践中探索出了一套行之有效的教材建设的基本经验，如坚持思想政治教育与文化科学知识教育相结合，多年来始终遵循不渝，既反对单纯传授文化科学知识及忽视思想政治教育的倾向，也反对脱离教材内容、硬往教材中塞进许多牵强附会和空洞无物的政治宣传口号的做法，这两种错误倾向在我国教材史上都曾出现过，今后也有出现的可能性，必须在实践中和政治上加以克服和纠正。再如坚持传授知识和培养能力相结合。传统通用教材在实践中经过多次反复、左右摇摆之后，终于较为正确地摆正了二者的关系，较为注重根据社会需要，选择适合学生学习、难易适度的基本概念、基本原理和基本事实材料，力求使社会需要、学科特点和学生身心发展三者和谐统一。国内外学者纷纷赞誉我国中小学教材在加强学科知识、基本技能和基本能力方面的优势及所取得的成效。又如坚持知识的逻辑顺序与学生心理顺序的结合，统编通用教材从实践中获得许多真知灼见，为以后的教材建设奠定了基础。又如坚持理论与实践相结合，这也是几十年来在教材建设实践中获得的认识结果。过去在此问题上有动摇，如“文革”期间强调“以典型产品带动教学”，教材打破学科知识体系与结构，倾向于实用主义，结果大大降低了教材科学水平，而在“大跃进”与“洋跃进”时期，教材编制又过分追求科学化与理论化，盲目向国外中小学教材对齐看准，而不顾其教学环境与师生实际水平，结果造成师生难以教学，无法接受，正所谓欲速则不达，欲高则不就，也因为统编通用教材的多年实践教训，才使后人明白，教材中的理论联系实际是多方位、多层次、多角度的，主要是联系生活实际，改变从概念到概念、从理论到理论的硬性灌输，力求做到使知识的学习合乎学生的认识水平，力求做到从具体到抽象、从现象到本质的深化。同时深刻认识到，理论联系实际也必须因地制宜、因人而异。另外，坚持教材编写与科研相结合，坚持专家路线同群众路线相结合，组建教材专职编辑人员与学科专家及教师三结合，坚持老、中、青相结合，坚持历史经验总结与国外先进经验研究相结合。再如在教材建设上，教材编写、出版、发行及使用各部门相配合、互相协调，保证了教材出版、发行及使用渠道的畅通无阻、调节有力等。统编通用教材建设在此方面开了好头，为后继的教材建设奠定了基础和良好的开端。

但是，物极必反，任何事物在它具有较大优势的同时，也潜藏着某种缺陷与不足，如同哲学上讲的任何事物都具有两面性一样，统编通用教材也不例外。首先，既然要求统编通用、“一纲一本”，实际上就否定了教材建设多样化的存在与发展，造成我国长期以来教材建设品种单一，全国中小学生学习同样教材的奇特现象。其结果是在不同程度上存在脱离各民族、各地区特点，脱离广大农村实际的问题。教学的实际效果并不好，并会导致一些学生丧失学习信心甚至有“厌学”的情绪。从初中阶段的教学要求看，大概有 20%的学生不能适应。①这个单纯为“应试教育”服务的教材问题引起中央高层的关注，1982 年年底，中央书记处讨论中小学的问题时讲了农村教育存在的四个脱离：一是脱离农村实际，二是脱离农民孩子的接受能力，三是脱离生产生活实际，四是脱离不同民族、地区的特点。造成上述问题的其中一个主要原因是没有解决好教材问题。统编通用教材整个教材体系，考虑升学考试的需要多，尤其是理科教材的一些内容偏深偏难偏多，因强调系统性而失于烦琐，文科教材受政治影响较大而没有真正体现其学科教学的意义，显得浅显无趣。同时，统编通用教材整个教材构成一个知识系统，目标针对高考，并不符合我国中小学教育的实际，甚至将在相当长的一段时间内我国也难以普及十二年制义务教育，因此小学教材、初中教材、高中教材都应成为一个相对稳定的知识系统，以备教育分流的现实需要。此外，政治思想科教材的改革也势在必行，传统的教材设计思想要在实践中得到检验并加以改进，如何使空洞、枯燥的大道理和宏伟目标变成入情入理的现实，这是 1994 年中央关于加强学术德育工作的若干规定中提出的问题。这类教材必须结合公民道德教育内容，建立在品德心理研究及讲求实际与实效的基础上才能解决。语文与外语教材过分注重语法知识而轻视听、说、读、写能力的传统策略也不合时代要求，音体美教材的编写在如何加强民族文化方面也需要考虑。

另外，统编通用教材本身知识的衔接和各门学科教材的相互配合

---

① 何东昌：《在全国中小学教材审定委员会成立大会上的讲话》，《课程·教材·教法》1986 年第 11 期。

也不够协调，存在着内容重复和相互脱节的现象。例如高一化学教材中有电子云内容而物理教材中充满力学知识，连电子波动的内容都没有涉及。还有许多教材缺乏启发性、趣味性，语言可读性差，枯燥、空洞，不能激发学生的求知欲，不利于学生自学。也有的教材内容陈旧落伍。这是集权式教材建设体制的必然结果。1949—1988 年，国家总共编了七套统编通用教材，平均每 5～6 年才建设一套新教材，这就难免引起“教材内容和社会生活脱节”的严重现象。由于教材建设的统一控制，受政治行政干预和影响较大，反映在教材内容上就是“泛政治化”和“长官意志”，编审合一的教材管理体制抑制了教材的多元化发展，造成了教材建设实质上的垄断，教材的编制因而容易造成某种片面性或者是知识形态单一，思维方式形成定势，或者是认识趋同等。

二、关于义务教育教材建设

九年义务教育教材是配合实施义务教育法的一项基本工程，教材的优劣事关义务教育的实施与完成，因此全国上下对义务教育教材建设备加关注，也期望这种教材能摆脱“应试教育”的阴影，真正体现义务教育的特征，切实为当地的经济文化建设服务，更加适合本地区、本民族的实际及学校教学的实际。

为此，国家教委进行了教材编审体制的重大改革，改“编审合一”、“一纲一本”的统编通用教材体制为“编审分离”、“一纲多本”的竞编选用教材体制。规定无论是受国家教委委托的教材建设，还是各单位及个人自发编写的教材，均必须经过全国中小学教材审定委员会的审查，审查通过者，才能入选国家义务教育教材。这样就提高了全国中小学教材审定委员会的权威性，它可依据教材审定标准进行操作。这样既有利于保证义务教育教材的质量，也有利于调动各方面投身教材建设的积极性，有利于丰富教材的品种，可以在比较、鉴别和竞赛中促进教材事业的繁荣和教材质量的提高。

为保障义务教育教材建设顺利，国家教委委托了八套半义务教育教材的建设，也积极鼓励各单位及个人编写全套或单科教材。就教材编写状况的实际反映及审查情况来看，人教社编写的教材、内地版教材、沿海版教材、北师大编写的教材及一些单位和个人编写的单科教材在1992年都通过了全国中小学教材审定委员会的审查，被正式批准为九年义务教育选用教材，在1993年秋新学期使用。其他各种义务教育教材一方面在试用，一方面在修改完善中。

从多套义务教育教材的自我评价、审定评价及社会评价诸项指标来分析，其共同特点是：体现义务教育的性质和任务，加强思想教育，重视选取社会主义现代化建设需要的教育内容，注重遵循学生的认识规律，适当降低难度，拓宽知识面，使师生过重的课业负担有所减轻，重视基础，培养能力，教材印刷质量有较大提高。人教社编写的义务教育教材反映最好，得到各方的一致好评，其优点主要如下。一是准备充分，编写前进行了广泛的调查研究。二是编写队伍力量雄厚，集中的人力、物力、财力最多。三是时间充裕，最先于1987年着手教材的编写工作，前后用时七年，终于编成。四是宣传得力，先后召开五次全国性教材试验工作会议，交流总结全国各地教材试验的经验，并召开历史、英语教材国际研讨会，举办新教材研讨班53个，直接培训骨干教师、教研员6 000余人；各省市还举办许多二级培训班，人教社被邀请讲学530多人次，培训6万～7万名教师；为培训教师印发了多种教材，仅制作录像带就有50多个课时。同时还印发了《试教通讯》100多期，并创办了《教与学》杂志小学版和初中版；在《光明日报》、《中国教育报》、《课程·教材·教法》、《教育研究》等报刊上大力宣传推荐使用义务教育教材；印制发行了《人教版九年义务教育教材简介》，向全国各地中小学校推荐使用。五是教材实验规范科学，教材从1990年秋开始在中小学和初中一年级逐年实验，参加首轮试验的有28个省份的20余万名小学生和12万名初中学生，其中有11个县、市进行了整体试验。试验工作由省、市教委领导，各省、市和整体试验的县、市均成立了领导小组，对教材试验工作深入指导，组织培训，总结经验。另外还制作调查表格，对教材试验的项目和数据进行统计分析，在此基础上对教材进行了修改和完善。六是适用面广泛，它可供实行五四制和六三制的中小学使用，也可供实行五三制的中小学使用，面对的是全国大多数地区和学校。当时全国70%左右的中小学校使用了这套教材。七是教材配套系统，这套教材系列包括教科书、教师教学用书、自读课本、录音录像带、教案选、挂图、投影片、课外读物等。八是教材的科研力量雄厚，人教社、课程教材研究所展开了对九年义务教育教材的研究，并在研究的基础上编写教材，写出了上百篇论文。这是理论结合实际的科学研究，一方面总结了新中国成立以来编写七套通用教材的经验，另一方面重视调查我国在改革开放、社会主义市场经济的形势下，社会经济对人才的需求，以及调查教学实际和教材试验的情况。研究评价涉及整套义务教育教材的编辑方针和总体设计思想，以及各学科教材的编辑原则，确立教材“教什么”和“怎么教”的问题。同时还在进行21世纪的课程教材研究，包括“21世纪课程教材研究”以及“国际中小学课程教材比较研究（美、日、苏联、英、法、德）”。九是知识系统性强，教材的制作工艺先进，出版发行渠道畅通，定价合理。

其他各类义务教育教材继承和学习了人教社编制教材的经验，也顺应本地区、本民族中小学的现实需要，在教材编写的内容及表达形式上相较于人教版义务教育教材具有自身特色，在各个方面尽量模仿人教社，在准备工作、组织机构、编写队伍、宣传推广、实验评价、师资培训、分析评价、出版发行各方面尽量规范、科学。但因我国长期实行统编通用教材，除人教社之外，其他教材编写组显得编写经验不足，编写队伍力量较为薄弱，理论研究水平较低且受财力、物力等的限制，因此教材的编写水平及制作水平和配套系列，尚有待于进一步改进。例如内地版初中语文教材，存在内容编排上的失误及校对性的错误，语法知识没有多从汉语表达的角度考虑，“读后指要”注重了文章学，而相对忽视了语言学，“练习”中缺乏延伸性练习题。而且语文基础知识和文学常识的介绍、说明，未能与本单元课文中的教学重点、难点配套，对课文中出现的某些常用的自然科学术语未作出注释，增加了教学的困难。课文中“作文示例”所选的范文，没有写出简要分析和评语，初一的学生难以理解课文的思想性和艺术性。教材中某些课文和与之相应的教学参考资料对同一事物的提法不统一，出现误差，写作知识的介绍与某些课文的“教学目的要求”脱节。多数课文没有插图，30 篇课文只有 10 幅插图（包括 4 幅文中插图），仅占 1/3。①沿海版初中语文教材在国家教委中小学教材办组织的调查中，发现与该教材配套的教学参考资料较少，而且没有朗读音节，对在粤闽方言区推广普通话不利。教师对阅读教学比较重视，而相对忽视写作教学。教材课文量不足，没有供给师生教学选择的余地。教材在语法知识编排上没有大的突破，与目前的知识安排和教学时数有矛盾，难以按时完成。教材选文虽比旧教材课文新颖，但仍有落伍于时代的感觉，并且应当加强教材的可读性。此外，新教材的印刷错误和缺漏之处甚多，需要不断改进和完善。②

---

① 四川省九年制义务教育教材编写领导小组办公室编：《教材·教学·教研》，1991 年第 13 期，第 6 页。

② 周震和：《对不同版本语文教材使用情况的调查分析》，《教育评论》1993 年第 5 期。

义务教育教材还存在许多共性问题，例如自然科学教材的教学内容比较陈旧，不能反映现代科技的新发展，落后于时代的要求；社会科学教材与国际和我国形势的发展不相适应，有的学科教材在实践环节上比较薄弱，教材改革尚无突破性进展，重内容改造，轻方法策略。在课程计划、课程标准与教材三方面有脱节现象。

总之，我国义务教育教材体系业已形成以人教版教材为基础、各类教材竞相发展的良好格局，有力地推动了义务教育工程的实施，保证了基本的教育质量。

三、关于实验教材建设

各种实验教材原先是为弥补统编通用教材之不足而设计的，主要目的是提高统编通用教材的难度和量度，为占据优势的升学考试而服务的，其中有早出人才、快出人才的意图。在推行义务教育制度后，小学和初中实验教材已纳入义务教育教材范畴，经全国中小学教材审定委员会审查通过，有的作为义务教育教材向全国中小学推荐使用。

就实验教材本身而言，既有成套的实验教材系列，也有分段或某一年级的实验教材；既有全科教材，也有分科教材；既有文字性教材，也有视听教材；既有学科教材，也有活动教材。一般而言，分段的实验教材较多，语文和数学的实验教材较多，学科教材较多，文字性教材较多。

就实验教材的编写来看，有些是受教育行政部门的委托或支持而进行编写的，有的是学校与个人自发编写的，他们是建立在长期丰富的教学经验基础之上而主动编写的。例如人教社、北师大、中央教科所、北京师院（今首都师大）受国家教委之委托编写的实验教材，而“集中识字”教材，初中语文、数学自学辅导实验教材，“读写结合”小学语文实验教材皆出于后者。这些教材虽然其编写者的组成各异，但其主要意图在于改革旧有的教材体系和结构，在教材的科学化水平上有所提高，有所创新。

从各种实验教材的效果及所产生的影响看，许多实验教材使用的成效明显高出统编通用教材，有利于提高教育教学质量，比较适合发达地区教学条件较好的学校使用，有利于加快人才培养步伐；相反，有的实验教材则收效不明显，影响也不大。如人民教育出版社、中央教育科学研究所、北京师范大学等单位以及中国科学院心理所卢仲衡、四川颜振遥、广东丁有宽、华中师范大学姜乐仁等个人编写的实验教材早已突破地区性界限，其中有的编写实验达数十年之久，积累了丰富的实践经验，因此在全国有影响，有的实验教材尚处于探索起步阶段。

当前，我国中小学实验教材建设中尚存在若干问题急需解决。第一，需要建立实验教材的管理体制，克服以往“一哄而上”又“一哄而下”的政治运动发展模式，必须坚持科学、规范、稳妥地发展，需要建立权威的实验教材审定及评价机构并尊重其权威。第二，应当协调好实验教材与普通教材的关系，尤其是在改革形势下两种教材的转轨衔接关系。第三，实验教材本身需要系列化和配套综合，否则将会使实验教材难以为继。第四，迫切需要解决好高考和其他统一考试与实验教材的关系问题，否则实验教材的编写与试验难以开展和进行。第五，实验教材应摆脱为升学考试服务的单一编写模式，跳出只增加教学内容的量度和提高其难度的陈规，应体现素质教育的特性及为多种培养目标服务的特色，使实验教材真正具有探索创新的特点，成为我国中小学教材改革的先锋，这样才能使实验教材大有发展之地。第六，实验教材的编写、试验及评价应持科学、求是、审慎的态度。教材建设十分复杂，影响因素和变化条件较多，见效周期长，还要符合中国实际，强调教材编写者、使用者与研究者的合作，才能现出教材的整体效益，使教材的目标、内容、主张达到真正的统一，忽视其中任何一个环节（或因素）都可能降低教材的成效与作用。所以在教材实验中，关键在于要在一般正常条件下，考虑师生教学的实际与办学条件，明确实验教材的因素在提高教育教学质量上的作用。第七，应该支持和鼓励实验教材，尤其是在出版、发行、选用、经费和实验等方面要提供优惠条件。

四、关于民族教材建设

民族教材建设，经历了漫长的历程，走过了曲折的道路。在党和政府的重视和支持下，民族中小学教材从无到有，从有到优，教材的数量、品种逐步增加，质量不断提高，为民族教育事业的发展作出了积极的贡献，同时在实践中也探索积累了一定的经验。

首先，编写民族中小学教材必须从本学科的特点出发，贯彻全面发展的教育方针，在遵循国家制定的统一的各学科课程标准的前提下，从本民族的实际出发，参考少数民族教师的教学水平和民族学生的实际接受能力编写教材。因为我国各少数民族的文字基本上是拼音文字，不同于汉文的象形文字，而且各民族的文化及生活方式、居住条件与汉民族有较大的不同，所以在编写民族教材时，必须坚持其鲜明的民族特色和浓郁的生活气息，才能发挥教材功效。

其次，在编写教材过程中，必须对名目繁多、浩如烟海的名词术语加以科学规范，这是保证教材质量最基本的前提条件。在实践中应当坚持“挖掘、创新、借用”的工作方针，新词术语必须概念清楚、准确，外来语词则力求达到“准确、通顺、精练、易懂、生动”。编著各学科的专用辞典是当务之急，有利于提高民族教材的科学化水平。

再次，民族教材建设的核心问题是保证教材的质量。教材的质量主要体现在教材内容的思想性、科学性、实践性、民族性和地方性等方面。其中，思想性是教材的灵魂，科学性是各学科自身规律性的反映，实践性是教材的归宿，民族性是教材的特殊性。民族教材必须运用本民族的语法结构和基本词汇，表达各门学科的具体内容，从形式到内容尽可能体现民族特点，即使是汉语教材也要充分研究少数民族学生的学习心理和认知特点，利用母语进行辅助教学。地方性意指教材应有地区适用特性，适当选编具有民族特点和地区实际的教材内容，使教材能够被教得活、学得好、记得住、用得上。上述要求是权衡民族教材的政治与业务、理论与实践、批判与继承、形式与内容的统一和结合的重要标准。它们既表明了一个方面的特点，又是相互制约、互相联系、不可分割的。

当前，民族教材建设工作虽有明显进步，但也有不少问题值得研究和解决。第一，各民族中小学教材发展的不平衡问题较为突出。已经出版使用的有蒙、藏、维、哈、朝鲜、锡伯、柯尔克孜、彝、傣、景颇、壮等民族文字编写的中小学各科教材，其中蒙、藏、维、壮等民族还出版了高校教材。但有些民族，如苗、侗、白、哈尼、佤、傈僳等民族，尚未出齐中小学教材，其中有些民族只出版了本民族语文单科教材、扫盲教材或实验教材。有的民族因人数太少基本上没有出版过民族中小学教材。第二，编制民族视听教材是为了促进民族地区教育教学质量，开展双语教学，需要编制与文字教材相配套的视听教材，但这项工作是一项理论性、科学性、技术性、时间性很强的工作，其难度高于文字教材，因此需要国家大力支持，需要采取借用、译制和自制相结合的策略。第三，民族教材的协作建设需要不断加强。第四，系统的教材建设亦需加强。

五、关于乡土教材建设

乡土教材建设是中小学增强与本地社会经济文化建设实际联系的必要环节，也是贯彻爱国爱家教育，改革基础教育思想、教育内容、教育方法的重要步骤，对于扭转单一的升学教育模式，进行全面的素质教育，改变教育脱离当地社会经济发展和改革实际的状况，使教育更好地为两个文明建设服务，具有十分重要的意义。乡土教材的意义在20世纪50年代就被国家所重视。1957年3月，毛泽东在与七省市教育厅局长谈话时指出：教材要有地方性，应该增加一些乡土教材。农业课本要由本省编。①由此兴起建设乡土教材的势潮，“文革”期间达到高峰。在80年代中期，乡土教材的重要性逐渐为人们重新认识，国家教委大力推进乡土教材的建设工作，分别在1987年和1990年专门召开乡土教材工作会议，并把乡土教育列入义务教育课程。全国有18个省份都编写了本省历史和地理教材，有些地、市、县也编写了相应的乡土教材，如深圳教育局编写了《特区知识课》教材，上海编写了《上海经济和社会发展常识》等。乡土教材的编写质量有所提高，涉及学科门类有所扩充，因此而受到国家教委的表彰。这样，在教材改革的大前提下，乡土教材成为义务教育教材建设的重要组成部分，亦成为加强爱国主义教育和学校德育工作的重要内容和形式。

目前，我国乡土教材的主要内容涉及本地区的地理特征、自然概貌、生态环境、人口和民族、资源、国民经济发展和改革状况、历史沿革、文化传统、风土民情、名胜古迹、重要历史人物和文化等。在编写策略上既有分科编写的形式，也有综合编写或专题编写的形式。其特点是灵活多样，因地制宜，突出重点，内容真实，可读性强，便于自学，

---

① 中共中央文献研究室编：《毛泽东年谱（1949—1976）》第3卷，中央文献出版社2013年版，第94—95页。

结合实际。在教材编写中，一般强调坚持地方性与整体性相统一、思想性与科学性相统一、独立性与统一性相结合、专业性与基础性相结合、充分性与量力性相结合、理论与实践相结合等基本原则。

但从总体上来看，全国乡土教材建设和教学工作仍然是薄弱环节。第一，多数地区没有把乡土教材提高到教育必须为社会主义现代化建设服务的高度来认识，因而没有给予应有的重视，有的地方根本未动，有的在虚与应付。第二，对乡土教材的理论研究不深不透，对乡土教材的历史与现实、意义及作用、类型、结构与内容、编写策略与教学的系统研究不足，因此乡土教材的建设水平不高。第三，受考试的影响，乡土教育在基础教育中处于可有可无的地位。第四，受资源配置的影响，乡土教材的编写队伍、出版发行、宣传，均比较薄弱，无法建设高质量的乡土教材。第五，在管理方面缺乏硬性标准，因而对各地区建设乡土教材缺乏基本的约束力。第六，乡土教材建设的合作与科学考评尚有不足。为此，必须提高各级领导干部和教师的认识，这是搞好乡土教材建设和教学的关键；必须加强乡土教材建设和教学工作的要求和措施，这是搞好乡土教材建设的必要保障；必须加深乡土教材建设理论的研究，这是搞好乡土教材的科学基础。

六、关于数字教材建设

数字教材的出现是教材现代化的一个重要标志，具有传统文字教材不具备的优势，如生动、形象、直观、使用效率高，使用范围广泛，可以重复再现，可以调动多种感官参与学习，便于学生记忆和理解，变静态为动态等。它为节约师资、提高教师工作水平、增加学生的自学机会、开阔学生视野、扩大知识面、增加学习的广度与深度提供了便利条件。

数字教材的出现是教材发展史上的第二次革命，自 19 世纪末以来异军突起，20 世纪 20 年代广泛应用于中小学教学，二战后发展迅速，很快从发达国家传入发展中国家，形成世界性教材改革的热潮，而且其教材体系不断增加新成员，从早期的幻灯、收音机、电影、电视、录音机、语言专用教室、程序教学机、录像机、闭路电视，发展到现代的电子计算机、微型化多媒体组合、多功能化互联网、人工智能，这一切标志着教材的技术基础逐步得到加强。

综观我国中小学数字教材的发展状况，总的看来是起步晚、使用少、经验不足，但发展快。数量上尚不能适应中小学教育教学的需要，从今后的发展趋势看，教材必须形成现代化教材体系，包括文字教材与数字教材的相互结合，这样才能更为准确地表达教学内容，激发学生的学习兴趣，也包括不同类型与层次数字教材的互为补充，相辅相成。为此，必须统一组织力量，做到有计划、有目的地制作，有利于改变以往各自为政、质量不高的弊端。必须培养和充实数字教材的编制队伍，提高其素质和能力；必须加强数字教材的研究工作，包括研究课程标准与文字教材，研究教学法，研究教学对象，并要研究多种视听媒体的功能和特点，以便有效地选择和使用编制数字教材的媒体。此外，编制数字教材要有教师参与，从而使数字教材更有效和更具针对性。从数字教材的学科分布来看，在 176 部试用教材中，从多到少的顺序为语文、生物、数学、美术、物理、历史、小学自然、化学、地理、英语、小学思想品德、初中劳动技术课、幼儿教育、政治、音乐、体育，可见其严重的不平衡现象，必须加以改变，促进数字教材薄弱学科的发展。一方面从各地制作数字教材的情况分析，显示出中央级单位，如中央台电教馆、人民教育出版社制作较多，地方较少的现象；另一方面从各省制作教材的数量看，东部经济文化发达地区较多，而西北、西南等地较少，其中既有政策问题，也有财力问题，还有编写队伍及经验问题。今后需要统一数字教材标准，协调组织各省份及中央单位的合作与交流，进一步提高数字教材的质量，同时还需加强民族中小学数字教材的质量，并加强师资培训工作。

七、关于高中新教材建设

在进行九年义务教育教材建设的同时，国家教委积极推动高中新教材的建设。1989 年，基教司着手研制高中新课本计划，以便使高中教育适应社会主义建设新形势的需要，并同初中新课程计划相衔接。在初步调查研究的基础上写成了关于高中教育的性质、任务、培养目标的调查分析报告，为教材编制奠定了基础。[①]在此基础上，1990 年 3 月正式印发了《现行普通高中教学计划调查意见》，并研制了新的高中课程计划，于 1996 年实施。

原有的高中课程计划是 1981 年为重点高中制订的，强调扎实打基础，尤其是语文、数学、外语的基础，注意适应和发展学生的兴趣、特长，但它主要为升学目标而服务。在九省市的两次调查中（1989 年，1993 年），[②]7 788 名校长、教师中的 64.5%认为理科教材的内容超出本地区的实际水平，57.3%认为文科的内容超过本地区的实际水平，并且对侧重文科或理科的学生并没有编写出适合其需要的文理科教材，结果造成学生的知识结构不完整；同时，高中教材中存在理论脱离实践的问题。另外，校长、教师均要求大幅度降低教材的难度，大幅度增加广度。需要改革的学科顺序为物理、外语、数学、化学，习题难做的学科顺序是物

---

① 国家教委基教司高中处：《关于高中性质、任务、培养目标、办学模式、课程设置等问题的调查》，《课程·教材·教法》1989 年第 11 期。

② 马立、潘仲茗主编：《普通高中课程计划问题研究》，教育科学出版社 1994 年版，第 23—24 页。

理、数学、化学、外语，可见此为一共性意见，但在程度上有差别。

来自六个调查群体的报告（学生、校长、教师、高中毕业生、专家与教育行政部门的领导及人大、政协等部门负责人、高中毕业生所在单位）充分表明这样一个事实与信息：教材改革事不宜迟。

但教材改革又必须慎重行事，如果按照过去的传统，只做修修补补对大事无补，但进行突变性的改革也不能成事。因此高中新教材的设计也必须走义务教育教材“一纲多本”的模式，必须适应不同地区经济文化发展水平不平衡的现实与需要，采用“一刀切”的方式是脱离现实的，而且教材内容也应有层次性，实行基础内容与选择内容两大部分，优设优选必修教材，减少那些迁移性差、发展性差的教材内容，重质不在量，达到与培养目标一致的最低限度要求，妥善处理高考、会考与教材的关系。①

进入21世纪以来，课程教材改革步伐加快，颁布了中小学课程设置方案和所有学科课程标准，经国家审定的教材平均每科8种。2017年，中小学语文、历史、道德与法治三科部编本教材统一使用。先后印发了中等职业学校所有公共基础必修课课程标准，以及640种中高职专业教学标准，“十二五”期间完成职业教育国家规划教材7 349种，基本覆盖各专业大类。基本完成普通高校92个本科专业同类人才培养质量国家标准，“十二五”重点建成本科精品教材3 000种，基本覆盖各专业大类。地方教材和学校教材取得成就，民族教材和盲文教材进展明显。

① 马立、潘仲茗主编：《普通高中课程计划问题研究》，教育科学出版社1994年版，第23—24页。

第八章　教材比较论

教材是现代学校教育中的一项基本建设，它直接影响着学校教育的质量与效率。从教材建设的水平分析，不仅可知一个国家（民族）的整体文化教育水平，亦可知学校的教育质量。因此，教材改革是二战后现代国家教育改革的重点。各国在竞争与交流合作中，共同推进了世界教材改革与发展，使教材建设取得了长足的进步。

第一节　中外教材管理制度比较

世界各国囿于各自不同的社会经济文化背景，对本国教材事业实施不同的管理体制，但其中亦有许多共性。

教科书是教材体系中的主干部分，因此成为教材管理的重点。各国政府对教材的管理主要是对教科书的管理，通过对教科书的管理可窥见各国教材管理之一斑。

一、世界教材管理制度分类

教材管理制度一般包括教材的批准、采用及认可制度。日本教科书研究中心高级研究员细野二郎分析了 23 个国家和地区的情况后，撰写了《世界的教科书制度》，他把世界教科书制度分成五大类，这种分类方法得到了普遍的认可。

（一）国定制

它由国家或地方教育行政部门规定和选择教材，基本上垄断教材的编写、出版、发行及使用权，实行国营国办的教材经营体制。苏联、印度、墨西哥、中国（1986 年以前）等实行教材国定制，韩国、瑞士、新西兰等对部分基本学科教材实施国定制。

（二）审定制

即由民间社团组织及个人编写的教材必须经过国家或地方教育行政机构审查合格后，才可以出版发行作为学校的教材。日本、西班牙、以色列、土耳其、印度尼西亚、泰国等实行此制，德国部分州实行此制，韩国对部分学科教材实行此制，中国自 1986 年之后实行此制。

（三）认定制

即由民间社团组织和个人编写出版的教材须经国家或地方教育行政机构的认可批准，才可作为地方学区和学校的选用教材。法国、加拿大、奥地利等国较为典型，新西兰等国对部分学科教材实行认定制。

（四）选定制

即由国家或地方教育行政机构选择国内业已出版的若干种学科教材，制成教学用书目录，供全国各地学校选择使用。荷兰以及美国得克萨斯等 27 个州基本上实行此制。

（五）自由制

即国家和地方教育行政机构对教材不加任何控制和监督，完全由地方学区或学校自行决定。英国、澳大利亚、丹麦、葡萄牙和美国的 15 个州基本实行此制。

二、分析与比较

上述的分类是相对的和粗线条的，实际上，许多国家对教材的管理采取混合体制，以便针对不同的学科教材及教材类型而实行有效的控制，如美国有 10 个州教材选定制与自由制并行，韩国是教材国定制与审定制并举。而且即使属于同一管理模式其具体内容也有所不同，如中日同属教材审定制，其内容也有较大的差异。更何况教材管理体制并非凝固不动，它常发生变革，需要在运动中调适自身与本国社会经济文化发展及教育改革的最佳对应点，如中国、俄罗斯等国的教材管理体制发生巨变，日本、英国等国也在进行公开或悄然的变革。

教材管理制度深刻表征着一个国家或地区教育行政管理体制的特征，亦全面反映深层的民族文化心理特征；既是历史文化积淀和发展的产物，也是各国交流与合作的必然结果。一般而论，政治集权、计划经济，其价值观念取向于国家集体，多用教材国定制或审定制；而政治分权、市场经济，其价值观念取向于自治及个人主义，则多用其他教材管理制度。当然，这种对应关系并非直线相关，也有例外。由于国情不同，各国对教材的认识理解有所不同，教材国定制和审定制国家特别看重教材尤其是教科书在教学中的作用，并用考试制度加以强化，增其权威。而实行其他教材管理体制的国家则没有明确的"教科书"概念，学校里使用的一切教学材料都可以合理平等地称为"教材"，而且教材只作为教师与学生教学活动的辅助工具。由此可见，研究各国的教材管理体制，不仅要从教材制度本身出发，而且要联系教育行政制度、文化背景和国情进行全面考察。

教材的认可和批准制度是教材管理的关键，它直接影响教材的编制、出版、发行供应等。一般而言，教材国定制国家严格控制着教材建设的全部过程和所有环节；教材审定制国家则实行有限度的统一控制，如教材选用权在地方或学校；而实行其他教材体制的国家则实行有限的控制，基本上实行自由竞争政策，放开教材市场，利用市场调节实施教材管理。各国在教材供应上有所不同，主要有：（1）免费制。如日本、中国、瑞典、美国的大部分州及加拿大的大部分省区免费为学生提供教材，大多限于义务教育范畴。（2）租借制。教材由国家统一购买，学生可以租借使用，用毕归还交下一届学生再使用。如英国、新西兰等国，加拿大的 2 个省则规定学生必须交纳少量租金。（3）收费制。由学生购买，所有权归己。中国、日本等国对非普及义务教育教材实施此制。在教材更新换代期限上，各国亦有所不同，可分为定期与不定期两种，如美国和日本的教材寿命为 3～5 年；而中国等许多国家则为不定期，视具体情况而定，但一般是 5 年左右。

表 8-1　六国教科书行政制度比较

国别	教育课程制度	教科书制度
日本	文部省依据“教育课程审议会”的建议，制定并公布《学习指导要领》，作为教育课程的基准。	1. 文部省依据“教科用图书检定调查审议会”的建议，检定民间著作及编纂的图书。 2. 教科书须从检定教科书或文部省著作教科书中采用，在公立学校，采用权属于该校所属的教育委员会。
美国	（一）依据州教育法、州教育委员会所规定的规则及基准，决定教科种类及修习分量的最低标准。 （二）各学区教育委员会，依据州法则决定“学习指导要领”（course of studies）。	1. 教科书的选定及采用由州或学区执行。多数州的情形是从州所选定或认定的教科书名册中选用，学区教育委员会作出采用的决定。 2. 一部分的州，在州教育法中，对教科书的内容有如下规定：“不可以包含对合众国不忠诚的记述。”
英国	1. 教育科学部公布“学校教育课程”以及各科课程指引，以作为组织教育课程的一般性指针。	有关教科书的著作、编纂及发行等并没有特别的法律规定。

续表

国别	教育课程制度	教科书制度
英国	2. 有关教育内容及方法等方面，教育科学部通过敕任视学官以对地方教育当局及校长等从事指导工作。	
法国	国民教育部规定教育课程的基准。	1. 公立初等学校的教科书，先由各县的教科书认定委员会制作成认定教科书名册，各学校据此名册自行采用。 2. 对教科书的著作、编纂及发行等，虽无直接规定，可是教科书须依国家规定的教育课程基准来编著，而且编著者当中通常包括许多国民教育部的中央及地方的各种视学官。
西德	由州教育部规定学习指导纲领。	1. 由州教育部从事教科书的检定工作。检定时须依据学习指导要领，并考虑学生的发展阶段。 2. 经检定合格的教科书，刊载于州教育部所编的教科书目录里，教科书从其中选用。
苏联	1. 教育课程（科目及每周时数）由各共和国教育部依据联邦教育部所制定的基准自行规定。 2. 教授要目（教学内容）、全联邦共同的教科（如历史、物理等），由联邦教育部制定，其他教科则由各共和国教育部规定。	1. 教科书的发行工作，由制定教授要目的联邦教育部或各共和国教育部分别执行。 2. 教科书的编纂，以联邦教育部或各共和国教育部为中心。(1) 委托个人或集体编著。(2) 或由个人或集体之竞赛方式以作成。

资料来源：

文部省初等中等教育局：《教科书制度之概要》，1988 年 3 月。

三、教材管理模式案例介绍

（一）美国

美国的中小学教育是“州的责任，学区的工作”，因此其教材的批准认可权是由各州及其地方政府规定的。其中有 23 个州对小学教材实行“多级批准制度”，18 个州对中学教材实行此制。一般由州和地方政府审批和编制每一学科的教材书目表，供学校或教师本人从中选择，新教材的审定一般由州教育行政机构委任专门委员会负责，如加利福尼亚州只对小学教材实行基本批准制度，即只认可 1～2 种全州范围内必须使用的教材，其他教材由学校或教师选定。州的检查多从教育角度进行，其内容包括结构、难度、范围、顺序、功用、一致性、学生符合度、多元文化和可读性等，具体操作由“课程发展和补充教材委员会”（Curriculum Development and Supplemental Material Commission）负责。如果地方学区从其规定的图书目录选择教材，便可获得教材购买经费资助。因此，学区教材编写及出版发行多由出版商自行负责，在教材市场中参与竞争，大部分教材内容的选择与编排实际上控制在私营出版商（公司）手中，由其组织人力编写并付稿酬。

表 8-2　美国各州教科书的供应和采用制度（NIE，1978）

州名	教科书免费供应	在地方学区选定			州认可书单检讨年限	州对教科书契约的规定
		无须州的认可	从州认可的书单中选择	在州规定的基准内选择		
阿拉巴马			×		6	×
阿拉斯加			×			
亚利桑那	×	P	P		5	×
阿肯色	×		×	×		×
加利福尼亚	×		×		3	×
科罗拉多	P	×				

续表

州名	教科书免费供应	在地方学区选定			州认可书单检讨年限	州对教科书契约的规定
		无须州的认可	从州认可的书单中选择	在州规定的基准内选择		
康涅狄格	×	×		5（a）	×	
特拉华	×			P		×
佛罗里达	×		P	P	4	×
佐治亚	×		×			
夏威夷						
爱达荷	×		×			
伊利诺伊	（b）		×			
印第安纳	×		×		5	×
艾奥瓦	（b）	×				
堪萨斯	（c）		×			
肯塔基	×		×	×		
路易斯安那	×		×			
缅因	×	×			3	
马里兰	×	×				
马萨诸塞	×	×				×
密歇根	×		×			×
明尼苏达	×	P		P		×
密西西比	×		×			×
密苏里	×		×			
蒙大拿	×		×			
内布拉斯加	×	×				
内华达	×		×			
新罕布什尔						
新泽西	×		×			
新墨西哥	×				4	×
纽约	×	×				
北卡罗来纳	×		×			
北达科他	（d）	P	P		5	×

续表

州名	教科书免费供应	在地方学区选定			州认可书单检讨年限	州对教科书契约的规定
		无须州的认可	从州认可的书单中选择	在州规定的基准内选择		
俄亥俄	×	P	P		4	×
俄克拉荷马	×		×		4	×
俄勒冈	×		P	P	6	×
宾夕法尼亚	×	×				
罗得岛	×		×		3	
南卡罗来纳	×		×		4	×
南达科他	×			×		
田纳西			×	3～5	×	
得克萨斯	×		×		6	×
犹他	×		×		4	×
佛蒙特		×				
弗吉尼亚	×		P	P	6	
华盛顿	×		P	P		
西弗吉尼亚	P		×			×
威斯康星			×			
怀俄明	×	×				
哥伦比亚特区	×		×			

注：×——所有教科书。

P——部分教科书。

（a）学区教育董事会三分之二多数通过可变更。

（b）基于学区的投票而决定。

（c）对无力购置者免费供应。

（d）按照学区的决定。

（二）英国

英国中小学原无统一的课程标准，但有统一性阶段考试，1984 年开始制定统一课程标准，1989 年正式执行，但其硬性标准限制较少。

因此，其教材的编写不是为了满足规定的课程计划和课程标准的要求，而是为了师生教学的现实需要，由此导致在教材内容、结构和表述方法等方面存在较大的差异，而且教材种类繁多，规格不一。教科书形同一般教材，选用权在校长或教师，是个典型的教材“自由制”国家。各地教育行政机构对教材管理的尺度不一，有的地方完全自由流通，有的地方进行审定，并制定推荐书目，分为 A（推荐）、B（可采用）、C（不准采用）三级。教材的编写与发行一般由出版商（社）自行组织，通过它们之间的竞争，促进教材质量的提高。为在教材市场竞争中占据优势，出版商（社）邀请各科高水平的专家与教师编写教材，并进行广泛的调查研究，了解教师、学生、教研机构对教材的意见，以便提高教材质量。教材发行由出版商（社）自行办理或经商业书店销售，教材价格依其成本及市场需要而定，国家免征税收。教材由学校统一订购，免费租借给学生使用，用毕归还，寿命为 5～6 年。

（三）法国

法国教科书无统一规定版本，各种机构和个人均可组织编写，但必须根据国家教育部制定的课程标准，因此同一年级同一课程的教材多种多样。每所学校具体选用哪种教材，由任课教师和校长共同商定，教材编辑出版采取自由开放政策，教育部不予干涉。一般由师范大学（学院）和教科所专家、中小学教师及督学编写，主要编写学生用书及教师用书，经由民营出版社出版，教科书上印有作者与试验学校教师的姓名。义务教育范围内的教科书由学校统一购买，免费租借。教材印刷精美，成本较高。但师生教学必须依据教育部每学期教育公报来决定教育的内容及教学进度。4～5 年更换教科书。

（四）德国

各州中小学有统一课程标准，由州教育研究所负责，州文教部审批后公布，一般有优秀中小学教师参加。教材编写由出版商（社）组织，进行竞争。政府对教材实行审查制。这是 1992 年 6 月联邦政府文教部长会议作出的决定，定由州文教部负责，部长会议定期交流教材审查中的学术问题及教材修订问题。该决定规定：（1）所有中小学教科书必须经各州文教部批准；（2）教材的编写由出版商（社）组织并送审，教材内容不得违反国家法规，并要与课程标准、教育法和教学法相一致；（3）出版商（社）向政府申请审查教材时，要说明教材的用途及书价；（4）教材修改时，要向州文教部提出申请，并阐述理由；（5）审查教材周期为 3～6 个月，各州文教部具体规定送审日期；（6）有些教材可以暂时批准，保留继续提出意见的权利，已批准的教材认为不适用时，可以收回批准，禁止出版；（7）审查教材要由出版商交付一定的审查费和手续费；（8）州文教部聘请专家负责审查，未经批准的教材，要说明理由，并将专家的审查意见通知出版商（社），出版商（社）不得公布其审查意见。各州文教部设有负责审查及管理教材工作的机构及官员。如巴伐利亚州设立教科书审查委员会，有 18 名专职审查委员，每个学科 1 人，其任务是负责教材审查的组织工作，如聘请审稿人，参考其意见决定教材的出版或修改事宜。

德国教材的审定原则包括：（1）符合课程标准的规定要求；（2）不与国家各项法律相冲突；（3）教学法有利于教学；（4）不为某个党派或政治集团服务。经审查批准的教科书，由州文教部公布书目，供中小学选用，选用权在中小学，教育行政部门无权干预，学校选用教材一般由教师或由校长、教师及学生家长开会商定。出版商（社）广泛掌握信息，参考各州的课程标准，为教师编写教师手册、教学指引和教师教学用书。1990 年两德统一后，德国教材出版发行由 100 多家出版社负责，自行销售或经书商书店销售，教材由学校统一购买，免费租借给学生使用，一本教科书寿命为 5～6 年。

德国还设有世界最齐全的各国教科书图书馆，内藏有70国10万册教科书，并设有世界唯一的各国教材研究所——格奥尔格·埃克特国际教科书研究所（Georg Eckert Institute for International Textbook Research），主要研究各国历史、地理、社会学和外语教材，就教材的不同观点与有关国家交流探讨，以求相互理解，达成共识，完善教材。

（五）日本

战前的教材国定制被审定制所替代，后几经变化终于定型。教科书编著者和出版商编写出版的教科书只有得到文部省的审定批准后，方可作为教科书发行。而且只有当文部省的批准与教育法的精神一致时，使用学校才承认文部省的批准有效。中小学必须使用文部省审定的或文部省具有著作权的教科用图书，但选择教科书具有较大的自主权，不受外力干涉。辅助教材在使用前也需向地方教育行政部门提出审查并获得认可。

日本教科书的审查制度较有特色，审定办法及审定基准依据学校教育法的规定，由文部大臣免费审定，由文部省"教科用图书检定调查审议会"具体操作。审议会有常设委员85人，审定标准是"在于认定该图书合于教育基本法以及学校教育法的主旨，并适合作为教科书"，在此基础上文部省规定《教科用图书检定基准》，内有三项绝对必要条件及各学科的十余项必要条件。前者有：（1）要与教育目标相一致；（2）要与学科目标相一致；（3）要有公正的立场。后者包括：内容及范围、正确性、内容之选择、内容之程度、组织排列、分量、表现、使用上的方便、地区差别、学校差别、制本、创意功夫等。此外，教科书的实质内容必须符合课程标准的要求。

教科书的选择制度，原由教育委员会负责选择，1963年扩大到县市，在此区域内中小学使用同一种教科书。都道府县教育委员会负责教科书选择工作，但要尊重市町村教育委员会和教师的意见以及教科用图书选定审议会的意见。

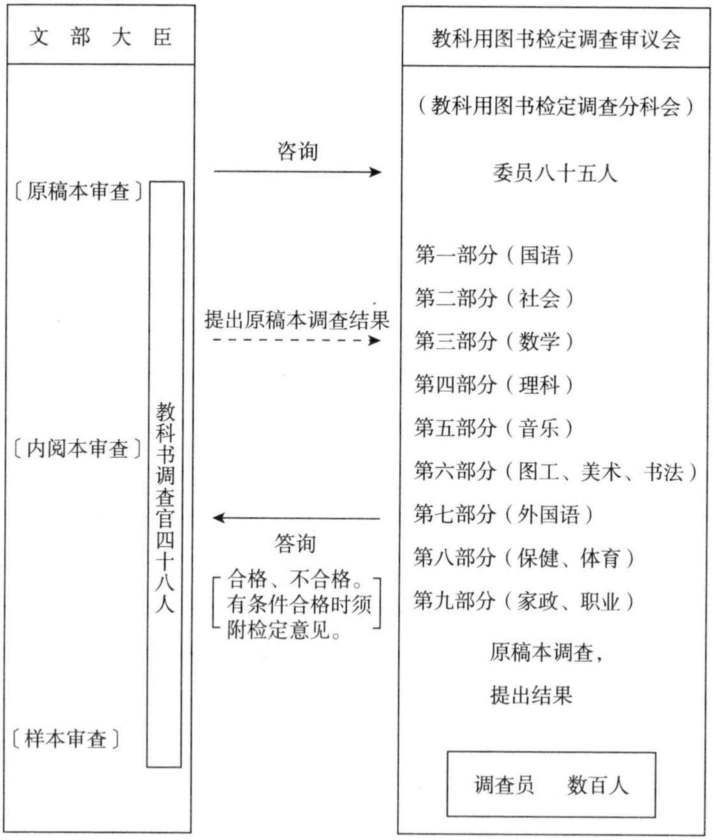

图 8-1 日本教科书检定手续图

资料来源：

文部省初等中等教育局：《教科书制度之概要》，1988 年 3 月。

表 8-3 日本战后中小学教科书采择制度的变迁

1945 年	1956 年 （教科书法案遭搁置）	1963 年 （教科书免费提供法律）	1983 年 中教审提案
1. 采择权：教师。 2. 学校单位采择：教师选择，	1. 采择权：都道府县教育教员会。 2. 采择地区以	1. 采择权：市町村教育委员会（都道府县教育委员会对市町村教育委员	1. 由都道府县教育委员会选定所需采择之教科书，然后由市町村教育

续表

1945 年	1956 年 (教科书法案遭搁置)	1963 年 (教科书免费提供法律)	1983 年 中教审提案
然后在教职员会议中讨论。 3. 同一学年可以分为各组，采用不同的教科书。(参阅文部省 1948 年《新的教科书审定制度的解说》)	及其设置权：市或郡，或合并设置之区域。县可以采取全县统一采择地区。设置权属都道府县教育委员会。	会的采择工作，要负指导、建议、援助的责任)。 2. 采择地区以及其设置权：市或郡或合并设置的区域。由都道府县教育委员会负责规划设置。	委员会就选定的教科书中决定采择之教科书。 2. 采择地区大致以教育事务所管辖地区，或合并的共同地区较为合适。

资料来源：

今村彰、伊崎晓生：《教科书走向国家审定与国家制定的历程》，《国民教育》第 62 号，1984 年 11 月发行，第 123 页。

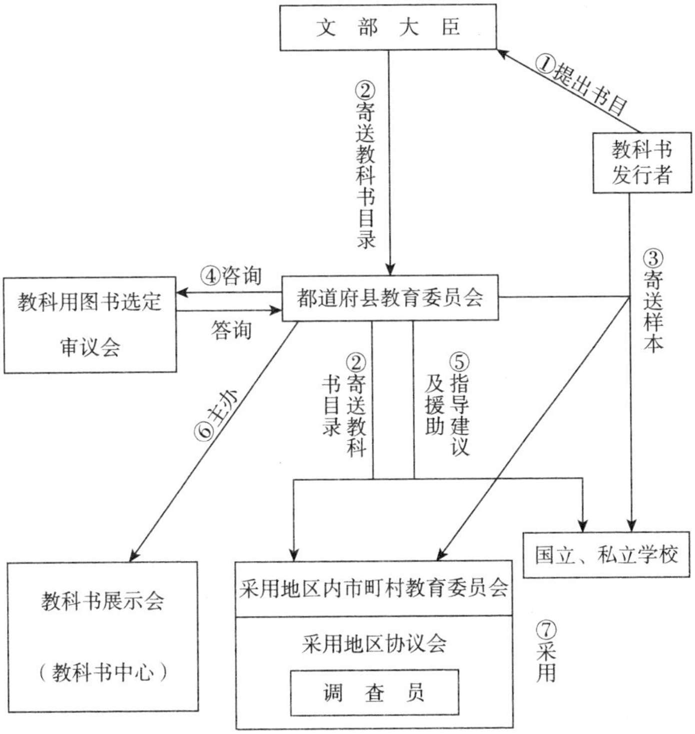

图 8-2　义务教育各学校教科书采用过程

在日本，义务教育范围内的教科书实行免费供应制度，高中教科书则由学生购买。战后，日本中小学教科书（义务教育范围内）免费供应制度如表 8-4 所示。

表 8-4　日本免费供应教科书制度之成立过程

年度	相关法律	具体措施
1951	供应 1951 年入学儿童所需教科用图书之有关法律。	各市町村供应小学入学儿童之国语、数学教科书时，国家要补助二分之一的经费。
1952—1953	供应新入学儿童所需教科用图书之有关法律。	国家要免费供应小学儿童国语和数学二科的教科书。
1954		实施“补助金等临时特例之有关法律”，故停止供应教科书。
1956	供应就学困难儿童教科用图书时，国家所需补助之有关法律。	要负担小学中需要保护之儿童（接受生活保护法之教育扶助者除外），及准需保护儿童之教科书费用的市町村，国家要编列预算金额负担。
1957—1960	供应就学困难儿童及学生教科用图书以及参观旅行费国库补助之有关法律。	除扩大供应对象为中小学外，还将国库补助额提高为五分之四。
1961	就学困难儿童及学生之就学奖励有关之国家救助法律。	将从前的补助额五分之四改为二分之一。从 1964 年将教科书的补助删除。事实上教科书的供应，一直维持到 1965 年教科书免费供应措施完全实施为止。
1963	免费供应义务教育各学校教科用图书之有关法律，及义务教育各学校教科用图书免费措施之有关法律。	1. 全额国库负担，视国家为供应教科书的主体。 2. 将供应范围扩充到国立、私立义务教育各学校的学童。（依照年度计划实施，到 1969 年全部完成。）

（六）苏联—俄罗斯

苏联的教科书由全国和各加盟共和国的教育、出版部门组织编写出版，但所有民族语言教科书由各民族地区自治政府组织编写出版。国家对教材实行典型的国定制。教材在观点和内容的取舍与倾向等方面要受到政府部门的严格控制，并要得到国家或地方教育行政部门负责人的批准，教科书以苏联教育科学院为中心组织编辑，莫斯科教育出版社是苏联最大的教科书出版机构。

苏联解体后，俄罗斯教材管理开始仿效西方，经历了从自由开放多元到强化管理发展阶段，形成了较为完备的管理制度，成立了联邦教科书委员会，实行认定和推荐二阶段审定的教材国家审定制度，教材出版发行多元化，由学校自行选用。①

此外，加拿大中小学教材管理制度具有审查机构独立、审查标准特色鲜明、注重教材思想性和科学规定教材使用时间等特点，在教材开发主体和类型、审批规程和标准、选用权限等关键环节的政策制定上有成熟经验，值得借鉴。②

第二节　中外教材研究比较

教材研究在教材建设中具有重要意义，这是因为教材建设本身的重要性、复杂性、多样性及变化性所致。教材研究一般包括对教材本身及教材工作的研究。前者主要是教材观，教材与课程的关系，教材与教学系统其他教学要素的关系，教材体系、内容取舍及编排策略等；后者

---

① 刘常华：《俄罗斯教科书制度概观》，《课程·教材·教法》2007 年第 10 期。

② 胡军：《加拿大教材管理的经验和借鉴》，《教育研究》2017 年第 10 期；王晓丽：《加拿大安大略省教材管理制度经验与启示》，《教育评论》2015 年第 11 期。

则主要包括指导思想、方针政策、教材工作中各个环节的相互关系等。教材研究的基本任务是：（1）掌握教材建设的普遍规律和特点；（2）探索改进教材建设的可能途径。从研究的层面上，可将教材研究区分为宏观研究与微观研究。从研究方法上，可将研究教材自身问题归结为基础研究，而将对教材建设的改进视为应用研究，将应用研究成果付诸实践并加以推广视为发展研究。由于教材研究水平决定其制作水平，而教材制作水平又集中反映研究水平，所以，教材研究代表一个国家教材建设的能力和水平，备受世界各国的重视。

一、世界教材研究发展概况

教材研究与教材实践是教材建设的两翼，自教材出现以来，二者就开始相互作用，教材实践为研究提供素材并验证研究成果，教材研究为实践提供理论指导并推动教材改革。但由于教材研究是一个内容丰富、范围宽广、社会科学与自然科学互相渗透、科学与技术共同作用的复杂综合研究领域，再加上受政治、经济影响大等客观原因，导致教材实践发展缓慢，教材研究相对薄弱。

从历史的角度分析，教材研究经历了一个从低级到高级、从分散到集中、从自在到自为、从经验到科学的漫长演变过程。它既是历史作用的产物，又是世界各国交流合作的结果。

孔子是中国古代学校教育教材的奠基者，亦是最早的教材研究者。他不遗余力地搜集整理古代文献典籍，编订《诗》、《书》、《礼》、《易》、《乐》、《春秋》六经，涉及政治、哲学、伦理、典章制度、文学、历史、艺术等多方面，影响很大。他在教材研究上也颇有建树，注重从内容与形式两个方面选材与编排。例如在选诗时，内容上一要“去其重”，二要“可施于礼义”；形式上要求合于《韶》、《武》、《雅》、

《颂》之音，编选体例，按诗的音乐性质，分为风、雅、颂三大部分。在《尚书》的编写体例上，以虞、夏、商、周四个朝代为顺序，按典、谟、训、诰、誓、命六种文体分编，并“为之序，言其作意”。在《春秋》的编写体例上，开创了编年体史书的范例。著名的《三字经》、《百家姓》、《千字文》、《千家诗》等儿童识字教材，内容广泛，言简意赅，讲究押韵上口，便于记忆，多少运用了某些心理学知识。正是上述教材研究，方才奠定中国古代教材体系。古代的教材研究大都以个人研究为主，凭借经验与直觉，比较重视儿童启蒙教材的心理化，对学科教材则不大关注。

近代出现的新教材——教科书，既是工业革命与普及义务教育的需要，也是教材研究的结果。在此方面，夸美纽斯功莫大焉。他开创了圆周式教材编排法，设计文图对照的教材内容，提出从已知到未知的认识顺序，并亲自编写教材。裴斯泰洛齐又发展了一种循序渐进获得知识的体系，并设计了“知识要素性”教材和直观教具。乌申斯基明确提出教科书的作用，认为它是进行教学的基础，并批评当时教科书存在概括多、实际材料少、重知识轻思考、重记忆轻理解等弊端，为改观这一状况，自编《儿童世界》和《祖国语言》两本教科书。桑代克对儿童阅读材料所进行的细致分类是教材设计方面的一大突破，提出了教材应按直线式结构排列，并设计了程序教材。以杜威为代表的进步教育派，提出教材设计应以儿童的个体经验为中心，抨击了分科教材的弊端，提倡设计综合教材与活动教材。在这一时期，初步形成教材研究机构，开始有组织、有计划地研究教科书，研究成果对教材实践有促进作用。

二战后，世界各国普遍重视对教材的研究，一方面成立教材研究专门机构，另一方面在教材实践中注意利用教材研究的成果。此外，注意加强各国教材研究的交流与合作，共同创造并分享教材研究的成果。

在教材设计上，教材研究者有所发现。布鲁纳提出按螺旋式编排教材的主张；加涅提出按直线式编排教材；奥苏伯尔则认为教材内容的编排顺序应遵循渐进分化和综合贯通的原则，强调学科内容的整体性，因为学科内容不仅包括该学科的各种概念、规则，而且包括学科本身的特定结构、方法或逻辑等。

目前，教材研究引起政府的高度重视，也引起学者们的广泛兴趣和广大教师的积极参与，如此这般，有力地影响了教材实践的进步。

二、现代教材研究的进步

二战后，教材研究有着长足的进步，反映在教材本体、教材设计与教材教学以及教材管理等方面的研究上。这些研究一方面上升到理论层次，另一方面具体深化到各种各类教材之中，并与教材实践形成密切的相互作用关系。

（一）教材本体研究的新进展

本体研究是人类主体对教材的认识问题，涉及对教材在教学中的地位、教材的属性与功能、教材与其后教学要素的关系、教材的结构与分类等内容，由此可见微知著，探知各国在此问题上的认识差异和趋同性。

在教材本体研究诸问题中，教材观尤为重要，因为它集中反映人类对教材的态度和认识水平，并因此而影响教材设计与教学及管理。所以，教材观研究是教材研究的基础。

从历史比较的眼光看，古代与近代较重视教材在教学中的地位和作用，在近代尤显教科书的作用。传统的教材观认为，教师就是“教书”，学生就是“读书”，书即教科书，而且成为唯一的教学资源。随着考试制度的严密，教科书成为考试的主要内容，教科书逐渐笼罩神圣不可侵犯和权威的色彩，师生成为教科书的奴隶，其任务只是教授和学习教材。在现代社会，一方面加强了教材品种的开发；另一方面，教育的普及率有明显提高，中小学考试压力有所减轻，许多国家先后免除了升学考试。同时，教学论研究有新进展，确立了师生在教学过程中的主导作用与主体地位，教材只是作为一种教学资源而存在，作为一种辅助师生教学的工具而存在。

从横向比较的角度看，许多发展中国家认为，教材（教科书）给教学以统一规范和权威，有利于打破教师对知识及其传统的独占，并有助于开拓学生的求知来源，因为教材（教科书）具有多种优势：（1）可充当教学指引；（2）充当教学的基本内容；（3）节省师生的教学时间；（4）学生可以利用教材自学；（5）统一全国教学水准；（6）集中体现国家教育目标；（7）可以引发学生学习兴趣；（8）促进学生今后的学习。所以，在这些国家，教材被视为“沉默的教师”，甚至可以在某些方面替代教师的作用。在行动上表现为十分重视教材尤其是教科书的建设。而英、美、加、澳等西方发达国家则认为，教材只是教学资源的一种，教科书本身亦存在诸多的缺陷：（1）限制教师的主动性与创造性；（2）内容有限，叙述简略，注重知识，不易引发学生兴趣；（3）它由少数人编选，难免失于偏颇；（4）教材建设复杂，其中错误危害极大；（5）教材内容相对稳定，不易随时修订，难免失去时效；（6）教科书成为学习的主要目标，学生易忽视其他教材和教师的讲解；（7）学生只依教科书内容揣测考题，以致养成投机心理，不愿扩大学习范围。所以认为，教材（教科书）既不能完全取代教师的作用，也不能适应学习者的个别差异而因材施教，无法提供教学法的直接指导，更不能促进学生非认知因素的发展。因此，教科书不应在教材体系中占绝对中心位置，各种各类教材应是平等关系，并且都只作为教学资源而存在，不能凌驾于教师和学生之上。师生应有权自行选择教材或自制教材以满足教学所需。

现代教材观认为，不能排斥教材尤其是教科书在教学中的地位与作用，但也不能过分抬高其地位与作用。首先应视教材（教科书）为重要教学资源，因此而致力于教材的多样化，加快其更新换代的步伐，提高教材的质量。同时，师生可以因地制宜地弥补教材（教科书）之不足，也可以因材施教。

总之，教材观的分歧表明了人们对教材总体认识的差异，并因此而影响对教材的利用和开发。“是教学教材，还是用教材教学”即表明不同的教材观对教材利用开发的影响。前者反映出偏重传统的教材观，将教科书置于教学活动的中心位置，教师的作用是阐释教材，而学生的任务则是记忆教材，教材即是教学目标与教学内容的全部化身。而在后者看来，教材乃是“作为学生学习课程提示应当教授的要素体系的教材，是学习者通过对教材的学习，获得一定的知识、技能、认知的手段或媒介物”。它是作为教学资源尤其是学习资源而存在，这显然属于现代教材观。另一问题是，教材究竟是为谁而设计的。从传统的教材观来看，教材自然是为教师而设计的。在古代，教师才有资格持有教材，学生只是听教师讲解教材；在近代与现代，教师与学生虽都拥有教科书，但教师还拥有秘密武器——教师用书（教学参考书），学生却无法享有这种教材。而且，在教材设计上，只重视从利于教师教授的方面去考虑，因此只罗列知识素材和结论，在教学方法上留给教师自由发挥。另一个极端是认为教材只是学习资源，应从学生方便学习的角度去考虑设计教材，教材多以经验性教材和活动性教材的面目出现。第三种观点认为，教材是教学材料的简称，是教授材料与学习材料的有机统一，设计教材应从师生教学两个方面去考虑，不能忽视任何一方。但二者相较，应当侧重从学生的角度设计教材，因为学生是教学活动的真正主体，教师是为学生学习服务的。所以，教材资源应为师生平等地占有，而教材中还应体现教学策略。这种观点逐渐为大多数国家所接受，并在教材实践中有所反映。

不同教材观还影响到对教材属性与功能的认识，而且有直接影响。在传统教材观占上风的国家，注重教科书的建设，相对忽视对其他教材的开发利用，而在现代教材观占据优势的国家，则重视现代视听教材的建设。二者对教材的价值评价有所不同：有的国家提倡教材（教科书）本位，有的国家提倡以人（教师和学生）为本位，更有直接提倡以学生为本位的，所以，中国、日本、韩国等国高度重视教材的统一性，无论是国定制还是审定制，均强化对教材的管控，而英、美、澳、加等国则对教材采取自由宽松政策，并不大看重教材（教科书）的功能价值。

（二）教材的定义与分类研究

教材观既影响其定义，也影响到教材的分类问题。从教材的不同定义和分类中也可以窥见不同的教材观。

从教材的发展史分析，在古代以口耳相传，言传身教，教育者自身兼具教学资源与教授者的双重功能。到出现结绳识字及各种形式的书时，便出现教学资源与教授者的分化。从讲义著作再进步为专用教科书，可视为教学资源与教授者的第二次分化。与第一次分化意义不同的是，教学资源具有相对稳定性，并因考试制度而增添权威感，教师在教学中的主导地位受到挑战。在现代，教材由单一的听觉材料、视觉材料进步为视听合一的教学材料，如程序教材、电子计算机辅助教材、电子课本等，这类教材不再是静态被动的，而是具有人机交互功能，表现出教材的硬件与软件、信息与媒体在高水平上的有机结合。尤其是知识性工作的自动化制造影响深刻，越来越多地取代人的工作，由此而带来对教师职业更为严重的挑战，在一些发达国家，有人认为可以因此而取消学校、取消教师、取消纸质教材。

这种历史性变化在不同经济文化发展水平的国家有不同的表现与反映，也因此带来对教材的不同定义。在广大发展中国家看来，教材实际上是指以教科书为主体的文字性教材，教材建设的重点在教科书的品种、数量与质量上。而对发达国家而言，以教科书为主体的文字性教材体系已成为历史，教科书的地位有所下降，它只是教材体系中的一种而已，在教材体系中还有众多的多媒体多功能组合教材，因此而注重现代数字教材的建设，并大有将其与社会大众传媒相结合的趋势。由此而自然产生对教材定义的分歧，发展中国家侧重从狭义的角度理解教材的本质、属性及功能，而发达国家则从更为宽广的角度去认识教材的本质、属性和功能，所以对教材的定义较为广泛。

由于各国不同的经济文化发展水平及对教材内涵的不同理解，因此而导致对教材的分类亦有所不同。在许多发展中国家，依然采用传统的单一维度教材分类法，如按教材的计划与制作过程分为统一标准教材和自编教材，按课程类型划分为学科教材、专题教材和活动教材，按学科性质划分为德育教材、智育教材、体育教材、美育教材和劳动技术教育教材，按教材类型划分为教科书、教学参考书、教具、练习册等。而发达国家则按现代信息媒体的特性划分教材，区别为视觉教材、听觉教材及视听合一教材。例如，埃德加·戴尔（E. Dale，1900—1985）在1946年所著的《视听教学法》一书中提出了“经验之塔”（Cone of Experience）理论，它不仅有助于明了视听教材的地位与意义，而且有助于揭示其他学习活动的性质。这个圆锥模型由3类11个层级组成，自下而上的3个层级，是学习者凭借积极的参与行为而获得的经验，名之为行为性活动；自第4至第9个层级，是学习者作为第三者进行的观察活动，名之为观察性活动；最上面的两个层级，是以图形符号、语言文字为媒体的学习活动，名之为象征性活动。此外，在第二类中，下三层是以实物为对象的直接经验，上三层则是视听教材。由此可见，现代视听教材有助于丰富感性经验，并发挥了连接感性经验与逻辑经验桥梁的作用，在理论具体化为实践过程中也发挥了中介作用。学习越生动具体，抽象就越准确持久。

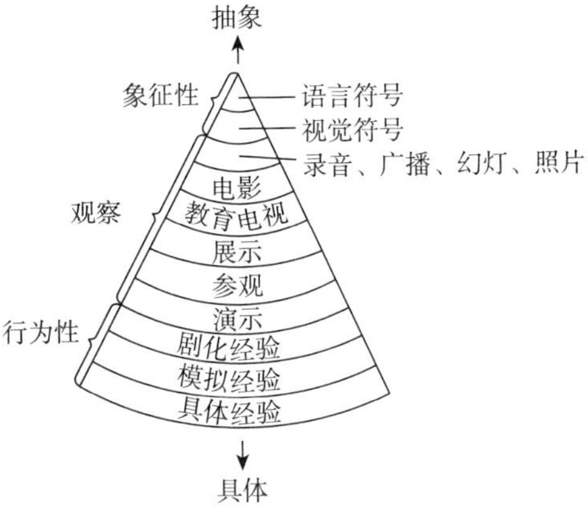

图 8-3　戴尔的经验之塔

发达国家多从综合化、教学化和可操作化的角度去认识教材、发展教材。综合化在于从教学系统的全局着眼，采取逐层连锁分析法，因此其分类比传统单维分类法更为科学、全面、实用；教学化就在于使教材分类更有利于教学实际；可操作化在于方便实用，能够为教材研制、使用与评价提供客观标准和参照系数。

（三）教材编制的原理和策略研究

在教材建设中，教材的编制是关键环节，因此对教材编制的研究也成为教材研究的重点。在不同历史阶段、不同国家，出现了不同的教材编制理论，并在教材实践中得到具体体现，因此而形成了不同特色与不同风格的教材体系。

1. 教材编制原理的研究

从教材的编制原理分析，大致有三大类型：一是以社会的需要为本位，二是以个人需要为本位，三是结合二者的需要。在不同的历史阶段，教材编制的本位有所不同，古代较为侧重社会的需要，而近代和现代较侧重个人的需要，目前则较注重将二者的利益全盘考虑。教材编制的原理在不同国家亦有所不同。21世纪以前，中国、日本、韩国等国家多从国家利益出发设计教材，因而强调对教材的国家事权；而欧美等资本主义国家则多从个人需要的角度设计教材，因而主张国家放松对教材的控制，提倡教材多元化，允许学校及地方自主选定教材。此外，发展中国家由于急于改变其社会经济文化长期落后的面貌，因而强调从社会需要的角度设计教材；而发达国家由于其社会经济文化的持续增长，因而鼓励从个人寻求发展的角度设计教材。近年来，这种两极化现象趋于淡化，基本上是从社会需要和个人需要相统一的角度来设计教材。

从教材设计的类型分析同样如此，因为它直接受教材编制原理的影响。例如在知识中心式教材中，在不同的历史阶段及不同的国家出现不同类型的知识中心式教材。教材史上发现最早的是学术理论浓缩型知识中心式教材，它是对各门学科的基本内容加以压缩而编成的，新中国成立后所编写的中小学学科教材属于此例。而知识结构型教材产生于二战后的发达国家，在欧美表现尤为突出，主要运用在数学及自然科学教材设计方面。如著名的苏比士数学实验教材设计、伊利诺伊数学教材设计、西勒鸠斯数学教材设计在开拓教材结构方面有创新之处。多科知识综合型教材则产生于20世纪20年代，发展于60年代，兴盛于80年代。美国、日本、英国均为小学和初中编写多科知识综合型教材。以生活经验式教材为例，它只有在西方发达国家的中小学少量使用，并只在家政课教材、个人与社会教育教材、驾驶课教材、安全教育教材、消费教育教材、生活技巧课教材等选修课教材中体现。人本中心式教材也只有在欧美发达国家才能出现。但在近期，发展中国家也在悄然研制这类教材。如关于污染问题、人口问题、能源问题、公害问题、环境保护问题的教材及职业技术类教材，在许多发展中国家受到重视并在中小学中广泛采用。

由此可见，社会经济文化发展水平是决定教材编制原理及方向性的关键因素，社会越发达则越是要求教材的多元化；反之，则只能要求单一类型的教材。同时，社会经济制度也直接影响教材的编制原理，集权制国家、计划经济体制国家通常要求教材的统一，优先满足国家的需要，而分权制国家、市场经济体制国家通常要求教材的多样化，优先满足地方及个人的需要。

2. 教材编制的策略

从教材的编制策略分析，一是按知识逻辑系统编制，它源于传统教育派和新传统教育派的主张，注重学科教材的建设，强调知识的逻辑结构和顺序，编制的操作性策略可以分为圆周式、直线式、阶梯式或螺旋式；二是以心理逻辑编制教材，它源于进步教育派的意见，认为教材的基本源泉是个体的直接经验，应从学习者的经验出发，用活动教材取代学科教材，从中引申出科学的方法指导，进而上升为抽象系统的知识性教材，最终达到教材中内容与方法的统一。一般而言，注重“应试教育”的国家多从前者，而注重素质教育的国家多从后者。如中国、日本、韩国等国特别强调教材的权威性，为便于全国性考试而强调教材知识的系统性与先进性，而英、美等国则少受考试压力，其教材编制策略多强调适合学生身心发展，遵从儿童个性经验之生长过程进行教材设计。

从总体情形看，两种相互对立的教材编制策略出现合流渗透的倾向，更强调二者的有机结合。如结构主义强调教材的结构定向思想，着重主体心理结构的营建，因此而提出教材设计。其中皮亚杰是这一思想的开创者，他以逻辑学和儿童心理学为基础对教材的组织进行了尝试，认为儿童逻辑思维发展的一般状况决定了儿童理解环境的水平，因此教材设计应从最简单的作业到复杂的逻辑思维作业。这一意见具有实践意义。欧美许多国家的小学数理教材多用此制，如英国的谢菲尔德数学教材最为典型。我国台湾在 1965 年进行教材改革，皮亚杰的思想在其中发挥了重要作用。我国学者冯忠良也尝试使用结构定向教学思想设计教材。在他看来，教材是教学过程中用以建构心理结构的手段或工具，并因此而提出以下几点要求。(1) 依据迁移要求，精选教材，必须将最基本的内容、最具有广泛迁移价值的科学知识放在首位。(2) 依据迁移要求，合理编排教材内容，其标准是使教材结构化、一体化、网络化。结构化是指教材内容的各构成要素具有科学合理的逻辑联系，能体现出事物的各种内在关系，如上下、并列、交叉等关系。只有结构化的教材，才能在教学中通过学生对教材结构的重建，完成心理建构过程。教材的一体化是指教材的各构成要素能整合成为具有内在联系的整体。这种教材既要防止各组成要素之间的相互割裂，又要防止相互干扰。在此基础上，才能通过同化与顺应的相互作用，不断构建心理结构。教材的网络化是其引申，指教材各要素之间上下左右、纵横交叉联系要沟通，突出各科知识、技能和行为规范的联结点与联结线索。这样才能建立一个整体结构，以便于广泛迁移。(3) 依据迁移要求，合理处理教学程序，即把基本跨度具有适应面广、包容性大、概括性高、派生性强特点的知识，置于主干教材的位置，其余则可置于次要教材的位置。(4) 依据迁移要求，教会学生学习。学生掌握知识，可以从知识掌握中的认知活动与组织活动两方面表现出来。前者是通过对教材的直观、概括与具体化三种心智活动来实现的，直观是掌握知识的起点，概括是迁移，具体化是抽象结构对具体材料的同化或具体材料的类化。后者则表现为教材的识记与保持。最后提出教材结构的设计，要求：（1）教材从一般到个别不断分化，自上而下，逐步求精；（2）从已知到未知逐步系统化。奥苏伯尔从认知心理学角度出发，尝试用先行组织材料设计教材，这种学习材料具有抽象性、普遍性和广泛性。教材编写采取纵向分化与横向综合贯通的策略。

上述思想影响到教材的设计，比如对语言教科书的设计影响较大。传统教科书设计采用结构法，而现代教科书则采用功能/意念法。传统教学大纲：结构表＋词汇表。教材编写的基础是：由易到难的结构（直线式或循环式）＋情景化的结构。教学方法一般使用视听法或听说法。功能/意念法教学大纲包括：功能/一般和特定意念场合，社交/性别/心理语体和语域，重音和语调，语法和词汇。教材编写的基础是：纯功能编排系统、结构/功能编排系统、功能/结构编排系统、题材范围编排系统，教学方法灵活多样。传统教材致力于培养语法语言专家，而新教材则充分重视语言的交际功能。

（四）教材的教学设计研究

这一研究实质上关系到教材的教学化问题，它恰好表明教材研制具有双层含义：一是教材制作本身，二是教材的教学设计。后者又包括双重含义：一是教材编写者对教材的教学设计，二是教材使用者对教材的教学设计。面对静态的教材，教材设计者与教材教学者均需认真思考具体的教学实践过程、步骤、方法和结果。

教材设计的内容一般包括：（1）用教材教学什么；（2）用什么去教授学习者都要掌握的教学内容；（3）用教材如何教学。前者可称之为“学科内容建构的研究”，后二者则可称之为“教材教学设计的研究”，从其关系中可以探知，教材教学设计的中心环节是“用什么教学”的问题。

各国对教材的教学设计认识有所分歧。教材国定制或审定制国家，其教材设计的一般模式为正向程序：学科内容→教材→教案→教学过程，它着重反映师生对教材的依赖。而教材选定制、认定制及自由制国家，其教材设计模式为逆向过程：教学目标→教学过程→教案→学科内容，它反映出教师和学生在教学活动中的主体地位，可以主动编制、利用及选择教材并使其主体化。

两种不同的教材的教学设计反映不同的教材观，前者反映出教材的统一规范和权威，而后者则显示教材的广泛性与灵活性。

第三节　中外教材实践比较

由于各国社会经济文化发展水平不一，教育传统与变革的影响也不尽相同，加上教材研究的水平不同，因此教材实践的水平有所不同，具体反映在教材的品种、数量和质量等方面。但从总的趋势看，自二战后各国均有明显的进步。究其原因：一是各国政府及全社会的高度重视与全力支持；二是人们逐渐认识和掌握了教材建设的客观规律，在科学理论的指导下，各国有计划、有步骤地推进教材改革；三是教材建设的技术基础有显著进步，教材技术的现代化推动了教材的全面发展；四是激发了社会各方面进行教材建设的积极性，壮大了教材改革与实验的力量；五是国家间、区域内的教材建设合作与交流逐步加强，共同推进了世界性教材建设的发展。

一、教材建设的数量、品种比较

教材是当前世界传播物中的大宗物品，而教科书又是教材体系中的主要组成部分。据不完全统计，教材教辅占世界出版物书籍的25%以上。

我国是世界上最大的教材生产国与消费国，教材的使用面最为广泛，使用的师生数量最多。每年印制发行的教材有 30 多亿册（见图 8-4、图 8-5）。

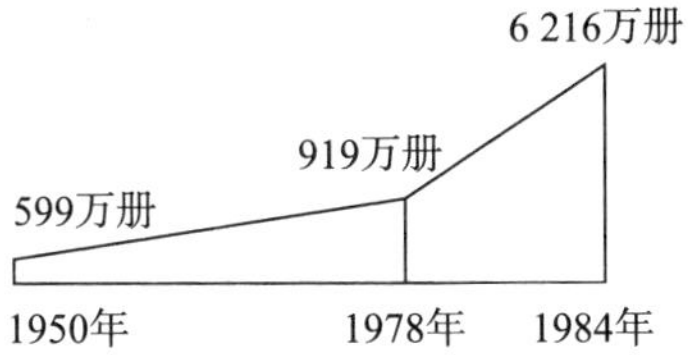

图 8-4　1950—1984 年全国出版社出版图书增长情况

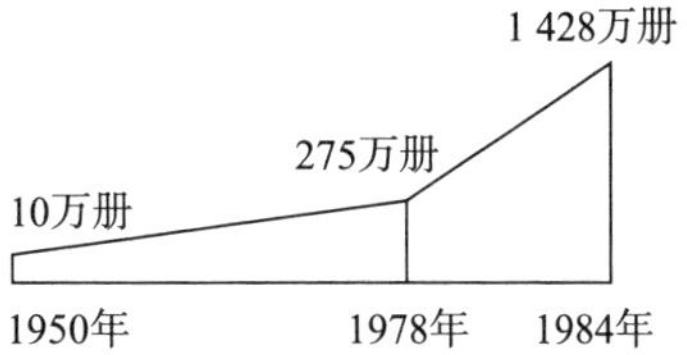

图 8-5　1950—1984 年全国文化教育类图书增长情况

为更清楚地反映教材所占的分量，可用上图来分解教材体系及各类教材的数量及其比例（1982 年）。1984 年，全国出版社共出版图书 40 072 种，其中文化教育用书 6 216 种（课本 5 574 种）。

教育出版在我国出版业中占据重要地位，教材是教育出版的主要组成部分。近年来，由于中小学在校生人口逐渐减少及大众出版的持续增长，教材出版总印数、总印张、总定价三要素占图书出版整体比重均呈下降趋势（见图 8-6）。

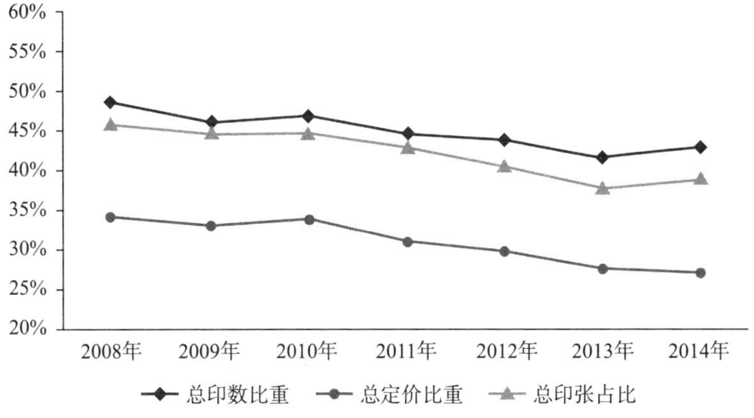

图 8-6　2008—2014 年课本出版占图书出版比重

资料来源：
中国信息网《2015—2020 年中国数字出版业市场调查与投资策略分析报告》。

教材仍是我国图书出版业的重要产品分类。根据国家新闻出版广电总局统计，2014 年我国出版课本总印数 34.99 亿册，总印张 273.99 亿印张，定价总金额 367.62 亿元，分别占全国图书总印数的 42.75%、总印张的 38.91%、定价总金额的 26.96%。其中，中小学课本总印数占全国图书总印数的 36.88%，总印张占全国图书总印张的 27.76%，定价总金额占全国图书定价总金额的 15.77%；大中专课本（中专、大专及以上课本）总印数占全国图书总印数的 4.98%，总印张占全国图书总印张的 9.68%，定价总金额占全国图书定价总金额的 9.41%（见表 8-5）。虽然大中专教材种类繁多，但由于一般非统一教材且专业划分细致，单一教材印刷数量较少，难以形成规模效应，而中小学教材内容统一性高，通用性强，印刷数量较大，码洋比重较高。在中小学教材的出版发行中，人民教育出版社向各省教材中心或教育社租型，由当地新华书店发行；其他地方出版集团的教材则实行跨省发行。

表 8-5　2014 年我国课本出版占出版总量的比例

内容	种数（种）	总印数（亿册）	总印张（亿印张）	定价总金额（亿元）
小学课本	6 783	13.45	70.17	82.76
中学课本	8 829	16.74	125.3	132.31
中专、技校课本	7 768	0.76	9.51	17.08
大专及大专以上课本	59 215	3.32	58.67	111.24
业余教育课本	5 199	0.41	6.42	15.73
教学用书	4 572	0.32	3.91	8.47
扫盲课本	4	0.00	0.01	0.01
课本出版总计	92 370	34.99	273.99	367.62
图书总出版	448 431	81.85	704.25	1 363.47
课本出版占图书总出版的比例	20.60%	42.75%	38.91%	26.96%
中小学课本占图书总出版的比例	3.48%	36.88%	27.76%	15.77%

续表

内容	种数（种）	总印数（亿册）	总印张（亿印张）	定价总金额（亿元）
大中专课本占图书总出版的比例	14.94%	4.98%	9.68%	9.41%

资料来源：

《我国教育出版在出版业占重要地位》，2015 年 12 月 11 日。http://www.chyxx.com/industry/201512/368080.html。

教材出版也是美国出版业的主体（见图 8-7）。美国学者坦纳（Tanner，1988）指出，教科书是美国学校教育的主要资源，它占据了学习科目中 80%的教材；阿普尔（Apple，1986）指出，1980 年美国书籍出版业的总销售量约为 60 亿美元，其中 15 亿美元是来自大中小学教

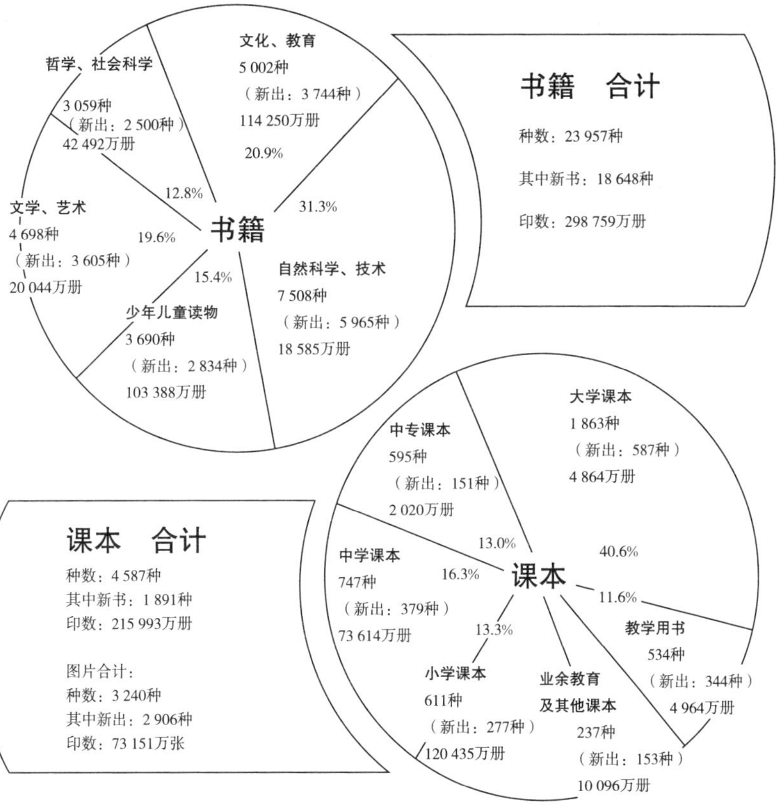

图 8-7　美国图书出版情况

科书市场。而就中小学教科书市场而言，四大教科书出版商控制了32%，八大出版商控制了53%，二十大出版商控制了75%。①其中，加利福尼亚州和得克萨斯州教科书的销售量要占全美的25%，成为各大出版商的兵家必争之地，因此这两个州的教科书市场动向引导着全美的教科书市场。美国最著名的中小学教科书出版商是 Prentice Hall, McGraw-Hill Education, Scott, Foreman。它们对全国教材市场影响很大，举足轻重。

一方面，美国的视听教材发展迅速，无论是在品种还是在数量上都有反映，并且广泛运用于中小学教学活动中；另一方面，教科书仍在教材市场中占有主导地位，因为它价格便宜，使用方便，且注重基础知识与基本技能，因此其地位至今屹立不动，并调整了与数字教材的配套关系。教科书改进是美国教育改革的重要课题，1983 年发表的研究报告《国家处在危险之中：教育改革势在必行》在提出教育教学改革的建议中，八点措施中有五点是有关改进教科书和教材的。②

日本是个非常重视教科书建设的国家，教科书在中小学教育教学中地位重要。下面仅以 1988 年为例，就可见日本教科书的建设规模。

表 8-6　日本 1988 年中小学教科书数量③

1. 小学教科书

科目	种类数（种）	点数（点）	册数（百册）
国语	5	60	199 698
书写	6	36	99 985
社会	7	63	153 478
地图	2	2	17 062

①③ 台湾比较教育学会主编：《各国教科书比较研究》，台湾书店 1989 年版，第 373—374、355—361 页。

② 《发达国家教育改革的动向和趋势》第一集，人民教育出版社 1986 年版，第 22—23 页。

续表

科目	种类数（种）	点数（点）	册数（百册）
算术	6	66	184 487
理科	6	54	152 423
音乐	4	24	99 929
图书工作	5	30	99 966
家庭	2	4	35 483
9 门合计	43	339	1 042 511

2. 初中教科书数量

科目	种类数（种）	点数（点）	册数（百册）
国语	5	15	59 718
书写	10	20	39 040
社会（地理）	8	8	19 170
社会（历史）	7	7	19 162
社会（公民）	7	7	20 612
地图	2	2	19 194
数学	6	18	59 700
理科Ⅰ	5	10	39 141
理科Ⅱ	5	10	39 137
音乐（一般）	3	9	59 665
音乐（器乐合奏）	3	3	19 128
美术	4	12	59 690
保健体育	3	3	19 185
技术家庭	2	4	39 153
英语	6	18	59 724
15 门合计	76	146	571 419

3. 高中、高职教科书数量（一）

科目（文部省检定）	种类数（种）	点数（点）	册数（百册）
国语Ⅰ	22	22	19 976
国语Ⅱ	19	19	19 092
国语表现	10	10	3 879
现代文	18	18	13 604
古典（综合）	4	4	2 350
古典（古文一学分用）	26	26	1 116
古典（古文二学分用）	30	30	8 699
古典（汉文一学分用）	15	15	1 801
古典（汉文二学分用）	13	13	5 424
现代社会	31	31	19 249
日本史	20	20	14 313
世界史	20	20	22 469
地理	18	18	10 585
论理	8	8	2 911
政治经济	12	12	8 437
地图	6	6	14 058
数学Ⅰ	33	33	19 916

高中、高职教科书数量（二）

科目	种类数（科）	点数（点）	册数（百册）
数学Ⅱ	21	21	7 740
代数几何	21	21	9 596
基础分析	21	21	11 027
微分积分	18	18	3 547
概率统计	17	17	5 071
理科Ⅰ	43	61	28 613
理科Ⅱ	1	1	618
物理	16	16	6 440

续表

科目	种类数（科）	点数（点）	册数（百册）
化学	19	19	11 106
地学	8	8	2 120
保健体育	13	13	19 767
音乐Ⅰ	5	5	8 923
音乐Ⅱ	4	4	4 472
音乐Ⅲ	4	4	1 011
美术Ⅰ	7	7	6 893
美术Ⅱ	4	4	3 464
美术Ⅲ	3	3	709
工艺Ⅰ	1	1	365
工艺Ⅱ	1	1	220
书法Ⅰ	10	10	6 230

高中、高职教科书数量（三）

科目	种类数（科）	点数（点）	册数（百册）
书法Ⅱ	9	9	3 289
书法Ⅲ	8	8	635
英语Ⅰ	2	2	433
英语Ⅱ	33	36	19 437
英语ⅡA	3	3	1 014
英语ⅡB	26	26	10 984
英语ⅡC	22	22	10 930
家政	33	33	14 834
农业	24	24	2 692

续表

科目	种类数（科）	点数（点）	册数（百册）
工业	73	103	13 277
商业	99	114	23 097
水产	1	1	69
合计	937	1 003	446 020
文部省著作			
家政	10	21	574
农业	16	16	742
工业	25	32	495
水产	15	22	261
护理	4	7	548
5 门合计	70	88	2 620
总计	1 007	1 091	448 640

表 8-7、表 8-8 显示了日本教科书发行数的变化及中小学教科书种数的变化。

表 8-7　教科书发行数与教科书种数之变化

年度	发行者		
	小学	中学	高校
1949	15	42	22
1955	45	62	65
1963	23	42	75
1977	16	24	57
1981	16	21	58

资料来源：

今村彰、伊崎晓生：《教科书走向国家审定与国家制定的历程》，《国民教育》第 62 号，1984 年 11 月发行，第 113 页。

表 8-8　中学教科书种数之变化

科目	年度			
	1959	1965	1969	1981
国语	30	16	8	5
数学	28	15	7	6
社会（公）	31	12	8	7
理科 I	25	14	7	5
音乐 I	19	9	5	3
美术	19	8	5	4
保健体育	28	13	8	3
技术・家庭	35	10	3	2
英语	23	12	10	5

教科书在日本学校教育中依然占主导地位，同时，日本还在积极研制多媒体教材。仅 1972 年，全日本就有 25.3%的小学使用电影放映机和幻灯片等视听教材，近 30%的中学使用摄像机，20%的中小学装备有语言实验室。近年来，中小学数字教材的装备程度大有提高。

二、教材建设的质量比较

对各国中小学各科教材进行横向比较，其意义比教材数量与品种的比较更为重要，但其难度更大，比较点更多。因此，从教材内容的广度、深度、难度、密度等方面进行比较分析，选取若干主要学科的教材，主要采用前人定量研究的结果。以此结果看：（1）评价各国（地区）各科教材的广度与深度，以此分析学生课业负担量问题；（2）作为我国修订课程计划和课程标准的客观依据及教材改革的参考。

（一）语文教材之比较

各国中小学语文教材均以培养学生的听说读写能力为总纲，并以此为依据确定课文的类型。大体上有阅读课文、写作课文、听说课文。这些是按照教学大纲对各年级听说读写能力的不同要求系统地编排在教材中，一般读写课文所占比例较大，而听说课文所占比例较小。课文的文体一般分为诗歌、小说、戏剧、散文、说明文、议论文和应用文等。课文内容涉及人类生活的全面知识，语法、修辞、逻辑穿插在课文中间。

英美等国重视根据对象与场合调整用语，并将其列为重要的语文教材目标，因此使教材内容从静态描述转向动态分析，较重视语文的交际功能与实用性。同时要求适应社会发展的时代要求，展示学生个性，鲜明体现“语文教学有益于生活”的教育价值观。我国则较重视语文教学中的思想政治教育，重视语文知识的教学，在识字教学及阅读教学方面卓有成效，但在口头表达、演讲能力和作文教学方面还有所不足，急需进行改革。

（二）数学教材比较

数学是中小学的基础课程，因其受社会经济文化影响小而最具有可比性，从不同国家的比较中可见各国教材的质量水平。

1. 小学数学教材比较

当代小学数学教材编制的指导性思想大致有：（1）布鲁纳“学科结构”派。他从心理学角度认为，以代数的三个运算规律，即交换律、结合律、分配律为基础，将算术运算与解一元一次方程所需的代数运算统一起来。美国的《统一的现代数学》、我国中央教科所（现为中国教科院）的小学实验课本《数学》，即以此为依据而编写。（2）皮亚杰的儿童心理实验对小学数学教材影响较大。一些与“守恒”和“序列”有关的活动在许多国家的小学数学教材里出现。(3)赞科夫的教学理论在小学数学教材改革中影响甚大，他进行了广泛而长期的小学数学教学实验。(4)荷兰数学教育家波斯·弗鲁登塔提出“现实主义”理论，其“数学化”思想及数学教育的“阶梯发展”观点意义重大。

我国研究者对中、日、苏、美四国小学数学教材进行了比较研究。①从其研究中可见，我国教材内容与三国教材有同有异。相同点是：算术知识有整数、小数、分数、百分数、比和比例、应用题、量的计算——度量衡的认识及其单位、货币单位、时间单位等；几何初步知识有直线、线段、射线、垂直线、平行线、简单平面图形和立体图形的认识，周长、面积和体积的计算等；代数知识有用字母表示数、简易方程（美国教材除外）；统计学初步知识有简单统计图表以及渗透综合函数思想。区别在于对上述内容要求不同：整数、小数、分数内容，我国要求比日苏低而高于美国；代数初步知识教材与日本相当，比苏联要求低，但比美国要求高；几何初步知识内容，我国教材较日美少，与苏联相比则有多有少；我国教材只渗透综合思想，而没有涉及综合概念，另三国则要求较高；我国教材中关于统计学初步知识较日本教材少，要求低。

表 8-9、表 8-10 反映四国小学数学教材知识点数及知识点总数的统计比较。

① 中央教育科学研究所、普通教育教学内容和结构课题组编著：《比较与展望——普通中学、小学课程内容和结构研究》，陕西师范大学出版社 1990 年版，第 26—44 页。

表8-9　中、日、苏、美小学数学教材知识点

总数与各部分教材知识点的比重

国别	项目										
	全套教材知识点总数	代数初步		几何初步		集合		统计		算术	
		知识点数	占总知识点的比重	知识点数	占总知识点的比重	知识点数	占总知识点的比重	知识点数	占总知识点的比重	知识点数	占总知识点的比重
中国	1 309	44	3.4%	245	18.7%	19	1.5%	21	1.6%	980	74.9%
日本	1 261	71	5.6%	336	26.6%	33	2.6%	206	16.3%	615	48.8%
苏联	1 038	202	19.5%	131	12.6%	51	4.9%	6	0.6%	648	62.4%
美国	1 301			267	20.5%	34	2.6%	27	2.1%	963	73.3%

注：1. 知识点是以课本例题中出现的概念、法则、公式、规律、符号、术语、口诀等作为一个教学知识点统计的，习题中的不计在内；

2. 集合栏中中国的为渗透的集合、函数思想；

3. 统计栏中中国的以简单统计表和统计图单元计算，苏联教材五年级只列入直线和折线统计图。

对教材体系进行比较，在教材总体结构方面，四国教材都遵循由浅入深、由易到难、循序渐进的原则，以认数和计算为主线，将量的计算、代数知识、几何知识、应用题和统计知识与主线配合，中日教材侧重把其他方面的知识与之穿插编排，美苏教材侧重同其他教材分散与之结合编排。单元教材比较，中日教材属科学知识单元型；美国教材属混合大单元型，以课为教学单位；苏联教材属于折中型，一至三年级教材单元类似美国，四至五年级同中日相同。在具体的教材内容及编排上有所不同，其中原因可归为数学思想的不同。中苏以配合新课内容为主，有独立思考题，适合学有余力的学生；美日教材设专栏为必授内容，学有保障，但随意性较大。

表 8-10　中、日、苏、美四国小学数学教材各年级知识点数及其比重和各年级版面页数及其比重

国别	项目																							
	一年级				二年级				三年级				四年级				五年级				六年级			
	页数	占全套教材总页数的比重	知识点数	占知识点总数的比重	页数	占全套教材总页数的比重	知识点数	占知识点总数的比重	页数	占全套教材总页数的比重	知识点数	占知识点总数的比重	页数	占全套教材总页数的比重	知识点数	占知识点总数的比重	页数	占全套教材总页数的比重	知识点数	占知识点总数的比重	页数	占全套教材总页数的比重	知识点数	占知识点总数的比重
中国	176	14.8%	212	16.1%	184	15.4%	236	18.0%	197	16.5%	243	18.6%	212	17.8%	213	16.3%	212	17.8%	206	15.7%	212	17.8%	199	15.2%
日本	91	8%	126	10.1%	176	14.9%	133	10.5%	212	18.0%	265	21.0%	244	20.7%	262	20.8%	236	20.0%	236	18.7%	220	18.7	239	19.0%
苏联	174	14.7%	188	18.1%	205	17.3%	224	21.6%	206	17.4%	222	21.4%	299	25.3%	243	23.4%	300	25.3%	161	15.5%	/	/	/	/
美国	248	1.8%	148	11.4%	248	14.3%	204	15.7%	310	17.9%	271	20.8%	310	17.9%	202	15.5%	310	17.9%	237	18.2%	310	17.9%	239	18.4%

由此带来几点启示：一是提倡设计不同风格的教材；二是处理好教与学的关系；三是适当调整部分教材内容，如可删去部分四则运算的内容，降低几何求积的教学要求，提高空间概念教学的要求。

2. 初中数学教材比较

我国学者还进行了“中国、苏联、日本和中国香港初中数学教学内容的定量化对比研究”，选材范围为 1986—1988 年出版的有代表性教材，从其比较研究中可见这些国家（地区）初中数学教材的不同要求。

从比较的结果分析：(1) 我国内地教材在传统数学知识方面涉及的细节太多，因而使教材包含的知识项目超过苏日两国和我国香港地区；(2) 日本和我国香港地区教材与中国内地的不同之处，主要在于实用性较强的内容较多，如日本教材多设统计的初步知识，而我国香港地区教材则突出统计、概率、利息、纳税等方面的知识。此外，我国内地教材在代数及几何方面的负担较重。

（三）物理教材比较

我国是世界上少数几个在初中阶段就单独开设物理课程的国家。有学者对海峡两岸暨香港地区的初中物理教材进行了对比研究。

研究表明，三者在教学目标、教材结构与教材内容三个方面既有相同又有相异之处。(1) 教学目标上，均重视引导学生学习物理学的基本知识，注重解决物理问题能力的培养，培养科学态度和实际应用能力。海峡两岸更强调培养学习兴趣。大陆还重视其中的爱国主义教育与辩证唯物主义教育。(2) 教材结构上，大陆的教材结构基本上是力—热—光—电—磁，九年义务教育物理教材有所改变：物理现象—物理规律—物理规律的应用。我国香港地区教材结构则以能量为主线，按照演绎式的结构展开，先介绍一般能量概念，再介绍各种能量。我国台湾地区则实现物理教材理论与实用的结合，服务于社会生产及日常生活，先理论后实践。海峡两岸教材编排多采取归纳方法。（3）在教材内容方面，海峡两岸教材中的知识点大体相同，而我国香港地区受英国影响较大，与我国内地的共同点则较少；我国台湾地区教材的内容深度高于大陆，更高于我国香港地区。在教材内容比重方面，我国香港地区教材偏向电磁学（46.5%），而力学内容比重较小（20.9%），我国台湾地区与其情形大体相同，大陆则反映出力学内容比重较大（25.8%）。

（四）化学教材比较

化学是中学的重要课程，亦是鉴定各国教材质量的重要指标。

1. 从化学课开设的年限、形式及课时比例看，发达国家一般在 7 年级开设化学，而我国则在 9 年级开设，发达国家开设化学课程的平均年限为 5～6 年，而我国则为 4 年。苏联东欧国家一般单独开设化学课程，而其他国家一般在最初几年采用综合形式，以独立形式开设的化学课占总课时的比重一般为 7%左右，而我国则为 10%～12%。

2. 从各国化学教材的教学目标分析，我国对基础知识和技能的要求比其他国家要高。例如我国要求系统掌握化学学科的基础知识、技能，而对化学知识在实际中的应用要求甚少，而其他国家只要求理解或认识某部分对本国最重要的知识技能；在能力培养方面，我国教材的要求比较具体，而其他国家更重视对综合性、整体性的能力培养；在非认知因素方面，我国比较重视科学态度、兴趣和创新精神，而其他国家则更强调个性的某一特征。

3. 从各国化学教材的内容与结构比较看，我国教材内容结构类似苏联，遵循从实践到理论再到实践的循环往复的过程，而其他国家的教材一般只有从实践到理论或从理论到实践或从实践到实践或从理论到理论的单一过程。在教材内容的广度和深度上，我国教材类似苏联，但比苏联教材多化学反应速度、化学平衡理论、电解质溶液理论和有机化学中的环烷烃。其他国家的教材无论在元素化合物知识的深度、广度还是政治知识的深度、广度上都不及或近似中国和苏联的教材，只有美国的《化学概念》教材的理论深度高于中国和苏联的教材。

从教材内容的分量统计比较看，我国教材的教学分量最大，要求学生掌握的化学知识最多，而且教材内容在总体上偏重理论性，因此基本概念和理论知识的成分高于其他国家。此外，我国化学教材结构比较严密，系统性较强，知识覆盖面大，而其他国家的教材只是侧重实践或理论知识的某一方面，因此其教学内容的分量较轻，如美国《化学概念》教材包括物质结构理论、元素周期律、化学反应速度和化学平衡，澳大利亚教材包括与日常生活有关的元素、化合物知识及相关的理论。

（五）历史教材比较

历史课是一门有明显政治意识形态倾向的课程，它对于加强爱国主义教育及民族文化传统教育具有重要意义。

从历史教材的内容及结构来分析，教材内容以政治史为主已成为传统。近年来发达国家有所变化，一是重视文化史的内容，二是重视乡土史的内容。教材内容一般由本国史和世界史两部分组成，可分为古代史与现代史部分。从分布比例上看，一般重本国轻外国，重古代轻现代。在教材内容的编排体系上，一般以通史的形式编排。近年来有些国家出现将通史与专题史编排相结合的动向，逐渐为各国所接受。在教材的体例结构上，我国教材注重考虑历史学科的知识结构，而较少顾及学生的年龄特征和认知结构，注重知识传授而轻视能力培养，文字比较枯燥，可读性较差。在此方面，海外的做法值得借鉴，如美国教材章首有提要，而后是课文正文，最后是本章提要，包括“你能解释吗？”“你能识别吗？”“你是怎样想的？”三部分。我国香港和台湾地区教材大多分章节，每章节内由课文、注释、插图及教学活动建议（练习）等部分组成，书后有附录（大事年表、帝王系表等）。

由比较中获知，我国历史教材应作较大改革，具体有：（1）编写与教科书配套的教材；（2）增加复习性的篇章；（3）增加教科书的课文类型；（4）设计篇、章、节的概要提示；（5）增选原始文献；（6）增加图表的类型，发挥插图的作用；（7）根本改革习题作业；（8）使简明通史体例的教科书成为复合通史体例的教科书。

（六）体育教材比较

体育教材是围绕强身健体全面发展而设计的，比较中国、日本、美国和苏联的教学目标及教材内容，可以获知我国体育教材的定位。

从四国教材的教学目标看，其共同点是：（1）促进学生身体正常发育，增强体质，增进健康；（2）注重体育文化知识和卫生保健知识的传授，形成体育、卫生保健知识相结合的新教材体系；（3）强调培养学生的体育能力和锻炼习惯；（4）重视学生的全面发展。从四国教材内容的比较分析，其共性为：（1）体育基础知识、卫生保健知识在教材中占有一定的比例，注重理论与实践的结合；（2）田径、体操、游泳、球类教学仍是教材的主干部分；（3）教材内容上照顾到性别差异。

在体育教材内容的分类上，美国教材内容多、项目杂，多以娱乐性为目的而对教材进行综合分类；日本实施综合性分类，并有明确的必修与选修要求；苏联与中国采取理论与实践、发展身体素质和运动项目教材内容相互交叉、综合分类的方法，注重综合素质和运动技能培养。

在教材的编排结构方面，美国多以直线式排列教材结构，日本多采用阶梯式教材排列结构，苏联多采用螺旋式教材排列结构，中国以螺旋式为主、直线式与间隔式为辅的教材编制策略。

由此可见，中国与苏联体育教材有相似之处，美国与日本则比较相近。

总之，二战后世界教材建设有长足的进步，其中既有教材管理体制的革新，也有教材建设自身的进步；既有教材理论的系统化与科学化，也有教材实践的现代化；既有教材观念的更新，也有教材技术基础的现代化；既有教材体系的多元化，也有教材之主体即教科书的完善；既有教材编制的科学化，又有教材教学的最优化，更有教材出版、发行、供应的网络化和一体化；既有学科教材建设的完善，也有活动教材的辅助；既有课堂教材的重点建设，也有课外教材的补充。上述各个方面均体现出量的扩张与质的进步，并且反映了教材建设的多元化发展模式。

多元化的教材发展模式，不仅给我国教材建设带来某些共性经验的启示，而且留下了许多充满活力的丰富个性。其中既有成功的经验，又有失败的教训，值得认真思考和总结。

成功的经验是各国教材建设者共同探索、交流与合作的必然结果，说明符合教材建设的一般性规律。主要表现为：(1)建立健全教材建设的法令法规体系，否则无以成事，也不能排除各种干扰。日本等国在此方面较为突出。(2)建立健全教材管理制度。无论各国的教材管理体制形式如何，国家都绝不放弃对教材管理的责任，一是出于自身利益不愿放弃，二是迫于现实不能放弃。目前看来，审定制与认定制为多数国家所接受，国定制与自由制遭废弃。(3)加强教材研究机构建设，体现为教材实践服务与指导的思想，美国、德国、日本、俄罗斯均有强大的教材研究机构，对教材改革提供了有力的指导。(4)教材建设中引入竞争机制，各国大都实行竞编选用教材制度，统编通用教材制度基本被废止，只限于意识形态属性强的学科。(5)教材建设的多元化发展模式，表现为教材类型的多元化与发展形式的多样化。(6)重视教材的实验与评价，将此作为教材改革的反馈信息。(7)教材建设的科学基础、教学基础与心理学基础、技术基础不断得到强化。西方发达国家的高校教材经典多，在内容的准确性、内容的逻辑关联、形式的多样性、技术的先进性、解释的易理解性等方面值得借鉴。(8) 教材改革与其他教学系统要素的改革相配合，尤其是师资培训与教学环境的调控。(9) 教材设计、教材出版、教材发行、教材选用等方面的有机协调与配合。一般通过法令、行政、经济、信息、教育手段进行调节。(10) 各国间的教材建设交流与合作有明显进步。

我国中小学教材难不难，如何减轻学生过重的课业负担，一直是全社会关心的热点问题。“中小学理科教材难度的国际比较”课题组，汇集了六所教育部直属师范大学的150多名学科专家，分别围绕小学、初中、高中三个层次，数学、物理、化学、生物、地理、科学六个学科，对中、美、俄、英、德、法、澳、新加坡、韩、日十个国家的教材难度进行了大规模的比较研究，在实证研究基础上得出结论：我国的中小学理科教材难度属于中等水平，大多排在第四至六位。①学生课业负担过重主要是由于课外加码和教不得法所致。教材结构需优化，教材呈现方式需作较大改革。②

在取得成功的同时，也有失败的教训，所存在的各种显性与隐性问题值得深思。主要表现为：(1) 教材内容的“超量超重”现象明显，每次教材改革常采取下放内容、增加新知识的措施，结果师生适应不良，因此教改之后又需“消肿降温”。(2) 教材改革存在失衡现象，具体表现为重视自然科学课程的教材建设，轻视社会人文学科的教材建设；偏重学科教材建设，轻视活动教材的建设；重视教科书的建设，轻视其他类型教材的建设；重视教授材料的建设，轻视学习材料的建设；重视主体民族教材建设，轻视少数民族教材的建设；重视通用教材建设，轻视

① 王庆环：《我国中小学生教材难度被高估》，《光明日报》2014年5月8日。
② 张晓娇：《如何科学调整中小学教材难度》，《光明日报》2014年5月20日。

地方性教材的建设。（3）教材改革存在脱节现象，具体表现为教材内容与实际应用的脱节、教材编制与教材研究及教材教学的脱节、教材建设与师资培训及教学环境的脱节、教材内部改革与外部改革的脱节、教材建设与社会宣传的脱节。（4）教材管理存在两极化的倾向，教材国定制与审定制国家强调教材的统一，结果使教材风格单一，无法适应全国各地的差异，而教材自由制国家，因缺乏基本要求，结果导致教材良莠不一，水平参差不齐，出现混乱失控现象。另一种分化表现为，有些国家对教材实行国营国办，基本否定教材市场及教材的商品属性，不利于调动各方面的积极性；而有的国家则过分依赖教材市场的自由调节，过分看重教材的商品属性，结果常常出现“教材大战”。（5）教材改革并没有解决某些根本性问题，如基础知识与知识现代化的矛盾、知识传授与能力培养的关系、教授与学习的矛盾、教育性与教学性的关系、科学逻辑与心理逻辑及教学逻辑的关系、理论与实践的关系等，由此表明，教材自身的变革问题仍需努力解决，否则便会阻挠真正意义上的教材改革。（6）教材中体现文化价值观念的偏差，具体表现为传统文化与现代文化的冲突、西方文化与本土文化的冲突，意识形态的单一化与广泛政治现象，反映在种族、民族、性别上的偏见。这些价值观念及认识上的偏差，对教材及教材文化的建设有危害。（7）教材改革意见的分歧。从目前世界教材改革的大趋势看，教材改革呈现多元化发展，一方面反映教材改革本身的进步，另一方面也可见教材改革没有统一客观标准，许多改革措施尚停留在理论主观层次，而且本身就大相径庭，有的甚至相互对立。这就给教材建设的决策者和实践者造成诸多的混乱。（8）各国教材建设的交流与合作明显不足：一是表现为各国教材建设中坚持自我中心主义和唯我独尊，特别是在社会科学的教材建设中（在政治、历史、地理教材中表现尤为突出）；二是表现为交流与合作的不平等性，发达国家热衷于向发展中国家推销教材，以获得商业利益和政治利益，而发展中国家急于引进西方教材，自身的研制能力依然比较低弱；三是发达国家与发展中国家的交流合作较多，而发展中国家内部的交流与合作却较少，实际上这些具有同一语言和同一民族的国家才最具有交流与合作的基础和可能；四是联合国教科文组织及世界银行在推动各国间教材研制的交流与合作方面有所贡献，但工作重点在移植西方国家教材编制的成果，在理论经验植入及教材本土化方面重视不够。

第九章　教材发展论

新中国成立以来，我国教材在改革中发展前进，其中既有成功的经验，也有失败的教训。它经历了初创时期与探索进步阶段，正向深化改革方向发展。教材事业呈现繁荣景象，体现了新时期教材建设的基本特征：改革、发展、创新。

第一，就教材建设所取得的成绩看，主要归因于党和政府对教材建设的高度重视和有效领导，为教材改革指明了方向，世界上没有哪一个国家可与之相比。第二，我国已经形成一支具有一定科研水平、教学水平和编辑水平的教材建设队伍，这支队伍体现学科专家、教育心理学家、编辑人员和教师的最优组合，体现老、中、青的最佳结合，也表明国内外建设者的交流与合作。第三，我国业已形成一个大体上适应教材建设需要的教材编审评体制，制定了较为成套的、运行基本合理的教材管理规章制度。第四，我国在教材建设方面已经积累了较为丰富的经验与教训，已经能够较为成熟与正确地解决教材建设中众多的内外部矛盾和各种复杂问题，并正在加强教材的研究工作，探索教材建设的基本规律，使已有的经验逐步上升到科学理论的高度。第五，在教材建设方面取得巨大的成绩，基本满足了全国教育教学的需要。第六，改革开放的大好形势为我国教材建设走向世界、加强与国内外的交流与合作提供了有利条件。第七，社会经济的发展为教材制作技术水平的提高提供了强大的物质基础。

多年来，我国的教材建设无论是在指导思想、认识水平、政策和组织保障上，还是在教材建设的理论和实践上，都有着长足的进步，尤其是在结束十年动乱、实行改革开放之后。但在取得成功的同时，也走过弯路，存在这样或那样的不足与缺陷。第一，受政治影响较大，每一次大的政治波动便会影响教材的正常建设。第二，受行政干预过多，一定程度上削弱了教材建设的科学基础。上述因素使教材建设难以沿着既定的轨道正常运行。第三，传统的教材体制对于迅速恢复教育教学秩序，提高教材水平的确起过历史作用，但随着经济基础和政治体制发生变化，教材建设需要与时俱进。第四，教材观念陈旧落伍，统一升学考试制度又加重了教材的权威性，一些地区师生受教材的严重束缚和约束，成为教材的奴隶，教师扮演教材注释者的角色，教材成为学生学习的唯一对象，这对于培养新时代创新型人才是不利的。第五，教材的科学化、现代化水平不高，落伍于时代，按经验办事较多。第六，教材品种单调，不同程度上存在脱离各民族、各地区特点，脱离广大农村实际等问题。

总之，我国教材既要继承和发扬已有的成功经验，提高教材理论的指导作用，同时又要推进改革开放，向国外先进经验学习，不断提高教材建设的科学水平。在加强教材建设技术基础的前提下，克服过去的不足与失误，使我国教材建设进一步走向科学化和现代化，对教育教学质量与水平的提高发挥更为重要的作用。

同时，不同的教材由于编者的构思设计不同，教学目标及面对的教学对象亦有不同，所产生及适用的历史背景与环境条件不同。因此，各种教材有其不同的知识系统、技能系统、图文系统和训练系统，不能用单一尺度简单评价某种教材的优劣，或者比较它与其他教材的质量，也不能奢望产生超越一切教材、完美无缺、适用于任何教学情境与教学对象的一种“高大全”教材。因为，教材的完善与适用必须经过多种工序才能完成，需要教材编写者、教学者、评价者及研究者的多方通力合作，才能玉汝于成，最大限度地体现教材功能，发挥其功效与作用。而且，教材建设必须走多样化的道路，这样才能增强其针对性与实效性，各种教材均有其独特的生存环境与发展条件，并因此而各具强劲的生命力。

另一方面，教材改革又是一个曲折发展的渐进过程。教材改革与实验在前进的同时，必然会有偏颇之处；在有所突破之时，也必然伴随着某些不足与缺陷。而且教材改革与实验本身周期长，要求高，合作范围广泛，所受的影响因素较多，有些变化因子非教材编写者、实验者与教学者所能控制，上述原因加重了教材改革的难度。为此，必须对教材改革与实验持科学与慎重从事的态度，教材改革必须经过科研的严格程序，必须经过“编制—实践—评价”的循环往复的环节，只有经过科学实验的螺旋上升，才能逐步修改完善，教材建设才能在社会、学科与师生之间寻求最佳的平衡点，也只有这样，教材建设才能有坚实的立足点，才能根深叶茂。

由此出发，教材建设需要明确以下几点认识。 首先，必须以全面、纠正、客观的立场看待教材改革与实验中的正面作用与负面效应，并从中分清主次，抓住主要矛盾及矛盾的主要方面，树立向前看的思想，肯定其成绩及优点，坚持积极改革创新求发展的教材改革观念。其次，必须认识到教材改革的长期性、复杂性和艰巨性，伴随教育教学的深化改革、时代与社会的发展及与国际社会经济文化教育的接轨连通，教材改革必然会不断地显露新矛盾，产生新问题，因此不能故步自封，因循守旧，抱残守缺，试图一劳永逸地解决教材问题，必须对教材进行持续不断的改革与实验。再次，应当研究世界各国教材改革与实验的普遍规律，注意到各国在继承中创新、在稳定中求发展的基本特征，必须坚决摒弃大起大落与跳跃前进的教材改革模式。最后，教材改革与实验应建立客观的评价标准。应当认识到，社会和教育界的方方面面，对教材改革与实验的态度不一致是一种正常现象，这是由于各自的文化背景、主导利益及教育价值观不同所致，因此看待问题的角度和评价参照体系亦有所不同，并导致教材改革与实验受到来自不同方面不尽相同甚至相反的评价与意见。在此情况下，教材编写者、教学者、评价者及研究者要认真细致地分析各种意见，切忌杜绝批评，盲目自信，也要防止人云亦云，屈从于外部势力的影响，为此必须加强教材建设的科学基础。

科学基础的加强来自各方面的努力，主要包括知识本身的科学化、系统化，亦来自教育学与心理学的研究，逐步加强对教材建设自身规律的探索与认识。在此基础上，探索教材内容、表述形式与其适宜载体的有机结合，而后探索教材的具体施教与学习。

第一节　理论思考

60 多年来，我国教材建设取得巨大的成就，基本上满足了教育教学的需要，为国民素质教育和基础教育作出了贡献。实践证明，我国编写的教材在世界教材中具有相当水平，有些教材开始走向世界，如上海基础教育数学教材被英国整套引进，高教社出版的高等数学教材也在海外使用。

但我国教材建设上尚存在一些缺陷，在一定程度上阻碍了教材建设的科学化、现代化，其中既涉及教材建设的管理体制问题，也有教材建设本身的理论与实践问题，这些问题需要认真研究，妥善解决。

一、教材建设的管理体制问题

教材管理的内容包括教材的认可、编制、审定、出版、发行、选用及供应制度，其中教材的认可和使用是重点。据此可将世界教材管理体制分为五类：(1) 国定制；(2) 审定制；(3) 认定制；(4) 选定制；(5) 自由制。由于教材的审定制度影响或决定着教材的编制、出版、发行、选用及供应制度，一般实行教材国定制国家控制着教材建设的一切，而教材审定制、认定制国家则控制着教材的选用权，教材选定制和自由制国家则将教材的选用权交给学校和教师。在教材出版发行上，教材国定制和审定制国家多采取编制和出版指定制，建立教材发行专线，国家限制教材的种类、册数及价格，而教材认定制、选定制和自由制国家则对教材实行自由竞编选用政策。在教材供应制度上，主要有免费制、租借制和收费制三种。总之，教材管理体制深刻表征着国家教育行政管理的特征，也反映各国深层的民族文化心理特色，且是各国传统与变革的产物。

从世界教材管理体制改革的动向看，主要表现为教材管理制度的多样化、统一化、民主化、科学化、法治化。表现为教材管理机构系统完备，编、审、评三者的分离与结合，教材编制、研究与评价一体化，官民合作可以有效地防止教材建设上的垄断专行或者放任自流。当前，教材管理上的审定制和认定制占上风，它能最好地体现上述变革精神，其共性要求是：(1) 符合社会规范和需要；(2) 符合宪法和教育基本法；(3) 教材内容世俗化和中立化；(4) 符合课程标准；(5) 教材编制的科学化、现代化。教材改革与实验严格遵循实验—修正—推广的程序。

1986 年，我国教材管理体制发生变革，由国定制向审定制转化过渡，顺应了世界教材管理体制发展的大势。但在新旧两种体制的转轨过程中，暴露出许多问题，如不少地区在教材和辅导课外读物编、印、发中出现严重的混乱情况。①这些充分表明在市场经济条件下的教材管理体制尚未健全，编写与出版、发行之间的新关系尚未理顺。究其深层原因，“教材大战”及印刷质量下降本不在于教材本身的优劣及其发行问题，而在于其背后的经济利益，经济利益的争夺将会影响教育效益与社会效益。因此而存在教育行政部门利用权力干预教材选用，新华书店硬性搭配，以及地方浓厚的保护主义，也因此而出现教材印刷质量下降问题。

对此，建议国家有关部门密切合作，采取有效对策，坚决制止教材建设中的混乱状况，使教材管理纳入法治化、科学化轨道，正确调节教材编写、审定、出版、发行各方面的关系，协调教育行政部门、新华书店、教材编写单位、出版单位及学校的关系，正确处理经济利益与教育效益和社会效益的关系。承认教材商品性，更要看到其社会价值，克服经济至上、地方本位主义、短见近视，一切从中华民族的伟大复兴及国家的长治久安与繁荣富强出发。具体措施可借鉴国外先进管理经验，并在此基础上建设有中国特色的教材管理体制。

二、关于基础知识与教材现代化的问题

我国多年教材建设理论中的一个重要经验是坚持“双基”，即基础知识和基本技能。同时，如何使教材内容现代化也是一个重要问题。

教材中如何体现“双基”，如何确定“双基”，人们对此问题也有不同的看法。

一种认识认为，应从我国为实现现代化而培养人才的需要出发来确定教材的基本内容，并应从我国目前教师水平和学生基础来安排教

① 参见 1993 年 4 月 7 日《光明日报》和 1994 年 9 月 13 日《文汇报》相关报道。

学的基本内容。也有人认为，教师的基础知识主要取决于学科的基础知识，即基本定义、概念、基本观点以及解决问题的基本方法、技能和规律。还有人认为，基础知识首先应该是“生活实践中最常用的知识和技能”，其次是下一步学习中必须掌握的知识，再次是一些关键时刻必须具备的知识。还有人认为，教师水平和学生的准备状况是变化的，而且参差不齐，因此不能作为确定教材基础知识的主因子，而应当考虑三个因素的结合：一是教学的培养目标，二是学科本身的发展状况，三是学生的接受能力。

理论界对此问题的认识又有进展。如人民教育出版社原副总编辑吕达认为，基础知识的选择应当是社会需要、学科特点和学生身心发展三者的有机统一。华东师范大学教授钟启泉提出，基础知识具有多层次性（事实知识、方法论知识、规范知识、价值知识），并从量与质（正确性、概括性、具体性、系统性、永恒性、变易性、意义性）两个方面来确定基础知识。中国教育科学研究院戴汝潜研究员提出确定基础知识的程序化方法，即选择优选知识点的原则是：(1)可直接为生产、生活实际服务的知识点；(2)作为后继知识的基础，间接为生产生活实际服务的知识点；(3)组成学科教学体系不可缺少的基本内容的知识点；(4)经过优选确定的，用于一般性能力培养的必要的基础知识点；(5)学科必备的基础知识点。据此优先选取能兼顾多方面作用的知识点、近期使用且有深远作用的知识点和学科知识体系必不可少的知识点。另有学者认为，基础是系统中的基础，因而在不同年级、不同学段具有相对性；基础又是动态的、发展的，并非一成不变的；基础中的内容也是分层次的。

伴随对基础知识的讨论而来的是教材内容的现代化问题。流行的观点是使教学内容“层层下放”。但多年的实践证明，这并非解决知识陈旧的最佳策略，因为它使教材内容时常超出师生的教学能力，欲速则不达，徒增师生课业负担，结果使教材改革常在强调基础性与现代化之间来回摆动，迄今为止尚没有找到解决问题的万全之策。但对此问题的研究毕竟有所进步，人们认识到，即使基础知识也须不断更新，必须删减那些次要的、陈旧的、用处不大的过时信息，摒弃那些作用不明确的或可由其他学科知识点替代的、可能产生负作用的知识点，适当充实学生能够接受的适应现代生产和生活所需要的即时信息。所采取的编制策略多种多样：一是根据需要增设新课程，编制新教材；二是渗透到原有教材中，增添新内容，适当反映某些基础科学研究和科学技术发展的新成果，对原有观点和材料进行改造；三是进行教材的综合化设计。有学者提出精选教学内容的策略：筛选传统教材中有价值的材料，精选最新科技成果中的基本材料，并将二者有机结合；所选材料突出其学科特点和教育价值；注重科际联系；所选材料的难点及难度与学生的“最近发展区”相适应。为此可采用调查法和判断法等多种策略。

在教材建设的实践中，人们进一步认识到，教材必须体现基础知识，突出核心素养和关键能力，因为这是开发学生智力的基础，也是各门学科的基础；教材还要求有系统性，必须同学生的发展相适应，既要求教材内容本身要相适应，也要求学生掌握理解内容的方法；教材还必须与社区的实际相结合，教材编制要求有典型性与具体性。在实践中，人们也认识到，必须用动态的和经济的眼光看待教材的基础性与现代化问题，基础性在质不在量，量多未必增益；现代化不在于一切求新，而在于新科技中的一般原理。

三、教材设计的问题

教材是根据分科标准和一定教材理论而进行编写的，是教材设计的中心环节。在长期的教材建设实践中，教材设计总结出若干经验。

但仅此而已是不够的，因为教材不同于一般传媒，其重要区别在于它是为师生教学而设计的，而且负有培养社会公民的责任，因此必须将经验提高到理论化水平上。有人提出教材设计的六个主题，即知识、兴趣、政治、经济、社会、文化。六大主题按三项原则进行编写，即兴趣的原则、政策的原则和文化的原则。

以往在教材的编写中对兴趣的原则关注不足，表现为只关心表面的兴趣或只关心中小学教材的兴趣。实际上，兴趣是教育意向的动力，教学性是针对并引导兴趣性的，兴趣是教学起点，教材的本质特征和第一要素是教学性，二者相互作用。教学性决定和影响教材其他特性（如科学性、实用性、艺术性、教育性）的功能发挥。当然其自身也要建立在这些教材特性的基础之上。因此，在教材的编写中，为提高教材功效，必须按照教学论的基本原理研制；开发、使用和评价教材，必须视教材为教学系统中的重要有机组成部分，从整体优化的角度出发，从教学系统的不同维度和层面探讨优化教材的策略和方法，为此要探讨教材与教学目标、教材与教学内容、教材与教学模式、教材与教学过程、教材与教学评价的关系问题。就教材与教学论的关系而言，有什么样的教学论思想，就有什么样的教材，教材研制思想即是一定的教学论思想的反映。因此，按教学论基本原理研制及实践教材，可以增强教材的趣味性和可读性，提高教材的能量与效率，使教材的内容适合学生的发展水平，使教材内容的表达方式便于学生理解和接受。为此，还必须强化对现代教学生理学、教学心理学和现代教学技术的研究，从而实现教材目标、内容、方法的高度统一。

此外，在坚持政策的原则上也存在某些偏颇。教材宣示政策是一种普遍而自然的现象，它通过明喻或暗喻的方法倡导统治阶级的意识形态和价值观念体系。教材还具有弘扬民族意识和民族精神及加速民族融合的作用，但在以往的教材建设中过多地强调前者而忽视后者，过多地考虑政治性而忽略民族性，过多地考虑统一性而轻视差异性，民族教材从形式到内容并没有真正显示民族文化特色，因此没能很好地起到发展民族教育的作用。

国家政策与教材的不协调还表现在宗教和性别等问题上。国家的宗教政策并没有在教材中得到充分的体现，避而不谈或语焉不详无助于学生形成正确的宗教观念，也形不成正确的宗教行为。同时，教材中还表现出较为强烈的性别偏见现象，在不同程度上存在重男轻女、男尊女卑、男强女弱、男主女从的观念。这在文科教材中表现突出，如在故事性课文及插图中，均明显存在男性在数量上多于女性、在质量上高于女性（指职业分布及地位）的问题；在男女形象塑造上，男性大多为正面强大，具有人类的优良本性；而女性则被描写为寻求保护和需要同情、援助，同时还兼具人类不良的人格特征。出现上述现象，既是社会文化影响的反映，但自身也存在扩大化的倾向，所选择及表明的性别信息有的是传统文化中的“昔时信念”和传统观念，结果滋生和强化了社会的性别偏见，尤其是影响青少年对所属性别角色的认同和归属，并使社会的性别偏见合理合情化，从而使女性在学业和职业成就发展等方面处于不利地位。这必须加以改革，从性别教育平等出发促进就业平等。

教材编写也应重视反映社会文化。 民族文化为立国之本，教材本身也是人类文化活动的记录，并有着丰富的文化内涵。但文化本身是广义的，它在意识形态上有两个取向：一是把文化看成是知识形态的，其学习方面的功能被认为是记忆的训练和学习的迁移；二是把文化看成是陶冶育人的，其教化方面的功能被认为是健全人格的塑造和社会公民的培养，以往教材编写中较重视前者而忽视后者，尤其是社会伦理教材重说教轻分析，重结论轻过程，强调一致性意见，忽视分歧与不同意见。

四、教材编制的策略问题

在教材内容的组织编排问题上，大体上可分为直线式与螺旋式两大类型。直线式是把教材内容组织成为一条在逻辑上前后联系的“直线”，前后教材内容基本上不重复。螺旋式则指在不同教学阶段使教材内容重复出现，逐渐扩大知识面，加深知识程度。

20 世纪 60 年代前后，在“多快好省”精神指导下，我国教材建设较普遍地采用直线式编写策略，批判以往螺旋式编写策略所引发的“少慢差费”问题。“文革”结束后，人们认识到直线式编写策略的弊端，注意到螺旋式编写策略的意义，认为它符合人的认识过程，符合学生身心发展规律，教材应有必要的重复，意在复习和过渡。近年来，人们较为全面地客观分析了两种教材编写策略的优劣得失，认为采取何种编写策略是由多种因素决定的，如课程的性质及其在课程体系中的地位、学生的年龄特征，以及教育阶段的划分等。同时，人们在实践中深刻认识到，直线式序列着眼于知识的逻辑结构，而螺旋式则侧重于个体的认知结构。而且学生在学习中可以因人而异，不必拘泥于陈套。近年来，学者们探讨了阶梯式、圆周式、过渡式等教材编写策略。总之，逻辑与心理交融组织法已成为教材编写的主流，从中可以分化演绎出若干具体类型，如知识结构型、原理范例型、原理操作型、综合问题型等。

五、建立以纸质教材为主体的教材体系

合乎逻辑及习惯的认识是，课程的主要问题是教科书，教科书在教材中的重要性仅次于教师。这种认识已在人们心目中根深蒂固。在课程编制中，教科书是一个主要因素，它往往体现了各级学校的课程标准，规定了各级学校的教学方法。不论社会如何变化，教科书至今仍然是大多数教师所使用的主要工具。公众认为，教科书与学习过程联系紧密，而且系统的教学应根据教科书中的课题进行。

同时，教科书在现代教育中又是一个颇具争议的话题，既有赞成派，坚持教科书的传统，又有反对派，主张抛弃教科书，发展多媒体多功能教材。另有人主张降低教科书在教学及教材体系中的垄断地位，使之与其他教材一样，均归由教师和学生控制和使用。

赞成教科书的理由是：（1）教科书为学生提供了最高权威性的信息源，因为教科书通常是准确的，所以它保证了学生学习的正确性；（2）教科书是按照学生的心理逻辑和科学逻辑设计的，其他教材未必如此；（3）教科书是师生教学的必备之物，价格便宜，携带方便，使用便利；（4）教科书文字与插图相配合，有助于辅助和丰富教学；（5）教科书是学生间接经验的丰富资源，常常充当学生的辅导教师；（6）教科书是新教师的必备之物，它使新教师产生一种安全感和自信感；（7）教科书有助于教师完善教学方法；（8）教科书集中体现了社会文化与国家政策；（9）教科书不仅能够呈现知识和教学方法，而且具有检查评价的功能。

反对派则认为，教科书存在明显缺陷：（1）教科书往往落伍于时代，因其生产周期及使用周期较长；（2）统一的教科书无法反映多元化及多元意识形态；（3）教科书设计者常存有分歧；（4）教科书设计者对各方意见反应迟钝；（5）教科书难以把握有争论的观点和课题；（6）教

科书限制了教师和学生的成长，因为教科书实际上往往变成了教师要一定了解而学生则必须学会的东西；（7）某些学习经验无法在教科书中体现与表达；（8）教科书承载的信息量有限；（9）教科书不可能考虑重要的地区差异及学生个体差异问题；（10）教科书学习的感觉器官参与有限。

因为教科书有其他教材无法替代的优势，所以，教科书仍是现今社会学校的主要教学工具。一个国家没有教科书是难以想象的，甚至是不可能的。 教科书不仅成为教育工作的共同标准，且成为文化的共同标准，它向国民提供了可以向无数方向发展的基础。

所以，不应讨论是否废弃教科书的问题，而应讨论如何完善教科书的问题。在教科书的内容方面体现更为科学和合理，在技术手段上更为先进。在社会变革及科技革命的前提下，传统的教科书也必须进行革命，其宗旨要求客观、世俗、民主、平等，取材范围应当广泛且有针对性。适应学生发展水平及认识水平，与其他教材相配套。

应当看到，无论教科书多么完善，总是有其局限性，只能作为充实课程和促进师生进一步探索的教学指南，不能期望值过高。

六、优秀教材的标准问题

关于优秀教材的标准，学者与教师们的意见不尽一致，但都认为有些共同的法则。首先，教材必须符合基本性，是为教学服务并为师生所利用的。教材设计必须遵循三条基本原理：一是“教材的教学性”，二是“教材的典型性”，三是“教材的具体化”。其次，学生通过同教材的接触，把一定的教学内容（学科内容）化为自身的东西。教材必须正确反映出教学内容的结构，亦即教材必须是最出色地反映“典型地表达基本概念的本质，所采取的必然的方法与形态”。再次，教材乃是学生直接运演的对象，因此学生必须借助既有的知识、能力、感觉器官与运动器官，进行分析、操作、综合。学生从中接触到的是个别的、特殊的事例，但其中也包含了一般的本质的要求、概念与法则。这三项要求可以说是贯彻于教材设计之中的基本原理。

日本学者释纲二认为，优秀教材必须是“具有学习价值的材料”，其基本条件有四项。(1)教材必须是基础性的。教材反映了初步的基本的概念与法则。其一，它必须是开发智能的基础；其二，它必须是各门学科的基础。(2)教材必须具有系统性。教材必须遵循各门学科及各部分教材的系统性，因为学生是借助教材去深化思维与提高认识的。(3)教材必须同学生的发展合拍。一是内容本身要适应，二是能使学生掌握理解内容的方法（技术、手段等）。(4)教材必须同社区实际相结合，教材要有利于学生接触社会现实，要体现出乡土性。

美国学者则认为，教材应是课程的核心，是指引教学方向和启发讨论的工具，它应符合时代发展和学生生活的要求，还可以使学生加深已学过的内容。优秀教材应该是严密的、准确的，应具有好的纲要和结论、复习内容以及图、表，并且富有吸引力，能提出重要观念的展望，易读，并对程度不同、需求各异的学生都能有所顾及。教材能适合学生的接受能力，教材内容及形式能联系实际，能启发学生思维，并适合课堂教学的需要。此外，美国教师要求出版多样化的教材，其标准是：(1)准确性——有关知识的用语、概念和图像必须准确无误；(2)代表性——教材内容必须代表社会各个群体，包括那些经常被忽略或者被歪曲的社会群体；(3)全面性——教材应当有助于深入研究；(4)本土性——反映本土观点，取材于本土文化，体现多种意识形态；(5)平等性——有利于加强各个社会群体的力量，维持其特性，促进相互联系。

俄罗斯学者则认为，优秀教材必须从竞赛中产生，要求必须适应更新教学内容和教法的要求，基本概念、定义、规则、指导思想的阐述应清楚易懂，科学性、可接受性、继承性、预见性及生动有趣性等应紧密结合，教材还应以教学论原则为依据，保证所学教材的复现率和系统性，并能促进学生学习。如格顺尔斯基认为，新一代优秀教材应成功地做到：(1) 教材内容和叙述逻辑及表达方式有机统一；(2) 总结了学者的最新教学思想和广大教师创造性探索的成果；(3) 把教材传递信息的功能与检查、评价、激活学生独立认识活动的功能成功地结合起来；(4) 传递材料的逻辑与概念发展的规律性相一致；(5) 课文的算法结构使其内容与教学的计算和手段相容。巴班斯基则提出，优秀教材的标准即教学内容首先必须具有完整性，全面反映现代科学和生产部门的成就、文化成就、社会生活方式及所有教育观点。此外，还有教材的通俗性、科学性及实践性等。后有人补充为：选材的适度性，选择教学法的合理性，教材的教育价值，学生对所选教材的理解程度等。

我国对优秀教材的要求参见《中小学教材审定标准》中的有关规定，如果达到上述规定，则认为是合格教材。但实际上，上述规定尚达不到优秀教材的标准，因为其规定是宏观抽象的，缺乏具体指标及可操作性，尤其缺乏教学性的要求。由此可见，优秀教材要求全面地优秀，从内容到形式，从教师到学生，从教科书到其他教材，是教学性、科学性、实用性、艺术性、技术性、乡土性、民族性的完美结合。

七、教材评价的方法与技术问题

在教材建设中，教材评价是一个重要环节，尤其是在教材编审分离、不同类型与层次教材相继问世的今天，如何科学性评价教材，鉴别其优劣得失尤为重要。

我国通用的教材评价标准强调思想性、科学性、时代性、系统性、民族性。20世纪90年代，较具权威的教材评价机构是全国中小学教材审定委员会，其掌握的基本审定原则是：（1）符合国家的有关法律、法规和政策；（2）体现“三个面向”的要求，贯彻为社会主义现代化建设服务的方针；（3）符合中小学教育培养目标的要求，为培养全面发展的“四有”社会主义公民及各类建设人才奠定基础；（4）符合教育部颁布的课程计划；（5）从我国实际出发，难易适度；（6）符合儿童和青少年身心发展的规律，符合教育规律，教学内容适当。高教教材和职教教材评价比较强调思想性、科学性、先进性和适用性等。

除了通用的教育性、科学性、系统性和可行性考察，还应当增加教材的基础性、发展性、时代性和多功能性，在微观评价范畴，考虑各章内容占总版面的比例和总课时的关系，教材知识点、配图数量和占比、习题等。①

但由于教材评价涉及的内容较多，又受多种内外因素影响，因此上述教材评价基本上停留在宏观定性分析的水平上，缺乏可操作性和全面性。为此，需要完善教材评价体系，应注意评价的统一性与灵活性相结合、终结性评价与形成性评价相结合、宏观评价与微观评价相结合、单本教材评价与整套教材评价相结合、知识评价与能力评价相结合、认知因素评价与非认知因素评价相结合、实验评价与专家评价相结合。也有学者提出应从教材的内在和外在质量、教材的宏观和微观方面来综合评价教材。②亦有学者进一步划分出教材实验评价的一般过程，即确定目的—确定目标—设计指标系统—数据和资料的收集、分析、处理—举例，其间可采用模糊评判法。③

---

① 刘电芝：《教材的宏观评价与微观评价》，《课程·教材·教法》1996年第4期。
② 周士林、李嘉瑶编著：《教材建设浅论》，北京航空学院出版社1986年版，第28页。
③ 张卫国：《论教材实验中的评论问题》，《课程·教材·教法》1993年第4期。

实际上，正因为教材评价的复杂性及重要性，因此才需要格外重视及慎重从事。从大的方面看，教材评价既包含对教材本身及相关教学因素的评价，也包括对教学者掌握教材水平的评价。评价主体亦具有多样性，其中既有国家权威审定部门的基本尺度，也有教材编写者的自我评价，更有师生的评价意见，兼有社会各界的评价。它们之间应形成相互关联、相互影响的关系，目前特别要注重师生的评价意见，用户体验是最重要的。

当前的教材评价出现综合化与分化评价相结合的趋势。例如，在确定教材自身质量的评价指标体系时，可排列为教学水平、科学水平、思想水平及表达水平四大类，其中又分级评价，从定性和定量两个角度综合得出一个较为明确的总的结果。而对教材使用效果的评价，既可考察其内容的抽象水平，也可考察教材中所体现的教学因素的状况，更可以考察学生对教材的掌握水平。在教材评价技术上，既可用调查问卷法、座谈法、专家评判法，也可用模糊教学法及教学模型法。这些方法均可与现代评价技术相结合。教材评价方法与技术应坚持传统经验与现代理论技术相结合。

第二节　改革创新

教材牵一发而动全局，党和国家重视，社会关注，国际关心。教材发展有着鲜明的阶段性特征，从备课讲义到教科书再到教材，从纸质教材到立体教材体系再到在线学习资源网，演绎着教材发展的历史轨迹。与此相应的新中国教材建设也呈现出阶段性特征：早期阶段主要是引进国外教材和翻译改编过程，发展阶段主要是国产化、特色化、体系化过程，当前阶段主要是精品化、信息化、国际化过程。

一、站在历史新方位

百年来尤其是新中国成立后，我国教材建设扎实推进，初步形成了一套完整的管理制度，培养了一批专业的编审队伍，基本形成了满足多样化教育需求的教材体系，体系门类逐步健全，质量水平不断提升，为提高教师教学水平、促进学生健康成长、培养各领域高质量人才发挥了基础支撑作用。教材建设之所以取得突出成绩，与行之有效的工作机制密切相关，如在职能上确立专业出版企业出版和新华书店发行；在规划上推进高教和职教教材；在编写上以课标为引领，推动研编一体化，鼓励大师编教材，多方合编教材，准、新、厚、活；在制度上实现分级审定制、中小学教材试用（在400个班或2万名学生的范围内进行实验）等；在价格上实施动态限价，保持微利运行；在体系上形成纸质教材为主体的立体化教材体系；在质量上推动精品教材建设；在选用上坚持优中选优；在改革上建立与课程教学、考试评价改革联动机制，这些经验弥足珍贵。但尚有一些亟待解决的问题，如管理上整体规划不够，基教、高教和职教由不同部门管理；教材政治导向不够鲜明，思想性不够突出，对一些人文社科类西方原版教材把关不严；质量上参差不齐，同质化现象较严重；体系上尚不完备，残疾儿童义务教育后教材不足，文字教材与数字教材不配套，尚未形成立体化的教材体系和网络教学资源库；审定、试用、选用、推广、服务、激励、问责机制不够健全，一些地区出现盗版教材现象，个别地区甚至十分猖獗①；教材信息研究培训测评支撑不足……

抢占意识形态、精品化、数字化、国际化四大战略高地，是未来教材建设的新要求、新任务、新战略：要增强核心价值观引导和渗透，把

① 丁伟：《教材盗版，为何如此猖獗？》，《人民日报》2003年1月31日。

握通过教材立德树人的宗旨；要增强精品意识，走精品化道路，精心策划、精心组织、精心编校、精心制作，构筑精品工程，生产精品教材，形成精品积聚优势；要紧跟信息技术和数字技术的发展，推进数字出版工作，奠定内容生产数字化、管理过程数字化、产品形态数字化和传播渠道网络化的发展基础，开发适应教育需求的多媒体数字产品，探索建立有效的运营模式，实现出版企业产业升级和战略转型；要开拓国际国内两个市场，加快实施“走出去”战略，主动向海外拓展，重点研发适合国际教育市场的产品，探索国际投资合作的路径和方式，参与到教育国际竞争中去。未来教材建设要以立德树人为导引，以提高质量为根本，服务国家长治久安战略需求，适应经济社会发展良好教育需求，适应新技术革命创新教学模式需要，适应教育普及化要求，适应学生全面发展多样化教育要求，适应学科专业课程发展和教育教学改革要求，不断完善标准，更新内容，丰富形式，形成适应中国特色社会主义发展要求，立足国际学术前沿、门类齐全、学段衔接的教材体系，体现思想性、科学性、民族性、时代性、系统性的高度统一。

二、面向未来创新教材体系

（一）自觉适应社会主义办学方向新要求建设立德树人的好教材

国无德不兴，人无德不立。教育不仅关系到获取技能，还涉及尊重生命和人格尊严的价值观，而这是在多样化世界中实现社会和谐的必要条件。① 党的十九大指出：“要全面贯彻党的教育方针，落实立德树人根本任务，发展素质教育，推进教育公平，培养德智体美全面发展的社会主义建设者和接班人。”这为教育发展确立了根本任务，为今后的

① 联合国教科文组织编，联合国教科文组织总部中文科译：《反思教育：向“全球共同利益”的理念转变？》，教育科学出版社 2017 年版，第 29 页。

教材改革发展指明了方向。教材是立德树人的重要关口，不仅要体现学科知识，更要体现道德教育和人文精神；不仅要充分发挥德育、语文、历史、体育、艺术等人文学科的独特育人优势，还要进一步提升数学、科学、技术等课程的育人价值，加强学科间的相互配合，发挥综合育人功能；不仅要自成一体，还要与课程、教学、评价等环节相统筹，充分发挥教材在育人中的特殊作用。

（二）努力适应现代化教育强国新需要建设精品教材

强国必先强教。一流国家需要一流教育，一流教育需要一流教材，发展中国特色、世界水平的现代教育需要特色足、质量优、体系全的教材作保障。在我国教育由大变强的发展进程中，教材建设要顺应教育现代化的要求，适应教育全面普及的时代要求，适应提高教育质量的总体要求，适应高等教育“双一流”建设的时代要求，把建设精品教材摆在战略地位，及时反映世界科技新进展，吸收人类文明优秀成果，要在同类教材中处于先进水平，在教育教学应用上处于先进水平，提高国家核心竞争力。

（三）积极适应教育技术变革新趋势发展数字化教材

进入 21 世纪以来，以网络技术为代表的技术革命席卷全球，以指数级的增长速度和组合技术带来的创新发展，改变了人类认知和社会交往方式，缩短了知识创新和技术转化的周期，有效促进了学科交叉融合，实现了全球研发、全球生产、全球配置，使知识的生产、应用、传播呈现出空前的速度和规模，信息化能力已成为衡量一个国家或地区综合实力的重要标志，深刻影响着教育理念、模式和走向。世界各国都在着手布局信息化，力图抢占未来教材发展的战略制高点。美国在信息技术和教育教学深度融合方面走在前列，从 2012 年起，哈佛、斯坦福、麻省理工等名校掀起了慕课（MOOC）热潮，给教材带来了一场颠覆性的革命。韩国2011年推出“智慧教育战略”，投资20亿美元用于开发电子教科书、教师再培训、建立云网络，宣称学校纸质课本将被电子课本取代。我国把信息化作为加快从教育大国向教育强国迈进的重大战略抉择，作为带动教育现代化的强大动力，作为促进教育公平、提高教育质量的重要抓手。要看到纸质教材与数字教材之间的“时差”和“量差”，建设教材管理数据库，完善教学资源库，鼓励学生在线上线下深度学习高级思维，帮助新一代“数字原住民”成为“数字国民”。

（四）不断适应教育开放的新形势发展国际化教材

在经济全球化环境下，我国承担世界大国的历史责任，为推动教育大开放、大交流、大融合提供了大契机，教育开放成为民心相通和人文交流的重要途径。《关于做好新时期教育对外开放工作的若干意见》显示了大趋势，推动共建“一带一路”教育行动为推进“一带一路”建设提供了有力支撑，需要以开放促发展，互学互鉴。学习借鉴国外优秀教材，增强教材的竞争创新能力；合作编写语言、科学教育等教材，提高教材的适用性；借助“经典中国国际出版工程”、“中国图书对外推广计划”、“中外图书互译计划”、“丝路书香出版工程”对外输出优质教材，推进优质教材课件和整体教学解决方案输出，支撑孔子学院、孔子课堂内涵发展，扩大海外合作办学规模。

（五）加快适应终身教育要求建设社会化教材

构建终身教育体系、建设学习型社会是当代世界教育发展和改革的共同趋势。联合国教科文组织1972年在其提交的《学会生存》的报告中提出了“终身教育”概念，2000年又发表了《教育的权利：走向全民终身教育》的报告，提出21世纪教育要从全民基础教育走向全民终身教育。我国素有“活到老，学到老”的传统，高度重视终身教育体系和学习型社会建设，推动教育社会化和社会教育化，要求教材建设突破传统学校教材范畴，为全体社会成员提供满足终身学习的各类教材，把住教辅和数字教材政治关。

（六）自觉适应教材发展规律建设现代教材

适应人才培养和成长周期要求，顺应课程改革和教学改革要求，强化教材教育性和教学性的本质特征，推动教材向教学资源和学习材料的转变。依据学制周期修订教材，按照十年大调整、五年微调整的运行周期，与时俱进修订完善精品教材，及时淘汰过时和平庸的教材，形成一大批代表中国特色、立足国际学术前沿的经典品牌教材。

三、综合改革统筹推进教材建设

教材建设是一项系统工程，国家教材委员会的成立标志着这一系统工程进入整体规划、统筹推进的新阶段。综合改革不是各项改革的综合，整体推进不是齐步走，而是顶层设计，整体规划，突出重点，协同互动。需要继承发展，与时俱进，改革创新，做到坚持正确导向，坚持统筹管理，坚持政治统领、把握方向，以学生为本、立德树人，讲求科学、尊重规律，创新机制、破解难题，强化操作、注重实效。①

（一）以规划为龙头统领教材建设

规划是落实目标的纲领，是统筹的基础，是统领的抓手。从无规划到有规划，从分规划到总体规划，国家首次系统规划未来五年大中小学教材建设工作，是顶层设计的重大进步，有利于明确国家未来教材发展的总体方向、目标任务、大政方针，合理引导社会共识和市场预期；有利于发挥集中力量办大事的社会主义制度优势，提前谋划教材重大项

① 《教育部启动全国大中小学教材建设五年规划和管理办法研制工作》，2017 年 5 月 21 日。http://www.moe.gov.cn/jyb-xwfb/gzdt/moe-1485/2017.5/t20170521-305303.html。

目建设和突出加强发展的薄弱环节；有利于凝心聚力，抓住用好国家战略机遇，应对重大风险挑战；有利于保持战略定力，一张蓝图绘到底，按照既定规划推动教材建设健康发展。

（二）以标准为核心引领教材建设

不以规矩不能成方圆。以标准提高教材质量是国内外教材建设的重要经验，要定期修订课程标准和教学要求，适应课程改革和教学改革动态调整常态化，教材编写立项申请的受理时间和审核结果应定期（日本每四年审定由民间出版社编写的教科书），提高教材编写、审定、印制标准。对照发达国家标准，我国标准比较原则，过于宽松，门槛不高。如对出版社要求“两有”：有编写人员和编写经费；对主要编写人员要求“两有”：有相应学科的高级专业技术职务，有足够的时间和精力完成教材的编写和试验工作。而国外高校教材只有学力深厚的学者才有资格编写，中小学教材审查标准比较严格。如日本文部科学省把《学习指导要领》及《教学用图书审查规则》作为中小学教科书审查的重要依据，并制定了教科书审查的三条基本标准和七条必要条件。因此要适当提高专业入门标准，强调从业经验和相关性，形成一支数量适当、结构优化、相对稳定、素质优良的教材建设队伍。

（三）以制度为基石强化教材建设

加强教材管理重在基本制度建设，建立更加科学规范的教材监管制度势在必行。新制定的教材管理办法要求覆盖中小学、职教、高教教材，涉及民族教育教材、特殊教育教材及引进教材，建立健全各级各类教材编写、审查、使用及引进等各环节的制度，完善奖励问责和退出制度等。要严格规范教材的策划、编写、审阅、编辑、审定、出版、定价、选用、发行、试验、修订等工作流程，推行“匿名审查，公开推荐”制度，以流程保障质量。要对教材定价实行适度的行政干预，教育、出版部门应通过举行听证会等方式来确定教材价格，在考虑合理利润的基础上，制定非义务教育教材最高限价，减少教材定价与实际销价的差距，使购书回扣成为“无源之水”，并通过招投标组织书店开展教材直销服务，增加折扣透明度。教材建设不可忽视任何环节。鲁迅说过：“校对和创作的责任是一样重大的。”还要及时修正错误。民国时期的教育法令就规定：“教科用书印刷错误须一律于书后附勘误表并于再版时更正。”这些做法值得借鉴。

（四）以基地为重点推动教材建设

教材建设工作千头万绪，面上工作需要抓重点带动，抓好教材建设领域的国家队和主力军：建设一批重点出版基地（如日本文部科学省认定合格、拥有教科书编著发行权的出版社有 44 家）；建设一批重点研究基地（如日本教科书研究中心），以重大理论和实践问题为基础，形成若干重大领域的研究基地，为教材建设的决策和实践服务；建设一批重点试用基地；建设一个国家教材资源库，包括国内教材样本库和外国教材资源平台；建设一批国家培训基地，培训编写人员和编辑人员、审定人员；建设一个管理数据库；建设一批测评中心，进行长期追踪调查和定期评估；建设一个审定专家信息库，便于选用和向社会公开；建立一个重点基金，设立国家教材建设基金，专项支持民族、特殊、冷门学科教材建设，倡导出版行业建立社会基金，奖励社会公众纠错；建立一个仲裁中心，调解裁决一应教材争议事宜。

（五）以创新机制为动力激发教材建设活力

健全“统分结合、分类指导、分层管理”的新机制，加强统筹意在整体规划、全面指导和促成合力，分类指导是重点把控意识形态强的教材，分层管理是国家、地方和学校各负其责。推动政府主导、企业参与、社会支持、开放有序，既要破除垄断，调动社会参与的积极性，又要设立门槛，防止鱼龙混杂；还要破除利益藩篱，实行价格听证、选用公示，减少中间环节渔利，增强全社会关心、参与和支持教材建设的吸引力。以开放促发展，鼓励合作共赢，组建专家、科研人员、一线教师相结合的编写队伍；规范中外联合编写，如2005年中日韩三国学者合编《东亚三国的近现代史》作为补充读物进课堂；曾有世仇的法德2008年合编的历史教材走进了两国中小学课堂，筛选出最接近历史事实的“真实”教育下一代，既为政治服务，也对未来负责。教材编写编辑出版人才、成果同等纳入国家相应奖励项目，在晋职评奖方面全面纳入，同等对待，国家出版基金优先倾斜，激励研究有专家、大师编教材、编辑出巨匠、出版有名社，形成激发精品、抵制庸品、驱逐劣品的良好机制。

（六）以组织领导为保障推动教材建设

按照统分结合、分层规划、分类指导、分级审定的要求，统筹为主，分头把关，形成完备的教材管理体系，开创教材建设由单一分散走向共同协作发展的新局面。统筹为主，即以思想政治教育类教材为重点、国家教材为重点、教科书为重点，对意识形态属性较强和涉及国家主权、安全以及民族、宗教等内容的教材实行统一规划。分工协作，明确教育部门为主，发改、财政、宣传、新闻出版、物价、测绘、新华书店等部门各司其职。分头把关，强化国家、地方和学校分层管理，地方党委和高校党组织严把教材选用政治关。发动群众，营造社会支持关心、支持、参与教材建设的良好氛围。

第三节　前景展望

“研究以了解，了解以预测，预测以控制”，回顾历史，立足现实，通过对国内外教材改革方向的分析与研究，从中可以窥见我国教材发展的若干大趋势，从而为建设有中国特色的教材体系提供服务。其中既有时间的要求，也有事物本身的阶段属性。

一、教材管理体制改革的动向

在改革开放的大环境下，传统的政治、经济、文化、教育体制将发生重大变革，这势必对中小学教材改革产生影响。首要的是教材管理体制改革，因为它是整个教材改革的关键环节。

首先，今后教材管理体制的改革重点在于，继续理顺教材建设各有关方面的关系，尤其是解决好教材编写、出版、发行及选用诸环节的矛盾问题，切实保障各有关部门社会效益与经济效益的统一，为此急需制定新的政策法规，制定长远规划，实施宏观控制，要使市场在国家宏观调控下对资源的配置起基础作用，防止政治导向错误、“教材大战”及印刷出版质量下降等不良现象。其次，要提高教材编写人员素质和教师教学水平，改善教学环境及办学条件。为此，要注重教材内外的结合，不能脱离环境和条件空谈教材的现代化与科学化。再次，教材建设与我国社会经济文化建设要进一步相适应。我国社会经济文化在不同地区、不同民族的不平衡现象是客观存在的，实际上，不平衡的发展是世界的共性。这种现实势必对教育教学改革及教材改革产生重大影响。当然，教材改革的步伐要与我国社会经济文化的变革及教育教学的改革相一致，没有大环境的孕育引导，教材改革难以进行。今后，教材改革将直接面向社会，不忘本来，吸收外来，面向未来，探索统筹规划与分类管理相结合的新模式，这样才使我国教材改革走上康庄大道。

二、教材研制改革的动向

在今后及相当长的历史时期内，教材研制将有重大进步，具体表现在以下几方面。(1) 教材内容的科学化与现代化。(2) 教材内容的结构化组织。(3) 教材的教学论基础不断增强，二者之间的联系更为紧密，教材建设更依赖教材研究，更注重教材的教与学规律的探讨，教材更倾向成为教学指南和教学材料。(4) 教材的心理化，更注重研究师生的认识逻辑特点，学习心理学的研究将是教材研究的重点。(5) 教材的技术基础日新月异，以文字为主的教材体系向多媒体多功能教材体系发展，今后的教材将体现综合化与系列化的趋势。(6) 教材研制策略的多样化，今后的教材编制将融合当今各种编制策略之所长，并在继承中求创新，在此基础上，将会制作出适合各种教学环境及教学对象的教材。(7) 教材观念的重大变化，表现为教材的权威与神秘不可侵犯的地位会逐渐被打破（教学教材—用教材教学—可用教材教学），用教材教学将代替教学教材，师生也可选用教材，也可解释、评价或制作教材；也表现为教材只为教师而设计的陈旧观念被打破，今后将讲求师生在全部教材上享有平等的权利；还表现为教材即教科书的传统观念被打破，现在已经发展起了数字教材、智能化教材，即使教科书也以新的技术面貌而出现。

变革与发展是教材建设的主题，世界在变，万物皆流。教材体系吸收新知识、更新教材内容是实现教材现代化的基本精神，而渗透、综合、联系又是实现教材现代化的基本方向，注意教材间的横向联系是大趋势，追求教材知识结构、能力结构、心理结构的统一是教材现代化的基本原则。

因此，在教材改革问题上，要明确“教什么”和“怎么教”的问题，树立动态与变化的观念，处理好教材相对稳定部分与不断变化部分的关系、传统内容与现代内容的关系、理论与实践的关系。从社会需要及科技发展的大趋势看，未来的教材发展模式将突破当前的小学科分科教材的框架，而向大学科综合学科教材模式发展，它反映了未来教育内容改革的大走向，教材建设从为培养知识型人才服务转向为培养创造型人才服务。

教材建设要从本国实际出发，坚持教育功能整体观，坚持教育的系统性与计划性发展，坚持制定统一标准，教材编写按较高要求设计“大容量，高水平”内容，根据课程标准标明不同层次的教学要求，供各地因地制宜，因材施教，其优势在于适应面宽广，富有弹性，并且能够节约教育资源。

今后的教材必定向多样化方向发展，教科书只是主要教材，而不是教材的全部。教师和学生的任务不是教学教材，而是用教材教学，如此最能显示教材的真正功能。此外，当思考今后的教材问题时，应同时思考与教材有关系的其他种种问题，如师资与考试问题及课业负担过重问题等。

对于是否存在“理想的教材”，人们各有不同认识，但出现大多数人比较满意的教材则是可能的，更为重要的是“理想的教材”要求“理想的教学”来加以配合，才能充分发挥其最大的功效。“理想的教材”的建设，还需要改革考试制度，尤其是统一考试制度，否则便限制了教材的改革。另外，要减轻学生课业负担过重问题，并不只是削减知识内容，把教材变薄、分量变少便能解决问题，而应当去探讨学生课业负担过重的真正原因。同时，在一定适宜条件下，选用何种教材、如何教学等问题，也要用科学方法来加以分析。此外，重要的是，必须区分教材与教学内容的差别，只削减教材的分量，反而容易使学生对教学内容更难以理解，造成课业负担更加沉重。考虑到上述因素，如果只知努力地去追求“理想的教材”，很有可能反而与教育理想背道而驰。

附录　中华人民共和国教材建设大事记（1949—2019）

1949 年

4 月，华北人民政府教科书编审委员会成立，由叶圣陶任主任委员。

7 月，华北联合出版社与上海联合出版社相继成立，奠定了新中国教科书统一集中发展的基础。

10 月 3—19 日，中共中央宣传部出版委员会在北京召开全国新华书店第一届出版工作会议，毛泽东为会议题词“认真做好出版工作”。19 日，中共中央宣传部部长兼政务院文化教育委员会副主任陆定一致闭幕词，提出“教科书要由国家办，因为必须如此，教科书的内容才能符合国家政策，而且技术上可能印刷得好些，价钱也便宜些，发行也免得浪费”，“教科书对于国计民生，影响特别巨大，所以非国营不可”。

11 月，出版总署编审局着手研究老解放区的课本和民国时期比较流行的课本，承担审查、修订、编写教科书的职责。

12 月 27 日，教育部明令取缔各城镇流行的饱含封建迷信、荒淫毒素的“小人书”，并建议出版部门编写适合新民主主义文化教育方针的儿童读物及连环画。

12 月 23—31 日，教育部在北京召开第一次全国教育工作会议。会议认为“编辑与改编中小学教科书是目前亟待解决的中心问题之一”，决定“集中一批干部并组织一部分有经验的教员，来进行这项工作”。

1950 年

7 月 5 日，教育部和出版总署联合发布《1950 年秋季中小学教科用书表》，明确全国使用统一的教学用书的规定，以解决各地中小学教科书版本不一、供应紊乱等问题。教育部、出版总署并就教科书减低和统一售价及供应办法作出决定。此后，教育部在每年 3 月、9 月分别发布中小学春秋两季教学用书表。1958 年各地自编教材后，停止颁布用书表。

9 月，第一届全国出版会议召开，提出了中小学教材必须全国统一供应的方针，并决定组建人民教育出版社。

12 月 1 日，人民教育出版社成立。出版总署副署长叶圣陶兼任社长、总编辑，柳湜任副社长。人民教育出版社是根据全国出版会议的决定由出版总署和教育部共同筹建、专门出版中小学教科书及一般教育用书的出版社，在方针政策上受教育部领导，在出版事务上受出版总署领导。

本年小学语文、政治、史地、中学语文、历史都用老解放区教材。数学、物理、化学、自然、生物等科大部分选用旧课本。1951 年秋季起，开始增用人民教育出版社新编和编订的十二年制中小学教科书。

1951 年

2 月，政务院批准出版总署制定的《1951 年出版工作计划大纲》，明确要求“人民教育出版社开始重编中小学课本，并于本年内建立全国中小学课本由国家统一供应的基础”。

3 月 26 日至 4 月 3 日，人民教育出版社和新华书店在北京联合召开第一届全国教科书出版工作会议和课本发行会议。会议确定有关部门之间分清职责，订立合同，加强对课本发行的调查统计工作，以保证及时供应课本，并决定分区生产中小学课本。会议还确定了“先远后近，先山区后平原”的发行原则。

3 月 31 日，教育部召开第一次全国中等教育工作会议，提出普通中学教材的编辑方针，即“各科教材编写保持完整的科学性和贯彻爱国主义精神，必须研究中国，参考苏联，以苏联的中学教科书为蓝本，重编完全适合中国需要的新教科书”。

本年秋季起，第一套全国通用的中小学教材开始出版和使用，它由人民教育出版社出版，适用学制为小学 6 年、初中 3 年、高中 3 年，共 12 个年级。

1952 年

3 月 18 日，教育部颁发《小学暂行规程（草案）》。同日，教育部颁布试行的《中学暂行规程（草案）》，规定按部颁的中学教学计划和课程标准编写教材，中学所用各种课本须采用教育部审定或指定教科书。

11 月 20 日，教育部、出版总署联合发出指示，要求各地成立教科书出版发行委员会，同时附发《教科书出版发行委员会组织条例（草案）》。委员会由教育行政部门、出版行政部门、出版单位、发行单位四方面组成，以教育行政部门为主。成立这个委员会是为了几方面密切联系、互相配合，及时协商解决问题，以保证教科书准时出版、及时供应，普遍满足需要。

1953 年

5 月 17 日、18 日、27 日，中央政治局举行会议讨论教育工作，决定抽调大批干部编教材。决定成立语文和历史两个教学问题委员会，分别研究语文、历史教学和教材的编辑方针、原则，如语言与文学分开教学的问题、古代社会历史时期划分问题。两个委员会均由胡乔木负责。

12 月，中央语文教学问题委员会主任胡乔木向中央提出《关于改进中小学语文教学的报告》。该报告于次年 2 月 1 日由中央政治局扩大会议批准。此后，人民教育出版社编辑了中学汉语、文学两科教学大纲和课本。1956 年开始在全国试用。

1954 年

4 月 8 日，政务院发布《关于改进和发展中学教育的指示》，责令教育部“有计划地修订中学教学计划，修改教学大纲和教科书”，并要求教育部“应有计划地适当精简教材”。人民教育出版社代教育部拟订十二年制中小学教学大纲，并开始编写新的教材。

5 月 18 日，高等教育出版社从人教社分出独立创建，负责出版高等教育、职业教育、成人及社会教育等教育类、专业类、科技类出版物，成立后到 1960 年主要以翻译出版苏联高校教材为主。

7 月 3 日，教育部、出版总署联合发出指示，规定中学、小学、师范学校、幼儿园课本教材一律由国家指定的国营出版社编辑出版，教学参考书、工农民妇女课本教材由国营出版社出版。

7 月 20 日，教育部发出通知，为减轻学生负担，精简中学物理、化学、生物三科教学大纲和课本的内容。

1955 年

5 月，国务院文教办公室召开全国文化教育工作会议，提出要有步骤地实施基本生产技术教育，把编辑和修改中小学教材作为中心任务认真抓好。

本年，教育部组织部分中学教师编写了供全国使用的《初级中学图画教学参考书》(上下册)，该书于1956年9月由人教社出版。

1956年

5月，教育图片出版社在上海成立。该社由人教社领导，其任务是配合各种教科书的内容，编绘出版普通教育、师范教育、业余教育和学前教育需要的教育图片和画册。

本年秋季起，全国中小学校和师范学校开始使用新教科书。这是由人教社编写的第二套全国通用的中小学教材。本年出版教科书83种，同时出版了教学大纲和教学参考书。新教科书注意克服教条主义倾向，注意结合中国实际，政治思想性和科学性有提高。

11月，新疆教育出版社成立。该社编译出版维、哈、蒙、柯尔克孜、锡伯五种民族文字的中小学课本。

本年，语文出版社成立，其前身是文字改革出版社。主要的出书范围是：大中小学语文教材及教学参考书，基础教育、中等职业教育和教师教育有关教材，国家语言文字方针政策、法令法规、语言文字规范标准，语文工具书，语文教育教学论著，语言文字研究专著和应用类读物。

1957年

1月1日，教育部主办的《教师报》发表社论《进一步提高教学质量》，指出“教学计划、教学大纲和教材还不切合实际”，“必须认真克服学习外国先进经验中的教条主义”。开始对个别学科教材照搬苏联教材提出批评。

3月7日，毛泽东和七省（直辖市）教育厅（局）长座谈中小学教育问题，提出了有关改革统编教材的指示。

8 月 1 日，教育部发出通知，精简中学历史、地理、物理、生物等科教科书并提出精简原则：不打乱学科体系，精简过难的、次要的、重复的、头绪过多的知识。9 日，教育部发出通知，精简小学语文、历史、地理教材。

1958 年

1 月 23 日，教育部发出通知，要求各地根据党中央和毛主席关于中小学和师范学校地理、历史、文学等科教学都要讲授乡土教材的指示，编写乡土教材，并提出有关编写这类教材的意见。

8 月 4 日，中共中央、国务院发布《关于教育事业管理权力下放问题的决定》，明确今后各地方根据因地制宜、因校制宜的原则，可以对教育部和中央各主管部门颁发的各级各类学校指导性教学计划、教学大纲、教科书进行修订补充，也可以自编教材和教科书。

9 月，教育部发出《关于今后不再颁发教学用书的通知》，指出“今后各地可以自编教材”，“今后，人民教育出版社仍将根据我部颁发的指导性教学计划和教学大纲，组织编辑出版通用的基本教科书。人民教育出版社编印的教科书目录……供你们选用”。

10 月 4 日，《人民日报》发表社论《根据党的教育方针来改革教材》，指出：“根据党的教育方针，对教学计划、教学大纲、教材进行一次大革命，是目前教育工作的迫切任务。各级各类学校目前正在大力贯彻执行教育和生产力的相结合的方针。这是一次深刻的教育革命，它势必会引起学校内部一系列的变革。”

1959 年

3 月 30 日，中共中央、国务院发出《关于中小学和师范学校课本供应工作的通知》，并决定在国务院第二办公室领导下，成立课本出版工作小组，负责规划和监督课本的编辑、印刷、发行工作。

5 月 17 日，中央转发教育部党组《关于编写普通中小学和师范学校教科书的意见》，指出普通中小学教材应该保持全国必要的统一性和应有的水平，确定由教育部编写普通中小学和师范学校的通用教材。为此，教育部党组提出，由教育部负责制定中小学的指导性教学大纲，编写通用教材供各地采用，各地可因地制宜作适当变动，并编写补充教材和乡土教材。

6 月，教育部部署人民教育出版社重新编写中小学教材。

9 月 15 日至 10 月 19 日，文化部、教育部、民族事务委员会联合召开全国少数民族出版工作会议。会议讨论编写少数民族中小学教材事宜。

11 月 18 日，教育部、文化部联合发出通知，经中央批准，由各省份自行编辑出版中小学教学参考书。

1960 年

1 月，教育部党组给中央文教小组的《关于适应教学改革，改编教材的报告》提出："为了适应教学改革的需要，我们研究了十二年制中小学教材中存在的问题，着手组织力量编辑一套十年制新教材（包括课本和教学参考书）。"

2 月，教育部先后在天津（8—14 日）、北京（17—20 日）召开普通教育工作座谈会，研究发展普通教育，特别是改革全日制中小学学制，克服主要学科数学教材中的少慢差费现象，提出多快好省的课程教材改进方案。

6月26日至7月12日，教育部在京召开新教材研究会议。会议着重研究了上海、江苏新编的十年制中小学语文、历史、地理、常识四科教材，复审了北师大新编的九年一贯制四科教材和人教社小改的十二年制四科教材。中宣部副部长张磐石在会上讲话。

9月7日，中央文教小组组长陆定一提出，编写甲乙丙三种中小学教材，分别向新学制过渡。

9月20日至10月2日，教育部在京召开中等学校政治课教材研究会。这次会议着重从政治理论点上研究了《共产主义道德教育》（北京师大本和甘肃本）、《社会发展简史》（河北本和北京师院本）、《政治常识》（北京师大和北京教师进修学院本）、《经济常识》（湖北本和吉林师大本）、《哲学常识》（人民大学本和江苏本）等五种教材。

10月11日，教育部党组向中央文教小组报告，决定由戴伯韬、辛安亭、肖敬若、彭文、刘松涛等组成中小学教材编审领导小组，戴伯韬任组长。小组下设学科编辑组和编审组，在中宣部副部长张磐石和教育部副部长董纯才指导下进行工作。教育部聘请林默涵、王佐良、华罗庚、严济慈、张子高、过兴先、范文澜、竺可桢等几十位专家为审查中小学各科教材的顾问。决定集中力量编写十年制教材，对十二年制教材作适当修改，并帮助北师大修改十年制教材。

10月28日，中宣部副部长张磐石在中小学教材编审干部会议上作《关于十年制教材的方针原则问题》的报告，阐述编写十年制教材只缩短年限，不提高程度。

1961年

4月11日，中央文教小组开会讨论中小学教材问题，决定将已编出的十年制教材，供各地试用；待一定时期后，将其学习时间拉长为12年，作为十二年制教材。中央文教小组要求重新编写一套全日制十二年制中小学教材。

4月24日，教育部发出通知，确定人教社编辑出版的中小学十年制课本，供实验十年制的学校1961年秋季的初小一年级和初中一年级选择试用。北京师范大学编写的十年制课本，学科体系有较大的改革，选用这套课本必须是领导力量较强、教师的政治和业务水平较高的学校。通知还提出了解决农村半日制学校所需教材的办法。

5月，北京科学教育电影制片厂根据人教社新编的十年制教材的内容，摄制成几部教学影片。其中，物理片有《蒸汽机》、《蒸汽轮机》、《磁是什么》、《电学量度仪器》、《威尔逊云室》、《飞机为什么能飞》和《飞机怎样飞行》等8部，化学片有《硝酸工业制法》和《化学实验基本操作》2部，生物片有《人体的四种基本组织》1部，体育片有《跨越式跳高》和《俯卧式、剪式跳高》2部。

本年秋季，由人教社编写的第三套全国通用的中小学教材出版发行，供试行十年制（小学五年制、中学五年制）的学校选用。

10月，教育部报中央文教小组《编写中小学教材的概况和对今后工作的意见》指出，新编十年制教材“力求避免贴政治标签的缺点，注意用马克思主义的立场观点方法阐述自然现象和社会现象；力求避免片面强调实际，削弱基本知识的缺点，注意了基本知识和基本训练的加强；力求去掉少慢差费，适当反映了科学技术的新成就；力求避免程度过深、难教难学的毛病，注意了深浅安排适当，切合当前的教学实际”。

1962年

5月23日，教育部党组调整了中小学教材编审领导小组，仍由戴伯韬任组长，领导小组按照人教社原有机构进行工作，教材编写由编辑室负责，审查由副总编负责。

8 月，重编的全日制十二年制中小学教材本月起陆续出版试教。

10 月，人教社各学科整理出我国 60 年中小学教材的比较、同外国教材的比较等资料，作为教材建设的研究基础。

1963 年

1 月 21 日，教育部发出通知，从 1963 年起，在实行新教学计划的全日制十二年制学校的初小一年级和初中一年级开始使用新编中小学教科书。这是由人教社编写的第四套全国通用教材。

3 月，教育部向中央上报的《编写中小学教材的概况和意见》指出，这些教材“程度偏高，内容偏深，在结合实际和政治方面有片面性，有的学科在改变科学体系方面也有缺点”。

5 月 9 日，教育部组织北大、北师大等院校教师和人教社编辑共 30 人，开始编写中学六个年级的政治课教材，并由教育部副部长刘皑风和各书主编组成中学政治教材编辑工作领导小组具体负责。

1964 年

2 月 13 日，毛泽东在春节座谈会上指出：现在学生课多，书多，压得太重；学制可以缩短，学生中学毕业后可以参军半年到一年；课程可以砍掉一半，要给学生留些参加生产劳动和社会活动的时间；教学、考试方法都要改。

4 月 11 日，教育部转发国务院和外交部有关地图上我国国界线画法的通知，要求各校对自编的各科教学地图进行一次检查，并建立相应的审批制度，由学校一级负责审查，杜绝印刷地图的无组织现象。

6 月 23 日，教育部、文化部联合发出通知，采用《毛泽东著作选读》乙种本作为高中政治课代用教材。通知规定，1964—1965 学年度高级中学各年级的政治课以两个年级学习《毛泽东著作选读》乙种本，以一个年级学习《辩证唯物主义常识》。

7 月，教育部发出《关于调整和精简中小学课程的通知》，提出："为了正确地贯彻执行党的教育方针，减轻中小学生课业负担，提高教学质量，使学生能够在德智体诸方面生动活泼地主动地得到发展，需要对目前中小学课程门类过多的状况加以改革。"人教社开始贯彻"春节座谈会精神"修改新编的十二年制中小学教材。由于国内形势的变化，修订后的中小学教材未及出版使用。

1965 年

4 月，全日制十二年制中小学教材修订完毕，原拟于秋季开学使用，但因故未能正式出版使用。

1966 年

5 月 16 日，中央政治局扩大会议通过《中国共产党中央委员会通知》(简称"五一六通知")，标志"文化大革命"开始。"文革"导致教育改革试验中断，高考取消，学校停课，教材废止。

6 月 13 日，中共中央、国务院批转教育部党组《关于 1966—1967 学年度中学政治、语文、历史教材处理意见的请示报告》，指示教育部应组织力量，根据党和毛主席有关教育工作的指示，重新编辑中学各科教材。以前出版的通用教材成为被批判的材料，被视为"封资修大杂烩"，是"毒害学生的砒霜"、"复辟资本主义的工具"。中小学的政治、语文、历史教科书停用，改上毛主席著作课。从此，全国统一的中小学教材被废除。

7 月 25 日，教育部发出《关于印刷发行小学讲授毛主席语录本的通知》，要求首先保证供应小学教师和小学五、六年级学生毛主席语录人手一册，初小学生由教师用板书方式讲授。

8 月 8 日，党的八届十一中全会通过《中国共产党中央委员会关于无产阶级文化大革命的决定》，提出：改革旧的教育制度，改革旧的教学方针和方法，学制要缩短，课程设置要精简，教材要彻底改革，有的首先删繁就简。

1967 年

10 月，《人民日报》发表社论，介绍天津延安中学是怎样“复课闹革命”的，其中提到改革教材。

10 月 14 日，中共中央、国务院、中央军委、中央文革发出《关于大、中、小学复课闹革命的通知》。复课情况因校而异，一般由学校或师生自订方案、自定课程、自选教学内容、自编教材。

1968 年

本年，全国绝大多数省、自治区、直辖市相继成立中小学教材编写组，自编教材。其中，京沪等地开始自编的中小学暂用教材发行使用，未自编教材的地区即采用京沪等地的暂用教材，直至 1978 年。

1969 年

本年，多数地方自编的中小学教材从秋季起开始使用。

1970 年

1 月 30 日，上海市“革命大评判写作小组”在《红旗》第 2 期发表文章《谁改造谁？——评凯洛夫的〈教育学〉》，批判这是“刘少奇反革命修正主义教育路线”的理论根据。

9 月 22 日，《光明日报》刊登了《改造学校教育阵地的一支重要的革命力量》的调查报告，介绍了北京市香厂路小学工农兵讲师团改造学校阵地的事例，宣传“工人师傅结合工厂的斗争实际讲课，贫下中农在田间、地头给学生讲活的农业基础知识课”。

1971 年

8 月，全国教育工作会议指出“教材要彻底改革”，“要积极编写新教材”，教材由各地编写。当时代行教育部职责的科教组指令北京、上海等七省市编写和出版教科书。

1972 年

1 月，人教社被撤销，大部分编辑人员从五七干校分配到 11 个省（自治区）工作。

8 月 7 日，国务院科教组发出《关于新建人民教育出版社的通知》。

10 月 17—18 日，国务院科教组在京召开教材工作座谈会，讨论如何推动大中小学教材改革和建设。会议确定由科教组分大区交流编写教材的经验，组织协作编写，然后采用分科设点、择优推荐、集体修订、分工出版的办法，出版一批质量较高的教材，供各地参考使用。在此基础上，制定教材改革和建设规划，逐步建立教材编审和出版工作的新体制。科教组于 11 月及次年 1 月、3 月、5 月、8 月分别召开了东北、华北、中南、华东、西北、西南等地区教材改革经验交流会。

1973年

7月16—19日，国务院科教组委托内蒙古自治区召开的黑、辽、吉、宁、甘、青、新、内蒙古等8个省份中小学教材工作座谈会在呼和浩特举行。会议决定成立8个省份中小学蒙古文教材协作组。协作组的任务是：制订有关学科的教学大纲；协作编译修订一套十年制中小学蒙古文教材；商请有关部门解决出版、印刷、发行等问题，以保证蒙古文教材及时供应。

1974年

3月18日，国务院科教组发出通知，将毛主席给李庆霖的复信、李庆霖的信、张铁生的答卷及《辽宁日报》、《人民日报》对张铁生的信所加的编者按语编入中学课本。通知认为这些是“向学生进行基本路线教育和反修防修教育的生动活泼的好教材”。

11月6日，国务院科教组按照江青关于检查大中小学教材的意见发出通知，要求各地检查修订学校现行教材，要求“充分反映无产阶级文化大革命的成果和开展批林批孔的要求，先抓中小学历史、语文、政治和大学的文科教材的修订工作，然后再抓其他教材”。

11月22—28日，国务院科教组在京召开部分省市教材改革座谈会，研究了落实江青意见，检查、修订教材的原则和措施。

1975年

5月15日，教育部部长周荣鑫在15个省份教育工作座谈会上指出：“教材本身在发展。百花齐放是对的。但是还要推广好的，使差的少走一些弯路。省里编教材有困难，但要研究教材，人民教育出版社也要做些研究工作。主席在建国前、建国后关于教材的指示很多，对这个工作应重视。要加强教材研究工作，特别是中小学。”

1976 年

本年，人教社等出版社主要编写出版“教育革命”小册子。

1977 年

7 月 29 日，邓小平在听取国务院副总理方毅、国务院科教组组长刘西尧汇报时指出，要组织一个很强的班子编大中小学教材。

8 月 8 日，邓小平在科学和教育工作座谈会上的讲话中指出：“关键是教材。教材要反映出现代科学文化的先进水平，同时要符合我国的实际情况。”他强调：“教材非从小学抓起不可，教书非教最先进的内容不可，当然也不能脱离我国的实际情况。”

8 月，邓小平要求 1978 年秋季开学时学生要用上新教材。

8 月，教育部开始从美、英、德、法、日等国家引进大中小学教材供我国编写教材时参考。至 1978 年 2 月，进口的外国教材已达 2 200 册，其中小学教材占 15%，中学教材占 20%。

教育部在京召开高校教材编审出版工作座谈会，恢复或新建各类教材编审委员会，制定教材编审出版规划。

9 月，教育部落实邓小平指示，成立了以教育部副部长浦通修为组长的 5 人编审领导小组，选聘 45 位专家任各科教材编写的顾问，以“全国中小学教材编写工作会议”名义，组成了以人教社为基础，从 18 个省份选借约 200 名大中小学教师和教研员，着手草拟中小学各科教学大纲和编写全国通用的中小学教材。

9 月 7 日，教育部再次发出通知，彻底清除中小学教材中的“四人帮”及其余党的言论、文章、形象，以及“四人帮”控制的写作班子。

9 月 17 日，邓小平与教育部部长刘西尧谈教育战线的拨乱反正问题，指出“教材非从中小学抓起不可”，并指示要编印通用新教材。

9 月 25 日，华国锋、叶剑英、邓小平、李先念等党和国家领导人在人民大会堂接见了全国科学大会预备会代表的同时，接见了全国中小学教材编写工作会议的代表。

9 月 29 日，邓小平在接见来京参加国庆活动的华侨、外籍华人及台港澳同胞旅行团时强调：“我们把外国小学、中学、大学课本都买回来，翻译出来。把我们的教材同外国的教材比较一下，看看他们是什么水平，根据我们的情况重新编写教材。”

12 月 20—28 日，教育部、国家出版事业管理局在河北涿县（今涿州市）联合召开全国教材出版发行工作会议，讨论和制定了 1978 年度中小学教材出版计划，提出教材出版发行工作要做到“按时、足量”供应学校，实现“课前到书，人手一册”的要求。次年 4 月 3 日，国务院批转了这次会议的报告，恢复了“文革”前的教材编审体制和出版发行办法。

1978 年

1 月 15 日，《国务院批转教育部关于高等学校教材编审工作的请示报告》中规定，在教育部设立“理工农医教材办公室”，负责处理教材工作中的问题。

2 月 24 日，教育部将全国中小学教材编写工作会议历史组草拟的《中学历史教学大纲和教材的几个原则性问题如何处理的初步意见》报送中宣部，并由方毅副总理转报政治局常委会，得到认可。

9月，全国中小学开始使用由人教社编写的第五套全国通用中小学教材。至1980年上半年，这套全国通用新教材全部编完。

本年，中共中央、国务院决定恢复和新建大学出版社。

1978—1981年，先后出版了2 149种高校教材，弥补了高校教材短缺的问题。

1979年

2月5—6日，教育部、国家出版事业管理局联合召开第二次全国教材出版发行工作会议，要求切实保证做到教材能“按时、足量供应学校”，实现“课前到书，人手一册”。

2月27日至3月7日，教育部召开9省市中小学音乐、美术教材会议。会议修订了全日制十年制中小学音乐、美术教学大纲草案，并决定从次年秋季起供应音乐、美术教材。

3月31日及10月5日，教育部分别发出《关于教学幻灯片编制工作的几点意见》和《关于中小学教学幻灯片编制工作的暂行规定》。

6月7日，教育部发出通知，要求各地有计划、有步骤地把教学电影工作开展起来。

7月和10月，教育部两次召开中小学教材改革座谈会。

12月，人教社与日本帝国书院签订合同，授权其将初中《中国地理》课本译成日文，列入该院《全译世界地理教科书丛书》，在日本出版发行。

1980年

3月3—4日，教育部在济南召开中学政治课教材编写大纲讨论会。4月1日，委托华东师范大学、东北师范大学、北京师范大学、上海市教育局、北京市教育局负责编写“青少年修养”、“政治常识”（后改为“法律常识”）、“社会发展简史”、“政治经济学常识”、“辩证唯物主义常识”等课程的教材和教学大纲。12 月试行全国。

9 月，人教社与日本霍尔布出版株式会社签订合同，授权其将初中《中国历史》课本（共 4 册）译成日文，在日本出版发行。

9—11 月，教育部在京分别召开中小学语文和数学、中学物理和化学等科教材改革座谈会，以及中学五门政治课新编教材审稿会，交流人教版教材使用情况，研讨教材改革问题。

1981 年

1 月，《课程・教材・教法》杂志正式创刊。 这是探讨中小学课程、教材、教法改革，兼顾师范教育教学改革的专业期刊，显示出教材研究的进步。

9 月，人教社与日本帝国书院签订合同，授权其将中学《中国历史》课本（4 册）译成日文，列入该院《全译世界历史教科书丛书》，在日本出版发行。

9 月 12—19 日，教育部在京召开中学生物学教材改革座谈会。

11 月，教育部在京召开小学思想品德课教学大纲、教材座谈会。

国家教委制定了编写“七五”、“八五”规划教材的计划，到 1995 年教材整体水平要上新台阶。

1982 年

11 月 16 日，经教育部党组研究决定，恢复建立高校文科教材办公室（司局级机构）。

本年秋季，由人教社编写的第六套全国通用十年制教材开始使用。

12月，人教社决定在中小学语文和地理、小学自然以及中学生物、物理、化学等学科教材中增加国土治理、环境保护内容。

1983年

5月，高等教育出版社重新恢复建制。

6月10日，课程教材研究所经教育部批准成立，与人教社合署办公，强化了教材研究。邓小平题写所名。

1984年

秋季，人教社编写的六年制小学教材出版。高中数学、物理、化学等学科甲种本和乙种本教材同时出版。

9月，人教社首次编辑出版各类成人高校招生考试复习丛书，包括政治、语文、数学、外语、历史、地理、物理、化学等学科。

1985年

1月11日，教育部颁发《全国中小学教材审定委员会工作条例（试行）》，指出：今后中小学教材的建设，把编写和审查分开，人民教育出版社负责编写，各省、自治区、直辖市教育部门、学校、教师和专家可以编写；全国中小学教材审定委员会负责审定，审定后的教材由教育部推荐，供各地选用。

4月10日，教育部发出《关于选聘全国中小学教材审定委员会学科审查委员的通知》。

8月17日，国家教委中学教育司在承德市召开教学实验教材工作会议。

10月4—8日，西藏、青海、四川、甘肃、云南五省（自治区）第五次藏文教材协作会议在兰州市召开。

12 月 13 日，人教社与日本光村图书出版株式会社签订协议，合作编辑出版《中日交流标准日本语》。

1986 年

4 月 14 日，国家教委批准成立全国中小学教材审定委员会、藏文教材委员会。

4 月 25 日，国家教委在京召开小学思想品德课教材编写和实验工作座谈会。

5 月 17 日，国家教委与有关部门联合发出《关于中小学课本定价和供应问题的通知》。

6 月 5 日，国家教委、国家出版局、国家物价局发出《关于 1986 年秋季全国通用的中小学课本和教学参考书售价及供应问题的通知》。

9 月 22 日，全国中小学教材审定委员会及各学科教材审查委员会成立。首批审定委员 20 人，审查委 200 多人，中小学教材由“一纲一本”的统编通用制改革为“一纲多本”的竞编选用制。这标志着我国中小学教材管理体制由国定制变为审定制，是我国教材建设史上的重大变革。

国家教委委托人教社、北京市教育局、北师大等单位对全日制中小学各科教学大纲进行全面修订，要求适当降低难度，减轻学生负担。

本年秋季，由人教社编写的第六套全国通用十二年制教材开始使用。

11 月，全国中小学教材审定委员会审查通过了修订后的全日制小学和中学 18 科教学大纲。人教社等出版社据此对各科教科书开始进行大修订或重新编写，规划了小学九套教材、初中八套教材。

1987 年

5 月 16 日，应日本国际教育情报中心邀请，人教社组团赴日本交流，开启两国一年一度的历史、地理教材互查工作。

6 月 3—7 日，国家教委在浙江省召开全国乡土教材工作会议。

10 月 10 日，国家教委颁布《全国中小学教材审定委员会工作章程》及《中小学教材审定标准》和《中小教材选审办法》两个附件，从组织机构、工作职责、审定原则、审定程序等方面作出了明确规定，标志着教材审定制度逐步走向规范化。

1988 年

1 月 4—13 日，国家教委在京召开九年制义务教育教学大纲审查会议。

4 月 30 日，国务院发布关于中小学课本纸张供应及价格问题紧急通知。

5 月 6—11 日，国家教委在泰安市召开九年制义务教育教材编写工作会议，讨论《九年制义务教育教材编写规划方案》。

8 月 11 日，国家教委颁发《九年制义务教育教材编写规划方案》，要求："义务教育的教材必须着眼于提高民族素质，为培养德、智、体、美全面发展的、有理想、有道德、有文化、有纪律的社会主义公民和各级各类人才奠定基础。根据我国地域辽阔、人口众多、经济文化不平衡的国情，九年制义务教育的教材，必须在统一基本要求、统一审定的前提下，逐步实现教材的多样化，以适应各类地区、各类学校的需要。把竞争机制引入教材建设，通过竞争促进教材事业的繁荣和教材质量的提高。……加强宏观指导，严格审查、审定，以保证教材的编写质量。"

本年秋季，由人教社出版发行的、根据 1986 年修改的 18 个学科的新教学大纲修订和改编的第七套教材开始使用。

9 月 18 日，国家教委在通化市召开全国中小学劳动课、劳技课教材编写工作会议。

9 月 20 日，国家教委发布《义务教育全日制小学、初级中学教学计划（试行草案）》和 24 个学科的教学大纲（初审稿）。人教社据此确定了实验教材的编写指导思想和原则，并着手五四制和六三制两套教材的研究和编写工作。

1989 年

4 月 3 日，国家教委有关方面负责人就中小学教材的印刷质量、发行和滥编复习资料问题向新闻界发表了谈话。

5 月，国家教委办公厅关于加强教材、图书资料管理工作的通知。

7 月 22 日，国家教委发布关于九年制义务教育课程、教材试验工作的通知。

8 月 3—17 日，国家教委在山东长岛召开中小学语文、数学实验教材审查会议。

12 月 11—15 日，国家教委在京召开九年制义务教育文科教材编写研讨会。

1990 年

3 月，国家教委印发《现行普通高中教学计划的调整意见》，并颁布修订后的中学 8 个学科教学大纲。将高中教科书分为必修和选修。高中增开中国近代、现代史，增开人口教育课。高中所有学科教材都作了修订，有的还重新编写。

3 月 15—19 日，国家教委在京举办九年制义务教育课程教材实验区教育行政干部培训班。国家教委副主任柳斌到会讲话。

5 月 4—8 日，国家教委中小学教材办公室在南京主持召开全国乡土教材建设经验交流会。柳斌与会并发表讲话。

5—7 月，根据国家教委"先培训，后上岗"的要求，人教社 14 个学科的编辑分赴各地，到教材实验区进行专门培训，逐渐建立起出版行业服务规范。

9 月，人教社等出版社编写出版的九年制义务教育教材在全国 28 个省份的部分学校开始实验。这是全国第八套中小学教材。

1991 年

7 月，国家教委下发《关于今年秋季开学后在中小学加强近代、现代史及国情教育几项措施的通知》。

8 月，国家教委又印发《中小学加强中国近代、现代史及国情教育总体纲要》以及政治、语文、历史、地理四个学科的《学科教育纲要》，人民教育出版社据此编写了相应的国情教育读本。

1992 年

1 月 16 日，国家教委印发《全国教育事业十年规划和"八五"计划要点》，提出要加强教材建设，重视图书管理工作。

4 月 13—26 日和 5 月 13—26 日，国家教委在京相继召开了九年义务教育文科理科教学大纲、教科书审查会议。8 月 6 日公布课程计划与教学大纲。人教社据此重编的 18 个学科 73 种九年义务教育教材（包括六三制、五四制两套）全部通过审查，并于 1993 年秋季开始供全国使用。

11月14日，国家教委颁发《关于九年义务教育小学、初级中学教材选用工作的意见》。

6月，国家教委颁布经全国中小学教材审定委员会审查通过的《九年义务教育全日制小学、初级中学课程计划（试行）》和九年义务教育小学和初中共24个学科试用教学大纲。秋季，人教社按照新大纲重新编写的九年义务教育小学和初中一年级各科教材（六三制、五四制），经国家教委审查通过，开始供应全国。

12月，中国教育学会化学教学研究会第三届全国会员代表大会暨第五次年会在长沙召开，内容涉及化学课程教材研究。

1993年

2月13日，中共中央、国务院印发《中国教育改革和发展纲要》，要求"学校教材要反映出中国和世界的优秀文明成果以及当代科学技术文化的最新发展。中小学教材要在统一基本要求的前提下实行多样化。提倡各地编写适应农村中小学需要的教材"。

6月6—9日，浙江、香港、台湾义务教育课程研讨会在杭州大学召开，探讨和交流了义务教育课程教材的研究、发展和实施情况。

8月3日，义务教育（人教版）教材实验工作会议在兰州市举行。

本年秋季，人教社编写的第九套教材开始出版发行。它是"八套半"教材中的一部分。其他版本的教材也陆续出版发行。

9月11日，第三次中日历史、地理教科书互查会在京举行。

9月13—15日，国家教委中小学教材审定委员会办公室在山东省诸城市召开了九年义务教育课程和教材实验工作座谈会。

10月16—19日，"课程发展与社会进步国际研讨会"在上海举行。会议介绍了各国教材建设及改革的现状及趋势，交流了教材编写的理论依据和实践经验。

11 月，人教社和韩国教育开发研究院开始进行一年一度的历史、地理教材互查，并逐步定期制度化。

1994 年

2 月，国家教委在京召开全日制聋校和盲人学校教材编委扩大会议，委托人教社负责这两套教材的编写和出版任务。至此，包括培智学校、聋校、盲校在内的特殊教育教材全部由人教社负责编写和出版。

2 月 28 日至 4 月 2 日，“课程教材改革与 21 世纪人才培养”国际研讨会在上海举行。它由上海市中小学课程教材改革委员会与国家教委基础教育司“中小学课程改革研究与试验”课题组联合主办。

5 月，课程教材研究所与景山学校、青浦县教委等单位在京举办“21 世纪中小学教育模式的实验研究”，其中探讨改进教材问题。

7 月，国家教委印发《实行新工时制对全日制小学、初级中学课程（教学）计划进行调整的意见》和《实行新工时制对高中教学计划进行调整的意见》，要求对供应仅一年的九年义务教育教科书以及仍在供应的“现行教材”进行调整。同时公布了调整后的九年义务教育六三制、五四制两种学制的课程安排表，“现行教材”小学、初中课时调整表，以及调整后的高中教学计划。

7 月，人教社与课程教材研究所在吉林召开全国基础教育课程教材研讨会，总结人教版义务教育教材试验情况，集中讨论编写高中新教材问题。

1995 年

2 月 16 日，国家教委、新闻出版总署发布《普通中小学教材出版发行管理规定》，落实中央提出的“课前到书，人手一册”的要求。

5 月 3 日，国家教委发布《中小学教材编写、审查和选用的规定》，明确国家教委主管全国中小学（包括民族文字教材）的编写、编译、审查、选用工作，地方各级教育行政部门按照分工主管本行政辖区内的中小学（包括民族文字教材）的编写、编译、审查、选用工作。人教社、中央教科所、中央部委属高校、中央级科研单位、全国性学术团体组织编写国家教委制定的课程计划所规定的必修课各学科教材。

本年，国家教委先后两次在清华大学举办了“当代科学技术发展与教学改革”报告会，正式启动了“高等教育面向 21 世纪教学内容和课程体系改革计划”项目，拉开了大规模高等教育教学改革的序幕。至 2000 年，“改革计划”项目圆满完成，取得了重大成果。据不完全统计，截至 2002 年，38 家出版社共出版了“面向 21 世纪课程教材”930 种。

1996 年

3 月 26 日，国家教委基础教育司印发《全日制普通高级中学课程计划（试验）》，将学科课程分为必修、限定选修和任意选修三种方式。该课程计划是新中国第一个独立的高中课程计划，是编写各学科新教材的重要依据。委托人教社牵头按照普通高中各科新教学大纲编写高中实验教材，经国家教委审查通过，在江西、山西、天津三省市进行实验。经修订，该套教材于 2000 年陆续在全国推广。

4 月 10 日，国家教委印发《全国教育事业“九五”计划和 2010 年发展规划》，要求加强教材建设。

1997 年

9 月，人教社根据全日制普通高级中学各科教学大纲编写的教科书开始在江西、山西、天津进行实验。

1998 年

12 月 24 日，教育部《面向 21 世纪教育振兴行动计划》颁布，要求“争取经过十年左右的实验，在全国推行 21 世纪基础教育课程教材体系”。

1999 年

1 月 28 日，教育部召开面向 21 世纪课程教材座谈会，周远清在会上指出，出版面向 21 世纪课程教材是我国高等教育教材建设历史上的一件大事。

1 月，教育部开始实施“面向 21 世纪职业教育课程改革和教材建设规划”。同年 8 月，在全国中等职业教育教学改革工作会议基础上，教育部组织开发了 83 个重点建设专业教学指导方案、4 种德育课、23 种文化基础课及公共专业基础课教学大纲，并启动了国家规划教材建设工程。

6 月 13 日，《中共中央国务院关于深化教育改革全面推进素质教育的决定》颁布，要求“调整和改革课程体系、结构、内容，建立新的基础教育课程体系，试行国家课程、地方课程和学校课程”，“促进教材的多样化，进一步完善国家对基础教育教材的评审制度”。

2000 年

3 月，江泽民调阅人教社编写出版的初中和高中历史、地理教材，指示要加强对青年学生的历史知识教育，树立正确的世界观、人生观和价值观。

3 月 8 日，教育部与新闻出版总署联合印发《关于对贫困地区中小学生供应黑白版教科书的通知》。

3 月 21 日，教育部印发《关于全面推进素质教育、深化中等职业教育教学改革的意见》，要求建立健全课程开发和教材编写机制，实行国家和省（部）两级规划、两级审定制度。

3 月 23 日，教育部高等教育司发布《关于加强高职高专教育教材建设的若干意见》。

5 月，教育部参加了由国务院体改办牵头，国家计委、新闻出版总署参加的中小学教材管理体制改革调研，主要对中小学教材的审定、出版、发行、价格等方面的问题进行了调查研究。

本年，为配合高中实验课程的推广，教育部中小学教材审定工作办公室组织召开了三次高中实验课程的教材审读会议，审读了 8 个学科 30 册课本和 8 册图册。这次审读通过的教材除人民教育出版社出版的高中教材外，还有北京师范大学出版的高中数学、物理教材。为了促进民族教育的发展，教育部中小学教材审定工作办公室组织专家对内地新疆高中班汉语、数学、英语预科教材进行了审读。

2001 年

1 月，教育部印发了《中等职业教育国家规划教材申报、立项及管理意见》，采取国家规划教材编写的评审立项形式，通过出版单位竞标，教育部组织专家评审，经由教育部审批，作为中等职业教育国家规划教材，向职业学校推荐使用。国家规划教材建设历时 3 年，共有 26 家出版单位编辑出版了 1 100 余种公共文化课、重点建设专业主干课程教材，同时组织开发了 120 余种多媒体课件。

6月中小学教材管理体制进行了重大改革。国务院体改办等部门在对中小学教材管理体制进行调研的基础上，制定了《关于降低中小学教材价格深化教材管理体制改革的意见》。同时，经报国务院同意，教育部、国家计委、新闻出版总署、国家质量监督检验检疫总局等部门先后印发了《中小学教材编写审定管理暂行办法》、《中小学教材价格管理办法》、《关于中小学教材印张中准价等有关事项的通知》、《中小学教辅材料管理办法》、《关于〈中小学教辅材料管理办法〉的实施意见》、《关于推广使用中小学经济适用型教材的意见》、《关于对全国部分贫困地区农村中小学生试行免费提供教科书的意见》、《中小学教科书幅面尺寸及版面通用标准》、《中小学教科书用纸、印制质量和检验方法》、《中小学教材出版招标投标试点实施办法》、《中小学教材发行招标投标试点实施办法》等配套的10个文件，对中小学教材的编写、审定、出版、发行、选用体制等方面作出系列改革，包括教材编写实行立项核准制度、教材通过实行审定制（国家课程教材由全国中小学教材审定委员会进行审定，地方课程教材由省级中小学教材审定委员会进行审定）、试行出版发行竞标、降低中小学教材价格。

6月8日，教育部印发《基础教育课程改革纲要（试行）》，拉开了新一轮基础教育课程改革的序幕，形成了中小学教材竞争体系。

9月，22个学科167种中小学新课程标准实验教材首次在全国38个国家级实验区试用，普通高中16个学科共67种教材供全国各地选用。这些教材由全国数十家出版社参与了竞争编写、出版。由人教社编写出版的教材是在人教社第九套教材的基础上修订完成的，在培养学生思想道德素质、自主学习能力、研究性学习能力、创新能力等方面进行了大胆尝试。这套教材是人教社编写出版的第十套教材。

8月28日，教育部关于印发《关于加强高等学校本科教学工作，提高教学质量的若干意见》的通知，明确提出高校必须开展双语教学，大力提倡和使用先进的原版教材。

2002年

3月22日，教育部印发了《关于2002年秋季基础教育新课程实验区教材选用的紧急通知》，就选用教材的有关工作提出了要求，促进了省级课程改革实验区教材品种的多样化，逐步建立规范有序、公正透明、民主科学的教材选用机制。

8月，国务院印发《关于大力推进职业教育改革与发展的决定》，要求积极推进课程和教材改革，开发和编写反映新知识、新技术、新工艺和新方法、具有职业教育特色的课程和教材。

10月，教育部基础教育司在贵阳市召开了部分省（自治区、直辖市）义务教育课程标准实验教材选用工作研讨会议，13省（自治区、直辖市）代表与会。

国家为当年春季免费提供教科书的1亿元经费和秋季的1亿元经费及时下拨，为内蒙古、四川、重庆、贵州、云南、广西、新疆、西藏、青海、甘肃、陕西、宁夏、山西、黑龙江、江西、安徽、湖南、湖北和河南等19个省（自治区、直辖市）273个县级单位的部分农村中小学生和特殊教育学生免费提供教科书。243万名学生（111万名小学生、127万名初中生和5万名特教学生）领取了免费提供的教科书，约占全国农村义务教育阶段在校学生总数的2.07%，占全国义务教育阶段在校学生总数的1.28%。

2003年

3月、8月、10月，教育部基础教育教材审定工作办公室在京分别召开了三次全国课程标准实验教材建设研讨会。介绍了普通高中课程改革思路、高中课程标准、高中新课程标准实验教材编写的有关事项，部署了义务教育新课程标准实验教材的修订及配套工作，引导各教材立项单位在教材编写和出版过程中充分贯彻普通高中新课程的理念与要求，提高教材质量，统一教材编写进度，按时完成教材编写的阶段性任务。三次教材建设研讨会对提高课程标准教材的编写水平起到了积极的指导作用。

4月15日，教育部基础教育教材审定工作办公室发出《关于受理普通高中课程标准实验教材编写立项的通知》。

5月22日，发出《关于受理义务教育思想品德课程标准实验教材编写立项和进行教材审查的紧急通知》。

6月，教育部基础教育教材审定工作办公室分别受理了普通高中15个学科的课程标准实验教材立项申请材料168套，义务教育思想品德课程标准实验教材立项申请材料25套。

7月11—15日，召开了编写方案评审会议，专家对报送的193项编写方案逐一进行了评审。根据专家的评审意见和编写者的资质审核情况，高中15个学科有67套教材申请获得立项，义务教育思想品德课程标准实验教材有9套教材申请获得立项。

12月，教育部等6部委联合启动了“职业院校制造业和现代服务业技能型紧缺人才培养培训工程”。配合该工程的开展，52家出版社组织开发了660余种技能型紧缺人才专业教材及其配套教学用书，报教育部批准列为教育部推荐教材。

本年，已有147套、近千册中小学教材通过审查，供实验区选用，教材立项、审查、选用制度的逐步建立，促进了教材公平竞争机制的形成，教材质量明显提高。在两年实验的基础上，教育部启动了新教材的评价工作，旨在通过对各套实验教材的编写和使用过程进行评价，促进教材质量的提高。通过教材选用制度和教材评价机制，引入教材良性竞争，从制度上保证教材的“优胜劣汰”和可持续发展。

2004 年

7 月，教育部职业教育与成人教育司编写的《职业教育教材建设研究分卷（上下）》由高等教育出版社出版。内容涉及我国职教教材建设的现状、问题及对策的研究，国内外职教教材建设与发展的比较研究，职教教材如何贯彻落实全面素质教育为基础、能力为本位的教学指导思想的研究，职教教材如何适应教学制度和教学模式改革需要的研究，职教教材管理体制和运行机制改革的研究，职教教材质量评价的研究，以及现代教学技术、信息化手段在职教教材建设中的应用研究等。《职业教育教材建设研究分卷（上下）》从理论和实践的结合上提出了带有前瞻性和针对性的思路、方案和对策建议，具有一定的理论和实际参考价值。

2005 年

5 月 8 日，中宣部、教育部发布《关于加强和改进高等学校哲学社会科学学科体系与教材体系建设的意见》，决定成立高等学校哲学社会科学重点教材编审委员会，主要任务是：协助制定重点教材编写计划，研究教材编写过程中的有关问题，审定教材大纲和教材初稿，提出审定意见和修改建议。

秋季，中小学阶段各起始年级都起用新课程实验教材。

本年，教育部办公厅发出《关于做好义务教育课程标准实验教材选用工作的通知》。

2006年

3月3日，教育部办公厅发布《关于做好2006年普通高中新课程实验地区教材选用工作的通知》，要求各地进一步加强和规范教学用书的管理工作，依据当地经济和教育发展的实际，从教材价格、质量、适用性等多方面统筹考虑，做好2006年秋季和2007年春季教材选用和征订工作。

2月，中宣部、教育部、新闻出版总署联合印发了《关于加强高校思想政治理论课教材出版管理的通知》，明确中宣部、教育部联合成立高校思想政治理论课教材编写领导小组，负责教材的编写组织领导工作，组建由多方面专家组成的高校思想政治理论课教材编审委员会，组建教学大纲和教材编写组，统一编写教学大纲和教材。规定未经中宣部、教育部、新闻出版总署批准，任何部门、单位和个人不得再自行组织编写、出版发行各种名义的高校思想政治理论课教材。

4月3日，教育部办公厅发布《关于进一步加强高等学校思想政治理论课教材编写管理、规范教材使用的通知》，要求从2006级新生入学开始，全国普通高校统一使用由中宣部、教育部组织编写的、由高等教育出版社出版的“马克思主义理论研究和建设工程重点教材”《马克思主义基本原理概论》、《毛泽东思想、邓小平理论和“三个代表”重要思想概论》、《中国近现代史纲要》、《思想道德修养与法律基础》。

8月，中国劳动和社会保障部印发《关于做好高技能人才相关基础工作的通知》，要求加大职业教育教材开发力度，实施“高技能人才培养教材精品建设项目”。

11月，教育部印发《关于全面提高高等职业教育教学质量的若干意见》，要求加强教材建设，重点建设好3 000种左右国家规划教材。

2007 年

7 月 2 日，教育部办公厅发布《关于公布 2007 年度普通高等教育精品教材书目的通知》，决定在已出版的“十一五”国家级规划教材中评选精品。经出版社申报、专家评审，确定了 218 种教材为 2007 年度普通高等教育精品教材。

2008 年

12 月，教育部印发《关于进一步深化中等职业教育教学改革的若干意见》，要求建立健全教材编写、选用与审定机制，并将组织评选出 1 000 门精品课程和 2 000 种左右的精品教材。

2009 年

11 月 2 日，教育部办公厅发布《关于加强中小学教材管理全面清理违规教材的通知》。

2010 年

5 月 17 日，教育部社科司发布《关于高校思想政治理论课 2010 年修订版教材使用的通知》，明确全国普通高等学校从 2010 年秋季开学起，要统一使用由中宣部、教育部组织修订的、由高等教育出版社出版的高校思想政治理论课 2010 年修订版教材。

2011 年

4 月 28 日，教育部颁发《关于“十二五”普通高等教育本科教材建设的若干意见》，以服务人才培养为目标，以提高教材质量为核心，以创新教材建设的体制机制为突破口，以实施教材精品战略、加强教材分类指导、完善教材评价选用制度为着力点，实施规划教材精品战略，“选”、“编”结合，以“选”为主，编写推介一大批符合教育规律和人才成长规律的具有科学性、先进性、适用性的优秀教材，进一步完善具有中国特色的普通高等教育本科教材体系。

2012 年

4 月 17 日，教育部办公厅关于 2012 年中小学教学用书有关事项的通知。

11 月 6 日，教育部发布《关于“十二五”职业教育教材建设的若干意见》，要求打造精品教材，服务现代职业教育体系建设，提升建设能力，推动教材开发可持续发展创新体制机制，强化教材建设规范管理。

2013 年

本年，教育部和中共中央宣传部联合下发《关于高校哲学社会科学相关专业统一使用马克思主义理论研究和建设工程重点教材的通知》。

2014 年

5 月 30 日，教育部办公厅发布《关于 2014 年中小学教学用书有关事项的通知》。

10 月 27 日，教育部办公厅发布《关于调整国家基础教育课程教材工作领导小组的通知》，决定将“国家基础教育课程教材领导小组”更名为“教育部课程教材工作领导小组”，并对其职责和成员进行了调整。

12 月 18 日，教育部办公厅发布《关于 2015 年义务教育书法教学用书有关事项的通知》。

2015年

1月6日，教育部办公厅发布《关于开展马克思主义理论研究和建设工程重点教材使用情况调研的通知》，对高校哲学社会科学相关专业领域已出版的27种“马工程”重点教材使用情况开展全面调研。

3月18日，教育部办公厅发布《关于2015年中小学教学用书有关事项的通知》，明确义务教育语文、历史、德育学科的教材2015年将不换版本，沿用原出版社出版的课程标准实验教材，要求各省级教育行政部门加强对教材使用情况的检查。

7月13日，教育部社科司发布《关于高校思想政治理论课2015年修订版教材和教学大纲使用的通知》。

7月14日，教育部发布《关于公布第二批“十二五”职业教育国家规划教材书目的通知》，要求入选的“十二五”规划教材应对接职业标准和岗位要求，注重吸收行业发展的新知识、新技术、新工艺、新方法，并及时修订。

8月3日，国家新闻出版广电总局、教育部、国家发展改革委联合印发《中小学教辅材料管理办法》。办法对中小学教辅材料的编写出版、印刷复制、发行、质量、评议、选用、价格、监督等方面的管理作出了明确规定。办法要求：“使用他人享有著作权的教科书等作品编写出版同步练习册等教辅材料，应依法取得著作权人的授权。”

11月7日，教育部办公厅发布《关于报送马克思主义理论研究和建设工程重点教材2015年使用情况的通知》。

12月31日，为贯彻落实党的十八届四中全会决定精神，适应加强和改进中小学法治教育的需要，教育部发布《关于增补第二届教育部基础教育课程教材专家工作委员会委员的通知》，增补劳凯声等六位同志为第二届教育部基础教育课程教材专家工作委员会委员。

2016 年

5 月 17 日，中共中央总书记、国家主席、中央军委主席习近平在京主持召开哲学社会科学工作座谈会并发表重要讲话。

10 月 21 日，中共中央办公厅、国务院办公厅发布《关于加强和改进新形势下大中小学教材建设的意见》，内容包括加强和改进新形势下大中小学教材建设的重要意义、总体要求、科学制定规划、提高教材质量、强化教材研究和加强党的领导等。意见提出要健全国家教材制度，成立国家教材委员会，并明确国家教材委员会的主要职责是：指导和统筹全国教材工作，贯彻党和国家关于教材工作的重大方针政策，研究审议教材建设规划和年度工作计划，研究解决教材建设中的重大问题，指导、组织、协调各地区各部门有关教材工作，审查国家课程设置和课程标准制定，审查意识形态属性较强的国家规划教材。

11 月 25 日，教育部发布《盲校义务教育课程标准（2016 年版）》、《聋校义务教育课程标准（2016 年版）》、《培智学校义务教育课程标准（2016 年版）》。

2017 年

1 月 25 日，中共中央办公厅、国务院办公厅印发《关于实施中华优秀传统文化传承发展工程的意见》，特别提到要“以幼儿、小学、中学教材为重点，构建中华文化课程和教材体系”，“修订中小学道德与法治、语文、历史等课程教材”。

3 月 5 日，中共中央印发《关于加快构建中国特色哲学社会科学的意见》，要求在马克思主义指导下，加快构建中国特色哲学社会科学学科体系、学术体系和话语体系，建设种类齐全、梯队衔接的哲学社会科学人才队伍。

3月18日，陈宝生部长在普通高中课程标准审议会上发表讲话《发挥课程标准统领作用，落实立德树人根本任务》，指出："课程标准修订的思路就是全面贯彻党的教育方针，全面落实立德树人根本任务，全面提高学生综合素质，做到'德育为魂，能力为重，基础为先，创新为上'。以上'三全''四为'就是我们修订课程标准的纲。"

3月29日，教育部办公厅印发《关于成立教材局、基础教育司等机构及相关职责调整的通知》。教育部教材局承担国家教材委员会办公室工作，拟订全国教材建设规划和年度工作计划，负责组织专家研制课程设置方案和课程标准，制定完善教材建设基本制度规范，指导管理教材建设，加强教材管理信息化建设。下设课程教材规划处、中小学教材编写处、马工程教材编写处、教材审查管理处、综合协调处。

4月24日，教育部办公厅发布《关于2017年中小学教学用书有关事项的通知》，明确要求"中小学教材中一律不得出现提供额外教学辅助资料的各类链接网址、二维码等信息"。

6月26日，教育部办公厅发布《关于2017年义务教育道德与法治、语文、历史和小学科学教学用书有关事项的通知》，要求自2017年秋季开始，小学和初中的起始年级统一使用教育部组织编写的义务教育道德与法治、语文和历史教材（简称统编教材）。另外，由于小学科学课程起始年级调整为一年级，审定通过的一年级教材从2017年小学一年级开始使用。7月4日，教育部办公厅发布《关于2017年义务教育道德与法治、语文（二、八年级）有关教学用书事项的补充通知》，要求2016年使用义务教育道德与法治、语文统编教材的地区，2017年全部使用审定通过的二、八年级统编教材。同时，全国所有地区义务教育六三制道德与法治八年级下全部使用统编法治专册教材。

5月19日，教育部召开会议，启动部署全国大中小学教材建设五年规划和教材管理办法研制工作。教育部组织研制教材建设规划和教材管理办法，旨在系统规划未来五年教材建设工作，加强教材管理基础性制度建设，落实党中央、国务院新的要求。

5月23日，教育部、财政部发布《关于全面实施城乡义务教育教科书免费提供和做好部分免费教科书循环使用工作的意见》。

7月3日，国务院办公厅发布《关于成立国家教材委员会的通知》。通知规定了国家教材委员会的主要职责："指导和统筹全国教材工作，贯彻党和国家关于教材工作的重大方针政策，研究审议教材建设规划和年度工作计划，研究解决教材建设中的重大问题，指导、组织、协调各地区各部门有关教材工作，审查国家课程设置和课程标准制定，审查意识形态属性较强的国家规划教材。"国务院副总理刘延东任主任，教育部部长陈宝生、中央宣传部副部长黄坤明任副主任，教育部副部长朱之文任秘书长。国家教材委员会委员分为部门委员和专家委员。部门委员共22位，专家委员共27位。国家教材委员会办公室设在教育部，由教育部教材局承担办公室工作。

7月4日，国家教材委员会第一次全体会议在北京举行，中共中央政治局委员、国务院副总理、国家教材委员会主任刘延东出席会议。会议强调要把国家教材建设作为战略性基础性工程抓紧抓实抓好，国家教材委员会要履行好管总、把关、协调职能，统筹指导教材建设，坚持立德树人，严谨求实、精编细选，使教材经得起实践、人民和历史检验。国家教材委员会是新中国成立以来党中央和国务院首次联合成立的教材管理组织，由各领域资深专家和有关部门负责同志组成。

8月28日，教育部召开新闻发布会，宣布起始于2012年由教育部统一组织编写的义务教育道德与法治、语文、历史教材，已经完成编审工作，2017年9月1日秋季学期开学在全国中小学起始年级投入使用。

12月1日，国家教材委员会在北京召开第二次全体会议。

2018年

1月3日，教育部印发《中小学幼儿园教师培训课程指导标准（义务教育语文、数学、化学学科教学）》。《指导标准》涵盖义务教育阶段教师的师德修养、班级管理、学习与发展、学科教学等15个学科领域18项标准，以及学前教育阶段教师的幼儿研究与支持、幼儿保育与教育等4个学科领域4项标准，共计22项标准。

1月16日，教育部印发普通高中课程方案和课程标准（2017年版），教育部组织260多位专家对普通高中课程方案和语文等14门学科课程标准进行了修订，历时4年全部完成，经国家教材委员会审查通过，于2017年年底印发。新的课程方案和课程标准体现了鲜明的育人导向，思想性、科学性、时代性、整体性等明显增强。

4月12日，《中国英语能力等级量表》由教育部、国家语委正式发布。这是经国家语委语言文字规范标准审定委员会审定通过，面向我国英语学习者的首个英语能力测评标准，将作为国家语委语言文字规范自2018年6月1日正式实施，架起各级各类英语教学、学习、测试的沟通桥梁，有利于实现“车同轨、量同衡”。《中国英语能力等级量表》依据我国英语学习者能力的实证数据，同时充分考虑各学段的需求，将学习者的英语能力从低到高划分为“基础”、“提高”和“熟练”三个阶段，共设九个等级。

4月25日，教育部办公厅发布《关于2018年中小学教学用书有关事项的通知》，对义务教育普通高中的国家课程教学用书、特殊教育和体育运动学校的教学用书选用作了明确规定。

6月25日，教育部颁发《中小学国家课程教材审定审查工作细则》，明确提出，意识形态属性较强的学科须对重大思想政治内容重点把关，重点审查教材的政治立场、价值导向等。细则规定，对于意识形态属性较强的教材需提交国家教材委员会审定，重点审查教材新增和删减内容。对涉及历史、地理地图以及需要进行重大选题备案的内容进行专题审查。审查标准和要求包括思想导向、课程标准的切合度、内容的选择和呈现、对教和学的引导，以及教材的编辑是否符合规范。

8 月 15 日，教育部发布《关于做好普通高中新课程新教材实施工作的指导意见》，确定的工作目标是：2018 年年底完成新课程全员培训工作，2019 年上半年开始，分批分步完成新教材培训工作，普通高中校长和教师队伍组织实施新课程新教材的能力整体提高，教研机构和教研队伍的专业支撑能力进一步增强；2022 年秋季开学，全国各省（自治区、直辖市）均启动实施新课程新教材，相关工作推进机制和保障机制进一步健全；到 2025 年，新课程新教材的理念、内容和要求全面落实到普通高中教育教学各个环节。

10 月 15 日，教育部办公厅关于印发《教育课程教材改革与质量标准工作专项资金管理办法》的通知，对《教育课程教材改革与质量标准工作专项资金管理办法（试行）》作了修订。

11 月 20 日，国务院办公厅关于调整国家教材委员会组成人员的通知，国家教材委员会组成人员作了调整，孙春兰任主任。

12 月 30 日，国家教材委员会全体会议在京召开，国务院副总理、国家教材委员会主任孙春兰出席会议并作重要讲话。会议原则通过《大中小学教材建设五年规划（2018—2022 年）》，审议通过《中小学教材管理办法》、《职业院校教材管理办法》、《普通高校教材管理办法》、《中小学少数民族文字教材管理办法》。

2019年

1月3日，义务教育课程修订启动会在京召开，教育部党组成员、副部长朱之文出席会议并对修订工作进行部署，强调一要把好方向，体现课程思想性，在课程教材环节为培养社会主义合格建设者和可靠接班人把好关。二要找准定位，着力实现课程的通适性、基础性和全面性。三要体现科学，遵循学生成长规律和教育教学规律，更好发挥课程的育人功能。四要优化结构，使不同性质、不同学段的课程形成育人合力。五要强化指导，增强课程可操作性，确保课程方案和课程标准好用管用。

1月31日，教育部发布《关于首批国家教材建设重点研究基地认定结果的通知》，决定认定北京师范大学大中小学德育一体化教材研究基地等11家单位为首批国家教材建设重点研究基地。

2月，中共中央、国务院印发《中国教育现代化2035》，其中提出了加强课程教材体系建设和健全国家教材制度等要求。

5月14日，教育部办公厅发布《关于印发2019年中小学教学用书目录的通知》，对义务教育普通高中的国家课程教学用书、特殊教育和体育运动学校的教学用书选用作了明确规定。

5月31日，国家教材委员会印发2019年工作要点和2018年工作总结的通知，提出了六大举措加快构建中国特色、世界一流的教材体系。

6月6日，国家教材委员会召开全体会议，教育部部长、国家教材委员会副主任陈宝生主持会议并讲话。会议原则通过了《习近平总书记教育重要论述讲义》、8种马工程重点教材、普通高中三科教材编写审查情况，以及中等职业学校三科教材课标研制审查情况。

6月6日，教育部印发《关于2019年中小学教学用书目录的通知》，明确了义务教育国家课程教学用书、普通高中国家课程教学用书、特殊教育学校和体育运动学校教学用书，要求中小学教材中不得夹带任何商业广告或教学辅助资料的链接网址、二维码等信息。

7 月 17 日，教育部办公厅发布《关于普通高中思想政治、语文和历史教学用书有关事项的通知》，明确使用旧教材的省份，使用《2019 年普通高中思想政治、语文和历史教学用书目录（根据 2003 年版课程标准编写）》中思想政治、语文和历史教材。

7 月 26 日，教育部办公厅发布《关于普通高中思想政治、语文和历史教学用书有关事项的补充通知》，明确使用新教材的省份，从高一年级开始使用《2019 年普通高中思想政治、语文和历史教学用书目录（根据 2017 年版课程标准编写）》中的教材，高二、高三年级仍使用《2019 年普通高中思想政治、语文和历史教学用书目录（根据 2003 年版课程标准编写）》中的教材。

主要参考文献

一、中文部分

1.《课程 · 教材 · 教法》编辑部编:《课程 · 教材 · 教法》，人民教育出版社、课程教材研究所主办，1981—2017 年。

2. 阎金铎、南国芬主编:《学科教育》，国家教委基础教育课程教材研究中心与北京师范大学教育科学研究所合办。

3. 周士林、李嘉瑶编著:《教材建设浅论》，北京航空学院出版社 1986 年版。

4. 李嘉瑶等编著:《教材学概要》，西北工业大学出版社 1989 年版。

5. 李秉德主编:《教学论》，人民教育出版社 2001 年版。

6. 瞿葆奎主编，陆亚松、李一平选编:《教育学文集 · 课程与教材》(上、下册)，人民教育出版社 1988 年版、1993 年版。

7. 钟启泉编著:《现代课程论》，上海教育出版社 1989 年版。

8. 钟启泉编译:《现代学科教育学论析》，陕西人民教育出版社 1993 年版。

9. 廖哲勋著:《课程学》，华中师范大学出版社 1991 年版。

10. 陈侠著:《课程论》，人民教育出版社 1989 年版。

11. 吕达等著:《独木桥？阳关道？——未来中小学课程面面观》，中信出版社 1991 年版。

12. 马立、潘仲茗主编:《普通高中课程计划问题研究》，教育科学出版社 1994 年版。

13. 藩仲茗主编:《现状与改革——普通中小学课程内容和结构研究》，教育科学出版社 1993 年版。

14. 中央教育科学研究所、普通教育教学内容和结构课题组编著:《比较与展望——普通中学、小学课程内容和结构研究》，陕西师范大学出版社 1990 年版。

15. 戴汝潜著:《课程改革研究与实验》，教育科学出版社 1993 年版。

16. 白月桥主编:《九年义务教育学制课程纵横比较与施教建议》，北京师范大学出版社 1993 年版。

17. 田慧生、曾天山编著:《中小学课程教材改革与实验》,四川教育出版社 1995 年版。
18. 课程教材研究所编:《课程教材研究十年》,人民教育出版社 1993 年版。
19. 中国教育国际交流协会等编:《课程发展与社会进步——国际研讨会论文选》,人民教育出版社 1992 年版。
20. 《中国基础教育教学研究》编委会编:《中国基础教育教学研究》第一卷,北京师范大学出版社 1993 年版。
21. 国家教委电教司编译:《教学媒体与教学设计》,高等教育出版社 1990 年版。
22. 冯忠良著:《结构—定向教学的理论与实践——改革教学体制的探索》,北京师范大学出版社 1992 年版。
23. 张必隐主编:《阅读心理学》,北京师范大学出版社 1993 年版。
24. 李慰著:《提高课堂教学质量的心理学问题》,教育科学出版社 1992 年版。
25. 辛安亭著:《教材编写琐忆》,陕西人民出版社 1981 年版。
26. 张铁朋著:《教学信息论》,江苏教育出版社 1990 年版。
27. 徐家祥主编:《教材发行业务培训教材》,人民教育出版社 1992 年版。
28. 台湾比较教育学会主编:《各国教科书比较研究》,台湾书店 1989 年版。
29. 余书麟著:《教学原理》,文景出版社 1972 年版。
30. 中国教育学会主编:《教育沟通研究》,台湾商务印书馆 1975 年版。
31. 范锜著:《教育哲学》,世界书局 1973 年版。
32. 郭为藩、高强华著:《教育学新论》,正中书局 1988 年版。
33. [美]罗伯特·M. 史密斯等著,蔡培村译:《教育环境评鉴》,复文图书出版社 1982 年版。
34. [美]乔治·A. 比彻姆著,黄明皖译:《课程理论》,人民教育出版社 1989 年版。
35. [日]伊藤信隆著,邢清泉等译:《学校理科课程论》,人民教育出版社 1988 年版。
36. 人民教育出版社《外国教育丛书》编辑组编:《教学与课程》,人民教育出版社 1982 年版。
37. [苏]B. C. 列德涅夫著,诸惠芳、余方译:《普通中等教育内容的结构问题》,人民教育出版社 1984 年版。
38. [伊朗]S. 拉塞克、[罗马尼亚]维迪努著,马胜利等译:《从现在到 2000 年教育内容发展的全球展望》，教育科学出版社 1992 年版。

39. 舒运祥主编:《国际教育百科全书》第二卷，贵州教育出版社 1990 年版。

40. [英] 丹尼斯·劳顿等著，张渭城等译:《课程研究的理论与实践》，人民教育出版社 1985 年版。

41. 曾天山:《论国外教材发展的现状: 问题与动向》,《外国教育研究》1993 年第 5 期。

42. 曾天山:《教材发展的比较研究》,《西北师大学报 (社会科学版)》1994 年第 4 期。

43. 曾天山:《论教材的教学论基础》，第五届全国教学论研讨会交流论文，1994 年。

44. 曾天山:《论教材的编制原理与策略》,《西北师大学报 (社会科学版)》1994 年增刊。

45. 曾天山:《论教材的心理化》,《西北师大学报 (社会科学版)》1995 年第 2 期。

46. 吴也显主编:《教学论新编》，教育科学出版社 1991 年版。

47. 课程教材研究所编著:《新中国中小学教材建设史 (1949—2000) 研究丛书 · 总论卷》，人民教育出版社 2012 年版。

48. 陈桂生、彭尔佳、王建军:《关于“教科书问题”的讨论》,《上海教育科研》2014 年第 9 期。

二、外文部分

1. Thomas Y. Crowell, *Curriculum: Principles and Foundations*. Copyright 1976 by Harper and Row, Publishers, Inc.

2. Robert M. Gage, Leslie J. Briggs and Walter W. Wager, *Principles of Instructional Design*. Copyright 1988, 1979, 1974 by Holt Rinehart and Winston, Inc.

3. David L. Elliontt and Arthur Woodward, *Textbooks and Schooling in the United States*. 1990 by the National Society for the Study of Education.

4. Michael W. Apple and Linda K. Christian-Smith, *The Politics of the Textbook*. New York: Routledge, 1991.

5. S. Gopinathan, *The Role of Textbook in Asian Education*. Prospects, No. 3, 1983.

6. S. P. Heyneman, J. P. Farreu and M. A. Scpulveda-Stuardo, Textbooks and Achievement in Developing Countries: What We Know. *Journal of Curriculum Studies*, No. 3, 1981.

7. F. Englinsh, The Textbook—Procrustean Bed of Learnig. J. M. Palardy, *Elementary School Curriculum: An Anthology of Trenes and Challenge* , No. 6, 1971.

8. C. L. Glenn, Textbooks Controversies: A Disaster for Public Schools?*Phi Deita Kappan*, No. 2, 1987.

9. G. W. Bracey, Texts: Tests don't Match-But does It Matter?*Phi Delta Kappan*, No. 5, 1987.

10. S. Soghomonian, The Textbook-Tarnished Tool for Teachers?J. M. Palardy, *Elementary School Curriculum: An Anthologh of Trends and Challenge*, No. 6, 1971.

11. W. H. Levie and R. Lentz, Ettects of Text Illustration: A Review of Research. *Education Communication and Technology Journal*, No. 4, 1982.

12. C. E. Cortes and D. Fleming, Social Studies Texts Need a Global Perspective. *The Education Dingest*, No. 3, 1987.

13. R. N. Kantor, T. H. Anderson and B. B. Armbruster, How Inconsiderate are Children's Textbooks? *Journal of Curriculum Studies*, No. 1, 1983.

14. R. Farr, The Evaluation and Selection of Besal Readers. *Elementary School Journal*. No. 3, 1987.

15. C. Muther, How to Evaluate a Basal Textbooks. *The Skills Trace Educational Leadership*, No. 4, 1985.

16. J. P. Souque, Science Education and Textbook Science. *Canadian Journal of Education*, No. 1, 1987.